思想理论教育研究

（第6辑）

主 编 韩 芳 王彬彬

副主编 廖 芹 李明凤 赵淑亮 胡亚兰 杨灿灿 张 舒

图书在版编目（CIP）数据

思想理论教育研究．第6辑 / 韩芳，王彬彬主编．—成都：四川大学出版社，2023.4

ISBN 978-7-5690-6058-4

Ⅰ．①思… Ⅱ．①韩… ②王… Ⅲ．①高等学校－思想政治教育－研究－中国 Ⅳ．①G641

中国国家版本馆CIP数据核字（2023）第056735号

书　　名：思想理论教育研究（第6辑）
Sixiang Lilun Jiaoyu Yanjiu（Di-liu Ji）

主　　编：韩　芳　王彬彬

副 主 编：廖　芹　李明凤　赵淑亮　胡亚兰　杨灿灿　张　舒

选题策划：罗永平

责任编辑：罗永平

责任校对：吴近宇

装帧设计：墨创文化

责任印制：王　炜

出版发行：四川大学出版社有限责任公司

地址：成都市一环路南一段24号（610065）

电话：（028）85408311（发行部）、85400276（总编室）

电子邮箱：scupress@vip.163.com

网址：https://press.scu.edu.cn

印前制作：四川胜翔数码印务设计有限公司

印刷装订：四川盛图彩色印刷有限公司

成品尺寸：185mm×260mm

印　　张：14.5

字　　数：266千字

版　　次：2023年5月 第1版

印　　次：2023年5月 第1次印刷

定　　价：68.00元

扫码获取数字资源

四川大学出版社
微信公众号

卷首语

全面贯彻党的教育方针　培养德智体美劳全面发展的社会主义建设者和接班人

教育是国之大计、党之大计。培养什么人、怎样培养人、为谁培养人是教育的根本问题。习近平总书记在党的二十大报告中强调全面贯彻党的教育方针，落实立德树人根本任务，培养德智体美劳全面发展的社会主义建设者和接班人，坚持以人民为中心发展教育，加快建设高质量教育体系，发展素质教育，促进教育公平。这为新时代教育工作进一步指明了奋进方向、提供了根本遵循。

《思想理论教育研究》第 6 辑设置了“学习贯彻习近平新时代中国特色社会主义思想”专栏，聚焦习近平新时代中国特色社会主义思想的理论内涵和核心要义；“高校党的建设”专栏，从新时代高校党建与师德师风建设等多角度进行了研究，“高校思想政治教育”专栏，对抗疫精神、红色基因等融入高校思想政治教育做了探讨，“高校校园文化建设”专栏，对高校融媒体建设、红色文化育人等方面进行了探索，“理论与实践”专栏，就高校挂职干部在脱贫攻坚与乡村振兴有效衔接中的作用等做了探究。

在新的起点上，教育工作要深入学习贯彻习近平总书记关于教育的重要论述，全面落实党的教育方针，坚持为党育人、为国育才，以高质量发展为主线，以深化教育改革为动力，以凝聚人心、完善人格、开发人力、培育人才、造福人民为目标，培养德智体美劳全面发展的社会主义建设者和接班人，加快建设教育强国，办好人民满意的教育。

《思想理论教育研究》编辑部

2023 年 3 月

目 录

学习贯彻习近平新时代中国特色社会主义思想

高校党的建设

高校思想政治教育

理论与实践

学习贯彻习近平新时代
中国特色社会主义思想

XUEXI GUANCHE XI JINPING XINSHIDAI
ZHONGGUO TESE SHEHUI ZHUYI SIXIANG

习近平关于调查研究重要论述的研究

陈朝东　张云华[①]

摘　要：调查研究是中国共产党人的重要思想方法和工作方法。习近平关于调查研究的重要论述系统阐述了“调查研究是什么”“调查研究什么”“如何调查研究”，深化了调查研究的思想内涵，赋予了调查研究新的时代意义。其核心思想主要表现为八个方面：本质属性是“认识与实践”的辩证关系；主要性质是基础性与过程性；主要功能是发现并认识新情况、新问题，论证新举措、总结新经验，挖掘规律，取经学习、开拓视野；主要内容是“科学发展”“人民群众”“党的建设”三个方面与“国家发展”“世界发展”两个维度；根本宗旨是坚持“以人民为中心”；基本原则是坚持解放思想、实事求是、与时俱进；实施要求是类型多样化、工作原则性、结果可信有效；主要目标是提高决策的科学性和民主性。

关键词：习近平　调查研究　习近平新时代中国特色社会主义思想

早在1930年5月，毛泽东在《反对本本主义》一文中就提出了“没有调查就没有发言权”的著名论断；改革开放以后，邓小平指出“要把调查研究作为永远的、根本的工作方法”，江泽民指出“没有调查就没有决策权”，胡锦涛指出“开展系统的调查研

---

① 陈朝东，四川大学数学学院党政办主任，助理研究员，主要研究方向为行政管理。张云华，四川大学党委组织部干部，助理研究员，主要研究方向为党的建设、干部人才队伍建设。

究，了解真实情况，掌握工作主动权”；习近平在中央党校2011年秋季学期第二批入学学员开学典礼上发表《谈谈调查研究》，并指出：“重视调查研究，是我们党在革命、建设、改革各个历史时期做好领导工作的重要传家宝。”可见调查研究是中国共产党人的重要思想方法和工作方法。进入新时代，各项工作开展都应始终坚持以习近平新时代中国特色社会主义思想为指导，习近平关于调查研究的重要论述是其治国理政思想的重要组成部分，也是习近平新时代中国特色社会主义思想的重要思想方法。系统研究习近平关于调查研究的重要论述，有助于提升科学决策的能力和水平，推动夺取新时代中国特色社会主义的新胜利，助力实现中华民族伟大复兴。

一、调查研究是什么？

（一）调查研究的本质属性

习近平指出：“马克思主义的辩证唯物主义、历史唯物主义世界观和方法论，党的实事求是的思想路线，党的从群众中来、到群众中去的根本工作路线，都要求我们的领导工作和领导干部必须始终坚持和不断加强调查研究……”从马克思主义哲学的角度看，调查研究的本质属性是认识与实践的辩证关系。调查研究的过程既是认识的过程，也是实践过程，既是认识“实践”的过程，也是对实践“认识”进行再认识的过程。习近平指出：“调查研究是谋事之基、成事之道。”这充分说明调查研究是认识与实践的内在统一与外在结合，“谋事”就是认识的过程，“成事”就是实践的过程，调查研究便是贯穿其中的基础环节和思想方法。习近平指出：“学习与实践的结合和统一，是以调查研究为前提和依据的。”调查研究是“前提”，即作为认识与实践的基础环节；调查研究是“依据”，即作为认识与实践的重要思想方法。调查研究通过认识“实践”形成新认识，新认识又将通过新实践得以检验。从认识到新认识，从实践到新实践，调查研究贯穿认识与实践的始终，并不断提升调查研究主体的认识水平与实践能力，推动调查研究对象的发展变化。调查研究就是通过认识与实践不断促进其主客体融合发展、循环提升的重要思想方法。

发展变化即运动，运动是绝对的，万事万物时刻都在运动。事物运动遵循一定的规律，这些规律是客观的。人类掌握并运用这些规律需要经过从主观到客观的过程，这便需要通过认识与实践、再认识与再实践来实现从感性上升为理性，从主观接近客观。这是人类认识客观世界，并形成对客观世界主观认识（主观世界）的过程。客观世界只有一个，主观世界却有无数个，这也是人类实践“对主观世界认识”，并推动客观世界变化的过程。因此，人类对客观世界具有主观能动性，客观世界与主观世界是相结合与统一的，“规律”便是其结合与统一的产物。人类发展的过程便是不断认识世界、不断认识自我，以及不断认识二者关系的过程；人类发展的过程也是不断实践“认识”的过程，包括“对世界的认识”“对自我的认识”“对二者关系的认识”，并推动世界变化、自我变化、世界与自我关系的变化。“变化”便是朝向主观世界与客观世界的统一，主观自我与客观自我的统一，二者主观关系与客观关系的统一。归根结底，认识与实践便是要推动人与世界的结合与统一。

综上，调查研究是对人类认识自我、认识世界、认识二者关系，并对此实践进行再认识的过程，也是再实践的前提与依据。调查研究是人类从感性到理性，从主观到客观的重要思想方法，并不断推动人与世界的结合与统一。

（二）调查研究的主要性质

调查研究是一项基础性工作，也是一个运动的活动。调查研究的本质属性决定其具有基础性与过程性。

其一，调查研究具有基础性，是一项基础性工作，也是做好工作的基本功。实践是认识的基础，实践决定认识，认识来源于实践。调查研究是认识实践的重要体现，是认识实践的一个基础且必不可少的环节。首先，从工作过程来看，调查研究本身就是一项基础性“工作”，通过调查研究搞清事实，为各项工作的开展提供基本前提与依据。习近平指出，“把调查研究作为推动科学民主决策和各项工作落实的基础性工作来抓”，“没有调查就没有发言权，没有调查也没有决策权……坚持实事求是，最基础的工作在于搞清楚‘实事’，就是了解实际、掌握实情”。其次，从工作方法来看，调查研究是做好各项工作的基本思想与方法。习近平指出，“调查研究是做好各项工作的基本功”，“对于各级领导干部来说，调查研究是做好一切工作的一门必备的基本功”。可见，调查研究作为“基本功”是做好各项工作的一项基本技能、一般性方法，具有普适性。

其二，调查研究具有过程性，是一个运动的活动。认识与实践的过程是运动的，调查研究也是运动的，而非静止的。调查研究的“过程性”是指调查研究不是一个静态的结果，而是一个运动的过程。首先，调查研究需要“动起来”。调查研究作为一项工作，不能纸上谈兵、闭门造车，而要行动起来、深入下去，习近平深刻指出有的领导干部不重视调查研究、不善于调查研究，“有的走不出‘文山会海’，强调工作忙，很少下去调查研究。有的满足于看材料、听汇报、上网络，不深入实际生活，坐在办公室关起门来作决策”。其次，调查研究需要“全程动”。习近平指出：“为了防止和克服决策中的随意性及其造成的失误，提高决策的科学化水平，必须把调查研究贯穿于决策的全过程，真正成为决策的必经程序。”“全过程”便充分说明了调查研究的过程性与工作开展的过程性是相结合与统一的，调查研究应融入工作全过程，是各项工作各个环节的组成部分，也是指导工作开展的基本思想方法。最后，调查研究需要“持续动”。习近平指出：“重视调查研究，是我们党在革命、建设、改革各个历史时期做好领导工作的重要传家宝。”“传家宝”更是说明其价值与作用不受时间维度的限制与制约，应与时俱进，在不断认识与实践中发展与完善、探索与创新。

（三）调查研究的主要功能

习近平关于调查研究的重要论述中体现其四个方面的主要功能：发现并认识新情况、新问题；论证新举措、总结新经验；挖掘规律；取经学习、开拓视野。

其一，调查研究具有发现并认识新情况、新问题的功能。一方面，通过调查研究能够发现新问题、新情况。“要加强调查研究……及时发现和解决‘千村示范、万村整治’工程建设中出现的新情况新问题”，“各级领导干部都要深入基层、深入群众开展调查研究，及时了解在上面难以听到、不易看到和意想不到的新情况新问题”。另一方面，调查研究也具有“认识新问题”的功能。正如习近平指出：“要加强对实践经验的总结和对新情况、新问题的调查研究，弄清楚它们是怎么产生的、变化发展的趋势怎样、应该如何引导使之趋利避害。”因此，调查研究能够理清思路、解疑释难，能够明确新情况、新问题产生的原因、特征，也能够为其解决问题寻求思路与办法。

其二，调查研究具有论证新举措、总结新经验的功能。调查研究的目的是为科学决策提供保障，通过广泛深入调查论证决策的科学性、合理性、有效性，要“坚持和完善先调研后决策的重要决策调研论证制度”。“论证”与调查是密切联系的，调查研究是科学论证的重要方法，在讨论安排建设项目时，“要认真征求军事部门的意见，对落实国防需求的客观条件、制约因素和相关措施，进行有针对性的调查论证，以满足经济和军事的共同需要，提高综合效能”。通过充分调查研究认为科学合理的决策便可实施，但这并不说明此时的决策是真理，真理必须经过实践检验，所以通过实践后依然认为决策是科学、合理、有效的，才具有可持续、可推广性，通过全面的、深入的、可持续的实践检验依然成立的，才能进一步上升为真理。那么，调查研究便在此过程中作为重要的论证工具，既可能发现问题，也具有总结经验的功能。习近平指出：“要加强调查研究，搞好试点工作，总结先进经验，发挥典型示范作用。”“调查研究要善于总结群众的经验和创造，也要善于发现问题和触及矛盾，以利于不断推进和深化各项工作的落实。”“各级组织部门要围绕……问题，拿出更多的时间和精力深入实际进行专题调查研究，总结各地区各部门特别是基层的实践经验，探索和寻求破解难题的措施和办法。”“我们要继续大兴调查研究之风……及时掌握新情况，发现新问题，总结新经验，形成正确的决策思路。”可见，调查研究是为了解决问题，而通过调查研究论证可行的举措便是解决问题的方法，通过实践检验后并由调查研究论证逐步形成的经验便是解决问题的普遍方法。正如习近平所说：“在充分占有和分析第一手材料的基础上概括出新思想、新观点、新论断、新举措。”因此，调查研究是宝贵财富，调查研究也是在发现宝贵财富。

其三，调查研究具有挖掘规律的功能。一方面，调查研究就是要认识现状、把握局势，就是要认识“实践”的现状、特征及其变化。事物是发展变化的，实践是运动的，需要持续开展调查研究来掌握新情况。在担任中共宁德地委书记期间，习近平在《正确处理闽东经济发展的六个关系》中讨论“长期目标和近期规划的关系”时指出：“我们需要研究未来的发展战略，但它的科学性应建立在对区情、省情乃至国情的深刻认识的基础上，并依此来确定‘宏图大略’。”可见，掌握新情况就是要认识现状，这便包括世情、国情以及各级、各类、各方面的现实情况。另一方面，调查研究就是要认识规律、规划预测。“实践表明，坚持实事求是说起来容易做起来难，难就难在客观实际是错综复杂、千变万化的，隐藏在现象背后的规律不是那么容易把握的。要真正做到实事求是，必须注重和坚持调查研究。”“全党同志一定要把实事求是贯穿到各项工作中去，经常、广泛、深入开展调查研究，努力把真实情况掌握得更多一些、把客观规律认识得更透一些。”可见，调查研究是把握现象背后规律的重要手段，认识客观规律也是调查研究的重要功能。同时，习近平还对此进行细致阐述：“通过深入实际调查研究，把大量和零碎的材料经过去粗取精、去伪存真、由此及彼、由表及里的思考、分析、综合，加以系统化、条理化，透过纷繁复杂的现象抓住事物的本质，找出它的内在规律，由感性认识上升为理性认识，在此基础上作出正确的决策。”综上，调查研究求真务实的过程是寻找规律的过程，也是从感性到理性的过程。“规律”是事物发展的重要内核，是问题解决的关键思路，这正是调查研究为决策提供科学保障的重要体现。

其四，调查研究具有取经学习、开拓视野的功能。调查研究的过程也是学习经验、吸取教训的过程，习近平针对调查研究专门指出：“中央政治局的同志要拜人民为师，向人民学习，放下架子、扑下身子，接地气、通下情，‘身入’更要‘心至’……”调查研究就是要深入基层、深入群众、深入一线，“拜人民为师，向人民学习”。2010 年，中共中央办公厅印发的《关于推进学习型党组织建设的意见》明确要求：“建立健全调查研究制度，省部级领导干部到基层调研每年不少于 30 天，市、县级领导干部不少于 60 天，领导干部要每年撰写 1 至 2 篇调研报告。”党中央以制度形式明确了“调查研究”作为学习型党组织建设的重要内容，明确规定调查研究不仅是领导干部的工作范畴，也是提高领导干部能力素质的重要方法。同时，习近平还指出：“我们党历来高度重视干部教育培训，并在长期实践中创造积累了许多行之有效的方法，如坚持对重要干部进行组织调训、请有丰富实践经验的人作培训教员、理论培训与实践锻炼紧密结合、课堂教学与调查研究紧密结合，等等……在改进课堂讲授的同时，可采取现场教学、行为体验等方法和挂职培训、社会调研等方式，切实增强教育培训的吸引力和感染力。”实践锻炼、调查研究、行为体验、挂职培训、社会调研等形式都是调查研究的广义表现特征，也是取经学习、开拓视野行之有效的重要途径。

二、调查研究什么?

习近平对调查研究内容的论述分为五个方面：影响和制约科学发展的突出问题、人民群众反映强烈的热点难点问题、党的建设面临的重大理论和实际问题、事关改革发展稳定大局的重点问题、当今世界政治经济等领域的重大问题。简要概括为“科学发展”“人民群众”“党的建设”“国家发展”“世界发展”。“科学发展”体现追求人类社会发展的一般规律；“人民群众”体现“以人民为中心”的理念；“党的建设”体现中国发展的核心组织；“国家发展”体现我国改革发展稳定大局的国情需要；“世界发展”体现世界发展、人类进步的世情需要。

其一，调查研究应面向“深入影响和制约科学发展的突出问题”。20 世纪 80 年代，习近平担任中共宁德地委书记期间，在《正确处理闽东经济发展的六个关系》中讨论“长期目标和近期规划的关系”时指出：“我们需要研究未来的发展战略，但它的科学性应建立在对区情、省情乃至国情的深刻认识的基础上，并依此来确定‘宏图大略’。”科学发展离不开对实情的掌握，这便要坚持实事求是。调查研究作为实事求是的重要思想方法，对促进科学发展起到了重要基础作用，具体体现在通过调查研究发现问题、分析问题、解决问题，发现规律、总结经验等。正如习近平指出：“实践表明，坚持实事求是说起来容易做起来难，难就难在客观实际是错综复杂、千变万化的，隐藏在现象背后的规律不是那么容易把握的。要真正做到实事求是，必须注重和坚持调查研究。”

其二，调查研究应面向“人民群众反映强烈的热点难点问题”。习近平指出，“围绕人民群众生产生活问题……抓住老百姓最急最忧最怨的问题，解决好群众最关心最直接最现实的利益问题”，“真正及时了解人民群众的所思所盼”。习近平还多次强调调查研究要“深入群众”，“认真倾听群众的意见，把握群众的思想动态，了解掌握真实情况，及时发现、总结基层创造的经验，并将之转化为指导和推动工作的方针和政策”。人民是国家的主人，只有深入人民群众开展调查研究才能保障国家长治久安，因此人民群众的呼声就是调查研究的方向。

其三，调查研究应面向“党的建设面临的重大理论和实际问题”。20 世纪 90 年代，习近平担任中共福建福州市委书记期间，在《关于加强党的基层组织建设的思考》中论述“怎样才能把党的基层组织建设成有凝聚力、吸引力的坚强的战斗堡垒”这一重大问题时，谈道：“通过调查研究，我深深地感到：当前抓好党的基层组织建设，需要解决的问题很多，但在诸多矛盾中，一些基层党组织班子软弱涣散、党员思想混乱、组织管理松懈是主要矛盾。”在 2017 年 12 月中共中央政治局民主生活会上，习近平明确指出调查研究应“围绕全面从严治党问题，围绕贯彻落实党的十九大精神需要解决的问题”。调查研究作为一般性思想方法，对党的建设也同样起到了基础性作用，尤其在面对重大理论和实际问题时更需要充分用好调查研究，使之成为检验理论、发现分析问题的重要工具，深刻体现党的“传家宝”的积极作用。

其四，调查研究应面向“事关改革发展稳定大局的重点问题”。习近平指出，“围绕坚决打好防范化解重大风险、精准脱贫、污染防治的攻坚战……围绕改革稳定发展问题”，“坚持问题导向，聚焦我国发展面临的突出矛盾和问题，深入调查研究，鼓励基层大胆探索，坚持改革决策和立法决策相衔接，不断提高改革决策的科学性”。调查研究不仅是为发现改革发展稳定过程中的重点问题，更在于探究原因、寻找办法、制定方案，最终解决问题，维护党和国家改革发展稳定的大局。

其五，调查研究应面向“当今世界政治经济等领域的重大问题”。习近平在党的十九大报告中指出，当今世界处于大发展、大变革与大调整的时期，但和平与发展仍是时代的主题。同时，世界面临的不稳定性与不确定性非常突出，全球增长动力不足，贫富分化严重，恐怖主义问题、网络安全问题、传染性疾病问题等威胁蔓延，当今人类面临着许多共同的挑战。我国作为负责的大国、有担当的大国，理应为全球治理贡献力量，调查研究的普适性便充分说明了其在更广泛领域同样能够发挥积极作用，并且能够可持续地发挥作用，不仅为我国认识世情提供支撑，还为我国参与全球治理提供重要思想方法。

五个方面的内容具有鲜明的内在逻辑：一方面，从内容特征看，可将五个方面内容分为三个层次，即“科学发展”体现探寻规律，“人民群众”与“党的建设”体现基层与领导层两个面向，“国家发展”与“世界发展”体现中国与世界两个场域；另一方面，从哲学角度看，五个方面体现了“一般与特殊”的关系，“科学发展”具有一般性，“人民群众”“党的建设”“国家发展”体现了中国场域下基层、组织、国家的特殊性（即“部分”），“世界发展”体现了全球整体性（即“一般性”），这正体现了从一般到特殊再到一般的哲学逻辑。

三、如何调查研究？

（一）调查研究的根本宗旨

党和政府一切工作的中心是人民，其决策应始终坚持依靠人民、为了人民。调查研究作为科学民主决策的基础，应始终坚持以人民为中心，以服务人民、保障人民利益为根本目的。

调查研究的出发点与落脚点应始终坚持以人民为中心。调查研究的主要方向是“深入影响和制约科学发展的突出问题、人民群众反映强烈的热点难点问题、党的建设面临的重大理论和实际问题、事关改革发展稳定大局的重点问题、当今世界政治经济等领域的重大问题”，这些问题的本质都是以人民为中心，分别体现了人类社会的发展规律、人民发展的现实需要、人民发展的组织保障、我国人民的发展问题、世界人民的发展问题。可见，调查研究有助于探索人类社会发展的一般规律，发现并解决我国乃至世界人民所面临的各种各样的问题与挑战，发现并总结我国乃至世界人民所积累的经验与财富，并通过运用这些经验和财富解决问题、推动发展。

调查研究的实施全过程应始终坚持以人民为中心。调查研究具有“过程性”，这便要求其全过程应始终坚持“以人民为中心”，包括其方法、工具以及实施过程等。“全过程”不是“走过场”，针对调查研究的形式主义，习近平深刻指出：“有的调研走过场，只看‘盆景式’典型，满足于听听、转转、看看，蜻蜓点水、浅尝辄止。凡此种种，严重影响决策的科学性，妨碍党的路线方针政策的贯彻执行……”因此，调查研究应该深入群众、深入基层、深入一线、深入实际、深入实践，让其始终是从人民群众中来、到人民群众中去。调查研究的过程就是践行群众路线的过程，只有坚持眼睛向下看、身子往下沉，调查研究才能始终为了人民，才能让党和政府为民所想、为民所为变成现实。

（二）调查研究的基本原则

习近平曾指出：“做好新形势下的调查研究工作要坚持解放思想、实事求是、与时俱进”，这为调查研究的认识与实践明确了基本原则。

调查研究应始终坚持解放思想。认识被束缚必然影响实践，实践被限制也会影响认识。认识“实践”首先要解放“认识”，解放愿意“认识‘实践’”的认识，否则认识“实践”可能是被动的、消极的、片面的。同样，实践“认识”的认识也应该得到解放。正如习近平指出：“当前在领导干部中，不重视调查研究……看不到事物的发展变化是一个由量变到质变的过程，凭经验办事，拍脑袋决策。”这便是领导干部认识被束缚的重要体现，对事物发展的认识不充分，对调查研究的认识不到位，会直接影响决策的科学性与有效性。因此，解放思想是开展调查研究的重要原则，思想不解放，调查研究便会被忽视、走过场。习近平要求：“要在全党大兴调查研究之风，推动全党崇尚实干、力戒空谈、精准发力……中央政治局的同志要以身作则，推动各级干部动起来、深下去，使调查研究在全党蔚然成风。”“各级领导干部要深入群众，深入实际，加强调查研究。”“各级领导机关的主要负责人亲自下去做调查。”这些论述为进一步提高全党同志对调查研究的认识和深入学好用好调查研究思想方法指明了方向。可见，解放思想为调查研究提供了思想基础，也为调查研究深入开展注入了动力源泉；同时，调查研究也为进一步解放思想提供了事实依据与前进方向。因此，调查研究的过程也是解放思想的过程，解放思想也离不开调查研究。

调查研究应始终坚持实事求是。认识的过程是“求真”的过程，实践的过程是“务实”的过程，认识与实践便是在不断地求真务实。正所谓“实践是检验真理的唯一标准”，调查研究是明确认识与真理之间关系的过程，是在认识与实践之间不断追求真理的过程；真理便是在认识与实践、再认识与再实践中不断获得的。习近平在关于调查研究的论述中反复强调“实事求是”，如“要真正做到实事求是，必须注重和坚持调查研究”，“学习和弘扬焦裕禄同志实事求是、调查研究，坚持一切从实际出发的求实精神，大兴求真务实之风”。认识与实践都需要坚持实事求是，调查研究应坚持实事求是。实事求是是保障调查研究真实可靠的重要原则，而调查研究是贯彻实事求是的重要体现。习近平指出：“中央政治局的同志……开展深入细致的调查研究……真正把功夫下到察实情、出实招、办实事、求实效上。”“求真务实，狠抓落实，必须加强调查研究……摸实情、讲实话、出实招、务实效。”可见，调查研究应体现在工作全过程。调查研究的“过程性”与实事求是的原则相结合，便是要求调查研究应始终坚持实事求是。调查研究的过程便是实事求是、求真务实的过程，实事求是也离不开调查研究。

调查研究应坚持与时俱进。一方面，调查研究应与时俱进。世界在发展、人类在进步，事物变化与思想变化无时无刻不在发生，这便要求调查研究作为解放思想、实事求是的重要思想方法，应该具有可持续性。习近平在不同时期的讲话中都体现了要清楚认识区情、市情、省情、国情、世情等，这是对调查研究与时俱进提出了明确要求，他指出“要加强调查研究……及时发现和解决‘千村示范、万村整治’工程建设中出现的新情况新问题”，“我们要继续大兴调查研究之风……及时掌握新情况，发现新问题，总结新经验……”“新”充分体现了事物的发展变化，调查研究不能停滞，而要不断开展、持续实施。同时，调查研究作为思想方法，其本身也应该不断发展创新。另一方面，调查研究推动与时俱进。调查研究是认识“实践”的过程，是明确认识与真理之间关系的过程，实践检验后的“真理”将用以指导新的认识与实践，实践发现的“不充分的认识”也将会对“再认识”提出新要求、新目标。可见，调查研究不仅在于发现、检验，也在于发展、创新，促进认识与实践的发展与创新。因此，调查研究的过程是与时俱进的过程，与时俱进也离不开调查研究。

解放思想、实事求是、与时俱进是调查研究的基本原则，调查研究应坚持基本原则，同时促进基本原则得以体现。调查研究的基本原则充分体现其主要性质，主要性质也决定其基本原则的合理性与可行性。

（三）调查研究的实施要求

调查研究作为各项工作开展的前提与依据，具有三个方面的实施要求：类型要求、工作要求、结果要求。

其一，调查研究的类型要求：多样性。习近平关于调查研究的相关论述中呈现出多样性，如大量调查、经常调查、广泛调查、深入调查、全面调查、系统调查、定期调查、专题调研、蹲点调研、田野调查，等等。这些调查研究既具共性，又具差异，共性是由其主要性质与基本功能决定的，差异是由其实施要求所带来的，可以归为三种特征：一是追求广度的调查研究，主要表现为大量调查、广泛调查、全面调查、系统调查，这四类调查的力度又依次递增；二是追求深度的调查研究，主要表现为深入调查、专题调研、蹲点调研、田野调查；三是追求持续性的调查研究，主要表现为经常调查、定期调查。调查研究的这三种类型或特征都不是独立的，而是相互作用的。习近平指出，“全党同志一定要把实事求是贯穿到各项工作中去，经常、广泛、深入开展调查研究”，“正是这种深入、系统、全面的调查研究，使焦裕禄同志能够在较短时间内对改变兰考面貌提出切合实际的规划”。调查研究追求广度就是追求全面系统，避免片面性；追求深入就是追求真实有效，避免虚假性；追求持续就是追求发展变化，避免滞后性。只有力求全面、深入、持续，才能保证调查研究获得真实有效的信息，为因时因地的决策提供科学依据，这也是调查研究坚持解放思想、实事求是、与时俱进的重要体现。

其二，调查研究的工作要求：原则性。习近平关于调查研究的论述体现工作原则性：首先，调查研究应深入基层、深入群众、深入第一线。“深入基层”便是要求调查研究应深入基层政府、基层部门、基层组织，乃至社会最小单元家庭；“深入群众”便是要求调查研究应深入人民群众的生活、工作、学习等各个方面，“善于倾听民声、集中民智、体现民意”；“深入第一线”便是要求调查研究应深入生产生活的第一现场，这是直接的，而非间接的。此外，习近平还多次提到“深入实际”“深入实践”：前者强调调查研究应在现实世界中开展，而非想象、虚拟；后者强调调查研究应在活动实践中进行，而非纸上谈兵。其次，调查研究应坚持目标导向、调查摸底与分析研究并重。习近平指出：“深入调研、有效指导，多做调查摸底的工作，多做分析研究的工作，多做完善政策、落实措施的工作……”调查研究不能“光调查，不研究”，也不能“不调查，搞研究”，应充分通过调查开展分析研究。调查不是走过场，而要“摸底”，这便要全面、深入、系统、可持续。分析研究不是空想，是以调查为基础，以科学为依托；分析研究也不是盲目的，而是要以完善政策、落实举措为目标。因此，调查研究应具有明确的目标，深入、全面、可持续的调查，科学的分析。最后，调查研究既要用好“信息工具”，又要“亲自参与”。习近平强调：“对于各级领导干部来说，调查研究是做好一切工作的一门必备的基本功。当今时代，信息手段十分发达，利用信息工具了解和掌握情况，也是一种方式，而且是越来越重要的方式。但不管通信手段多么发达，有多少了解情况的其他渠道，都不能替代亲自深入实际、深入基层、深入群众进行实地的调查研究。”新时代的调查研究应充分用好信息技术，让先进的信息手段为调查研究提供技术服务，但是信息技术不能替代亲自参与，而是一种重要辅助。亲自参与便应于“耳闻、目睹、足践之中见微知著、管窥全豹”，“要坚持眼睛向下看、身子往下沉，深入基层、深入群众开展调查研究”。“亲自参与”便是要深入其中、亲身感受，这是当前信息技术无法逾越的。

其三，调查研究的结果要求。习近平指出：“只有通过调查研究，努力掌握全面、真实、丰富、生动的第一手材料，真正搞清楚本地区本部门本单位的实际情况，真正搞清楚影响改革发展稳定的突出问题，真正及时了解人民群众的所思所盼，我们才能真正掌握客观实际中的‘实事’，做到耳聪目明、心中有数。而这始终是我们进行一切科学决策所必需的也是唯一可靠的前提和基础。”“领导干部作决策、下指示，往往需要大量客观、真实、有效的信息。”调查研究的重要任务便是掌握材料、收集数据，这是认识实际情况、分析突出问题的基础，“心中有数”便是要求各级领导对现实情况有清醒、清晰的认识，认识的基础便是“第一手资料”。通过学习习近平关于调查研究的相关论述，我们总结出调查研究所需掌握的资料具有“三个层次、六个方面”的特点。第一个层次是基础，即客观、真实。“客观性”是指调查收集的数据、信息、资料必须是客观的，不能带有个人感情色彩，应原原本本的记录或收集客观现实情况。“真实性”是指调查收集的数据、信息、资料必须是真实的，不能是虚假的；真实性是客观性的基础，客观性是真实性的保障，这也是实事求是的重要体现。第二个层次是深化，即全面、丰富、生动。“全面性”是指调查的数据、信息、资料应是全面的，不能是片面的，这与全面调查、系统调查相对应；“丰富性”是指调查的数据、信息、资料应是丰富多样的，这与多角度、多层次、多途径的调查方式密切相关；“生动性”是指调查研究并非冰冷的，而是富有温度的，调查收集的资料、信息也并非冰冷的文字与数据，而应该是富有感情的、直入人心的。调查结果的全面性影响着研究的全面性，调查结果的丰富性影响着研究的深入性，而调查结果的生动性也影响着研究的生动性。第三个层次是目标，即有效。“有效性”是指调查研究的数据、信息、资料紧密围绕调查目的、目标，否则就会使调研偏题、跑题。所以，调查研究要获得信效度较高的结果，应该努力获取客观、真实、全面、丰富、生动、有效的资料、信息或数据。

（四）调查研究的主要目标

调查研究的出发点和落脚点是提高决策的科学性和民主性，从而为各级党委和政府决策服务，提高党的领导水平和执政水平。

其一，调查研究是进行科学决策唯一可靠的必经之路。“为了防止和克服决策中的随意性及其造成的失误，提高决策的科学化水平，必须把调查研究贯穿于决策的全过程，真正成为决策的必经程序。”调查研究是重要的科学研究方法，其本身的科学性直接影响其效用和效能。对于党和政府而言，调查研究的结果不是目标，而是其决策的基础。基于调查研究的主要功能，党和政府通过调查研究能够掌握政策执行的新情况、新问题，并通过调查研究能够分析问题、探究原因，也可以通过调查研究发现新经验、寻求新办法，从而为应对新情况、解决新问题完善、发展或调整原有的政策。调查研究作为科学决策的基础，关键是贯穿于整个决策过程中，政策制定、执行、评估、终结等环节都离不开调查研究，所以习近平高度评价了调查研究的重要性，即“调查研究始终是我们进行一切科学决策所必需的也是唯一可靠的前提和基础”。“一切”“始终”说明调查研究对于科学决策具有一般性，不受空间、时间的影响；“唯一”说明科学决策离不开调查研究，通往科学决策的必经之路有且只有调查研究。

其二，调查研究是促进民主决策的重要途径。“深入群众调查研究和召开代表、群众座谈会，征询、收集群众意见和建议，掌握群众的脉搏，改进工作，增强决策的民主性和科学性。”调查研究是党和政府与群众、基层、一线联系的重要途径，其本身的民主性也直接影响其效用和效能。民主决策就是要让人民成为决策的主体，而调查研究则是通过倾听、了解、收集、总结人民的呼声、意愿、期盼，让决策充分体现民意、民声、民情，只有坚持“以人民为中心”开展调查研究，才能真实了解人民群众对政策制定、执行、评估乃至终结的意见和建议，让决策贴近民生、直达民心。

决策的科学性和民主性并非独立的，而是相互作用的统一体。决策的民主性能够提高其科学性，决策的科学性又能促进其民主性。调查研究便要用科学的方法深入基层、深入群众、深入一线，实现调查研究的科学与民主。调查研究离开了民主，便谈不上科学；同样，调查研究脱离了科学，也难以实现民主。切实有效地了解人民群众的心声，需要科学的调查研究；切实有效地发现新情况、新问题，需要民主的调查研究。只有科学民主地开展调查研究，党和政府才能实现科学民主的决策，也才能科学民主地执行决策，造福于人民群众，服务于国家发展。

综上，调查研究是马克思主义哲学的重要方法论，体现了“认识与实践”的辩证关系。习近平关于调查研究的重要论述思想深邃、体系完备，能从中充分认识调查研究的本质属性、主要性质、主要功能、主要内容、根本宗旨、基本原则、实施要求、主要目标八个方面，构建起调查研究的中国认识，充分回应了“调查研究是什么”“调查研究什么”“如何调查研究”等问题。调查研究是一项基础性工作、运动性的实践活动，具有基础性与过程性。调查研究能发现并认识新情况、新问题，论证新举措、总结新经验，挖掘规律，取经学习、开拓视野。我们应始终坚持“以人民为中心”，坚持解放思想、实事求是、与时俱进，围绕“科学发展”“人民群众”“党的建设”“中国发展”“世界发展”五个方面开展多样化、原则性，并且可信、有效的调查研究，不断提高决策的科学性和民主性。这是调查研究的中国视角与中国方案，是习近平新时代中国特色社会主义思想的重要组成部分，也是中华民族伟大复兴的重要思想方法。

参考文献

[1] 习近平. 正确处理闽东经济发展的六个关系 [J]. 福建论坛（经济社会版），1989 (5).

[2] 习近平. 关于加强党的基层组织建设的思考 [J]. 中共福建省委党校学报，1991 (Z1).

[3] 习近平. 解放思想、实事求是要一以贯之——重读邓小平同志《解放思想，实事求是，团结一致向前看》[J]. 求是，1999 (1).

[4] 习近平. 认真贯彻落实党的十六大精神　全面建设小康社会　加快推进社会主义现代化事业——在省委十一届二次全体（扩大）会议上的报告（2002 年 12 月 18 日）[J]. 今日浙江，2003 (1).

[5] 习近平. 坚持协调发展方针　积极关心支持国防和军队现代化建设 [N]. 浙江日报，2003-07-30.

[6] 习近平. 进一步明确整治要求　扎实推进各项工作 [J]. 今日浙江，2003 (20).

[7] 习近平. 把握精神实质　推进反腐倡廉工作 [N]. 中国纪检监察报，2004-02-24 (003).

[8] 习近平. 加强和改善党对经济工作的领导 [J]. 今日浙江，2005 (1).

[9] 习近平. 巩固执政基础　增强执政本领 [J]. 党建研究，2005 (2).

[10] 习近平. 以建设和谐社会的理念　切实把解决农民工问题摆上重要位置——对浙江省农民工问题的调查与思考 [J]. 今日浙江，2005 (23).

[11] 习近平. 在全省经济工作会议上的讲话 [J]. 政策瞭望，2006 (1).

[12] 习近平. 善学善思　善作善成 [J]. 求是，2007 (9).

[13] 习近平. 领导干部要爱读书读好书善读书 [J]. 党的建设，2009 (6).

[14] 习近平. 结合新的实际大力弘扬焦裕禄精神 [J]. 求是，2009 (10).

[15] 习近平. 深入学习中国特色社会主义理论体系　努力掌握马克思主义立场观点方法 [N]. 学习时报，2010-03-08 (001).

[16] 习近平. 做好新形势下干部教育培训工作 [J]. 理论探索，2010 (6).

[17] 习近平. 努力克服不良文风　积极倡导优良文风 [J]. 求是，2010 (10).

[18] 习近平. 在全国组织部长会议上的讲话 [J]. 党建研究，2011 (1).

[19] 习近平. 关键在于落实 [J]. 求是，2011 (6).

[20] 习近平. 谈谈调查研究 [N]. 学习时报，2011-11-21 (001).

[21] 习近平. 坚持实事求是的思想路线 [N]. 学习时报，2012-05-28 (001).

[22] 习近平. 在纪念陈云同志诞辰 110 周年座谈会上的讲话 [N]. 人民日报，2015-06-13 (002).

[23] 习近平. 在哲学社会科学工作座谈会上的讲话 [N]. 人民日报，2016-05-19 (002).

[24] 光明日报评论员. 调查研究是谋事之基成事之道 [N]. 光明日报，2018-02-24 (001).

[25] 习近平. 决胜全面建成小康社会　夺取新时代中国特色社会主义伟大胜利——在中国共产党第

十九次全国代表大会上的报告［M］. 北京：人民出版社，2018.

［26］习近平. 中共中央政治局召开民主生活会　习近平主持并发表重要讲话［DB/OL］.（2017－12－27）. http://cpc.people.com.cn/n1/2017/1227/c64094－29730489.html.

［27］习近平. 在庆祝改革开放40周年大会上的讲话［DB/OL］.（2018－12－18）. http://www.gov.cn/xinwen/2018－12/18/content_5350078.htm.

推动人的自由全面发展视域下的人类文明新形态构建逻辑[①]

肖　杰　齐家影[②]

摘　要：中国共产党在探索建设社会主义现代化国家的过程中，坚持和发展中国特色社会主义，不断将马克思主义与中国传统文化、中国实际相结合，创造了人类文明新形态。马克思一生致力于人的解放和自由全面发展，中国共产党也始终把追求人的自由全面发展作为矢志不渝的价值追求。从人的全面发展的视角把握人类文明新形态构建的理论逻辑，就是对马克思主义理论和中华传统文化的继承与发展；从历史逻辑看，就是中国共产党在探索民族复兴历程中的历史成果；从现实逻辑来说，也是对实现共同富裕的坚持和追求。

关键词：自由全面　文明新形态　共同富裕

习近平总书记在庆祝中国共产党成立100周年大会讲话中指出："我们坚持和发展中国特色社会主义，推动物质文明、政治文明、精神文明、社会文明、生态文明协调发展，创造了中国式现代化新道路，创造了人类文明新形态。"这一新型文明形态，是中国共产党把马克思主义基本原理同中国具体实际相结合、同中华优秀传统文化相结合的

① 本文系四川大学马克思主义学院"学习贯彻党的十九届六中全会精神研究课题"成果。

② 肖杰，四川大学马克思主义学院助理研究员，研究方向为中共党史党建。齐家影，中共四川省委党校马克思主义学院硕士研究生，研究方向为马克思主义发展史。

理论成果，是一条与西方国家完全不同的社会主义现代化道路，是中国共产党领导中国人民创造的以实现人的解放、实现人的自由而全面发展的崭新文明形态。现代化的核心是人的现代化，推进中国式现代化新道路、创建人类文明新形态归根到底是为了人，不断推动人的解放，促进人的自由全面发展，最终实现人的现代化。为此，有必要结合马克思主义关于人的全面解放和全面发展思想，通过推动人的全面发展的视域来剖析人类文明新形态构建的理论逻辑、历史逻辑和现实逻辑。

一、理论逻辑：坚持把马克思主义基本原理和中华传统优秀文化相结合

马克思主义是中国共产党立党立国、兴党强国的根本指导思想。马克思主义理论不是教条而是行动指南，必须随着实践发展而发展，必须中国化才能落地生根，必须本土化才能深入人心。中华传统优秀文化是中华民族的根与魂，与马克思主义许多重大观点具有天然的、内在的契合性，是中国人民接受并信仰马克思主义的深厚文化根基和心理基础。① 两者都对促进人的自由而全面发展具有特殊的、不可替代的作用。

（一）贯穿“人的自由而全面发展”思想

人的自由而全面的发展是马克思毕生研究的重要内容，他将此作为人类社会发展的最高目标和衡量的重要标准。马克思在《共产党宣言》中阐述了在理想社会“人的自由而全面发展”，即“代替那存在着阶级和阶级对立的资产阶级旧社会的，将是这样一个联合体，在那里，每个人的自由发展是一切人的自由发展的条件”②。他认为，社会形态的更替也就是文明形态的更替，并立足于历史唯物主义，通过分析各类文明形态特别是资本主义文明，提出了只有共产主义社会是实现人的自由而全面的发展的文明形态。马克思在批判旧世界中发现新世界，通过对资本主义社会的批判阐述要改变现存世界的理想，提出建立一个实现人自由而全面发展的新社会。在马克思主义的指导下，中国共产党领导中国人民创造了人类文明新形态，从根本上来说就是中国式现代化道路始终把人放在中心位置，以实现人的现代化和自由而全面的发展作为终极目标而奋斗。

---

① 黄坤明：《习近平新时代中国特色社会主义思想实现了马克思主义中国化新的飞跃》，《党的十九届六中全会〈决议〉学习辅导百问》，北京：党建读物出版社、学习出版社，2021年，第108—109页。

② 马克思、恩格斯：《马克思恩格斯选集》（第一卷），北京：人民出版社，2012年，第422页。

人的自由而全面的发展离不开以人民为中心的价值践行，中国共产党在百年奋斗历程中始终秉持坚定的人民立场。习近平总书记在庆祝中国共产党成立100周年大会上首次提出“人类文明新形态”的概念；党中央在《中共中央关于党的百年奋斗重大成就和历史决议》中也指出，“党领导人民成功走出中国式现代化道路，创造了人类文明新形态，拓展了发展中国家走向现代化的途径，给世界上那些既希望加快发展又希望保持自身独立性的国家和民族提供了全新选择”①。中国共产党作为马克思主义政党，在党和国家的事业中“始终代表最广大人民的根本利益，与人民休戚与共、生死相依，没有任何自己的特殊利益，从来不代表任何利益集团、任何权势团体、任何特权阶层的利益”②。我国在推进中国式现代化道路过程中，始终强调以人民为中心，坚持发展依靠人民，发展为了人民，以实现人的自由而全面的发展为目标，全心全意为人民服务。从这个角度看，中国共产党领导人民创造的人类文明新形态，既有别于西方资本主义文明形态，也不同于苏联模式的社会主义文明形态，而是既发展了马克思主义，又用马克思主义真理力量重新激活了中华文明的当代崭新文明形态。

（二）克服异化劳动和人的异化

马克思在《1844年经济学哲学手稿》中详细论述了异化劳动理论，深刻地揭露了资本主义生产下劳动的异化给人的发展带来的困境：异化劳动使劳动支配了劳动者，“一切发展生产的手段都变成统治和剥削生产者的手段，都使工人畸形发展，成为局部的人，把工人贬低为机器的附属品”③。马克思在《共产党宣言》中也提出：资本主义将人与人之间的关系变成“现金交易”的现实。劳动本应是人自由自觉的劳动，资本主义条件下工人的劳动却变成了资本家剥削工人的工具。从马克思主义理论分析，人的本质是社会关系，而资本主义条件下，异化劳动扭曲了人的本质，压制了人的本性。劳动分工使人与人之间的关系不再紧密，人的本质被商品化，不再通过劳动实现自身的价值，人与人之间的关系变得疏离。社会生产力的进步没有促进人的全面发展，反而抑制了工人的发展。人的主体地位伴随着资本主义的发展逐渐丧失，私有制使人无法摆脱对物的依赖性，人自身的自由而全面的发展被忽视。

---

① 《中共中央关于党的百年奋斗重大成就和历史经验的决议》，北京：人民出版社，2021年，第64页。
② 习近平：《在庆祝中国共产党成立100周年大会上的讲话》，《人民日报》，2021年7月2日第2版。
③ 马克思、恩格斯：《马克思恩格斯全集（第44卷）》，北京：人民出版社，2001年，第743页。

任何文明本质上都是人创造的文明，脱离人民的文明都不能称为真正的文明。中国共产党领导中国人民创造的人类文明新形态，其最终目的是促进人的全面发展和人类共同发展。[①] 这一文明新形态克服了资本主义制度下人的异化，超越了“以物为本”，重新将人放在中心位置。人类文明新形态坚持以人民为中心，超越了资本主义将资本作为现代化的主体，党和国家在推进中国式现代化道路中始终将满足人民对美好生活的向往作为社会发展的根本目的，将人放在了现代化的主体地位上。与以私有制为基础的资本主义不同，中国式现代化道路以公有制为基础，依靠群众创造财富并共享，以实现全体人民的共同富裕和全面发展为根本目的。中国共产党始终将以人民为中心的根本立场贯穿于社会发展的各个环节，而不是用资本逻辑来推进社会发展，这就是对资本主义的物质逻辑的超越，克服了人本丧失的缺陷，重新将人作为现代化的主体。以实现人的现代化即自由而全面的发展为根本目标推进中国式的现代化建设，是中国共产党领导下的人类文明新形态与西方资本主义文明形态的鲜明区别。

（三）继承传统文化中关于人的全面发展思想

文化是民族的血脉。文化的力量深深熔铸在民族的生命力、创造力和凝聚力之中，对于民族精神的培育和健全人格的塑造、促进人的全面发展具有特殊的、不可替代的作用。中华传统文化对人的发展有着深入的思考，比如仁政思想、民本思想、和谐思想、包容思想、修德思想、朴素的义利观等。这些思想和朴素的观念对人的全面发展主要集中于追求人的内在超越，如典型的儒家思想追求道德上的人格完美，道家思想追求精神上的“绝对自由”等。特别是，中华传统优秀文化中高度重视人的内在品德修养提升、严格恪守的基本道德规范等，对人类文明新形态的形成和发展有着深远的影响。从上述角度讲，人类文明新形态植根于中国传统优秀文化，从五千多年中国文明中汲取了人文精神、道德价值和历史智慧的丰厚滋养，始终是坚持为了人民、依靠人民，由人民传承和发展、共建共享、相得益彰。

---

① 葛立新：《深刻把握人类文明新形态的丰富内涵》，《解放军报》，2021 年 9 月 17 日第 7 版。

二、历史逻辑：实现中华民族百年复兴历史进程中始终坚持人民为中心的立场和宗旨

《中共中央关于党的百年奋斗重大成就和历史经验的决议》指出，坚持“人民至上”是我们党百年奋斗的重要历史经验。作为中国共产党领导人民创造的人类文明新形态，“新”就体现在中国共产党始终代表最广大人民的根本利益，始终坚持“人民至上”和“以人民为中心”的根本理念，始终同人民想在一起、站在一起、干在一起，推动人的全面发展，真正体现了人类文明的价值关怀。

（一）革命战争时期坚持“以人民为中心”的根本立场

以人民为中心是中国共产党百年历程的根本立场，是贯穿党的百年历史的主线。中国共产党成立之初，中国的先进知识分子就对文明形态进行了思考。李大钊对东西方文明进行了对比并指出：“东西文明，互有长短，不宜妄为轩轾于其间。”十月革命的胜利为中国送来了马克思主义，毛泽东后来在书信中写道“俄国是世界第一个文明国”，表达了对新文明的关注与向往。毛泽东在《新民主主义论》中提出：“我们不但要把一个政治上受压迫、经济上受剥削的中国，变为一个政治上自由和经济上繁荣的中国，而且要把一个被旧文化统治而因愚昧落后的中国，变为一个被新文化统治而因文明先进的中国。一句话，我们要建立一个新中国。”[①] 这表明，此时的中国共产党人的目标就是要建立新的文明形态下的新民主主义共和国。瞿秋白在《现代文明的问题与社会主义》中提出了“物质文明”和“精神文明”的概念，他认为只有创造比资本主义社会更丰富的物质文明，建设更丰富的精神文明，人类才能从必然社会跃入自由世界，才能实现人的全面发展。1926 年，毛泽东在《湖南农民运动考察报告》中科学分析了农民的各个阶层，宣传了要发动群众、组织群众、依靠群众的思想。在抗日战争时期，毛泽东还提出了“从群众中来到群众中去”“为人民服务”“人民是创造世界历史的动力”等经典论述。人民群众是历史的创造者，是历史的主体。中国共产党从成立之初就坚持以马克思主义为指导，结合新民主主义

① 毛泽东：《毛泽东选集（第 2 卷）》，北京：人民出版社，1991 年，第 663 页。

革命的实际情况，坚持以人民为中心实现民族独立，这个基本立场也一直贯穿在党的百年征程中。以毛泽东为代表的中国共产党人将群众凝聚起来，充分发挥人民群众在历史中的决定性作用，最终取得新民主主义革命的胜利。在这个过程中党对新文明进行了初步的思考和探索，坚持以人民为中心的基本立场，任何文明的发展都离不开人民群众，人民群众是文明的创造者、实践者和推动者。中国共产党始终坚持以人民为中心，党领导人民在此基础上进行对人类文明新形态的创造与发展。

（二）社会主义建设时期以人民为中心的根本立场

新中国成立后，中国共产党带领团结全国人民，创造了社会主义革命建设的伟大成就。1949 年 9 月，毛泽东在第一届全国政协开幕词中提到要“以勇敢而勤劳的姿态工作着，创造自己的文明和幸福”[①]，明确了新中国文明建设的目标，提出了文明建设的任务。在完成国民经济的恢复后，我国基本建立起社会主义的基本制度，社会主要矛盾也发生了变化。党的八大报告指出：“我们国内的主要矛盾，已经是人民对于建立先进的工业国的要求同落后的农业国的现实之间的矛盾，已经是人民对于经济文化迅速发展的需要同当前经济文化不能满足人民需要的状况之间的矛盾。”党和国家在探索中国式的现代化道路过程中，围绕人民的中心地位找准主要矛盾，以满足人民需求为目标制定相应的方针政策，为人类文明新形态的建设提供保障。

（三）改革开放以来以人民为中心的根本立场

改革开放以来，中国共产党带领全国人民，实现了新中国历史上最具深远意义的重大转变，明确了我国处于社会主义初级阶段的历史方位，并确立了以经济建设为中心的基本路线，坚定不移推进改革开放，开创了社会主义市场经济体制，为经济发展带来新的活力。中国共产党坚持以人民为中心的基本立场，制定了“三步走”战略，实现了人民生活从解决温饱到总体小康、奔向全面小康的历史性跨越。邓小平提出要把人民“拥护不拥护、赞成不赞成、高兴不高兴、答应不答应”作为检验党和国家工作的根本标准。中国特色社会主义理论的核心就是围绕人民的利益进行阐发的，中国式的现代化道路始终建立在以人民为中心的基本立场之上。中国特色社会主义进入新时代，中国共产

---

① 中共中央文献研究室：《毛泽东文集（第五卷）》，北京：人民出版社，1996 年，第 344 页。

党始终坚持以人民为中心的基本立场，做到为人民服务，以坚定的理论自信踏上新的历史征程。改革开放和中国特色社会主义新时代的探索为人类文明新形态的建设提供了新的制度保障和丰富的物质条件。

三、现实逻辑：坚持把促进全体人民共同富裕作为价值追求

治国之道，富民为始。党领导人民在革命、建设和改革过程中创建的人类文明新形态，核心就是让更多的人过上好日子，实现共同富裕的美好目标。中国人民在党的领导下，经过百年奋斗，创造了世界反贫困史上的奇迹，摆脱了困扰中华民族几千年的绝对贫困，实现了全面建成小康社会的阶段性目标。[①] 进入新的历史时期，我们党把促进全体人民共同富裕作为价值追求，摆在了更加重要的位置，正在团结带领全国各族人民朝这个目标奋斗。

（一）全体人民共同富裕是人类文明新形态的本质要求

人类文明新形态追求的共同富裕不是少数人的富裕，更不是某个阶层或者群体的富裕，而是全体人民的共同富裕。毛泽东同志就曾指出，我国社会制度是推动国家走向“更富更强”的制度，“这个富，是共同的富”。邓小平同志也指出，“社会主义的特点不是穷，而是富，但这种富是人民共同富裕”。习近平总书记在多次重要讲话中强调：“发展成果由人民共享”，并要求“逐步实现全体人民共同富裕”。[②] 还专门指出，在发展过程中“绝不能出现‘富者累巨万，贫者食糟糠’的现象”。党领导中国人民通过百年奋斗，建立了新中国，开展了社会主义建设，推进了改革开放，全面建成小康社会，为实现全体人民共同富裕创造了良好条件。近年来，全球收入分配不公平现象频现，特别是些西方发达国家贫富差距持续扩大，陷入“中低收入陷阱”，影响社会和谐稳定的因素剧增，社会矛盾突出。相对而言，随着近年来我们国家经济社会快速发展，社会总财富这个“大蛋糕”越做越大，如何分好“蛋糕”，如何在充分激发个体积极性的前提下，

---

① 中共国务院扶贫办党组：《创造人类反贫困历史的中国奇迹——改革开放 40 年我国扶贫工作的重大成就与经验》，《求是》，2018 年第 18 期，第 36 页。

② 谢晓娟、冯贺：《深刻把握人类文明新形态的丰富内涵》，人民论坛，2021 年 12 月 26 日，http://www.rmlt.com.cn/2021/1226/635843.shtml.

实现合理分配、促进共同富裕成为当前工作的重点。

（二）物质富裕和精神富裕相统一是人类文明新形态的重要特征

按照马克思主义经典作家观点：文明是物质生产成果和精神生产成果的总和，是一个社会同时实现物质富裕和精神富裕的表征。共产主义社会的目标是实现人的全面发展，其中包括人的自然素质、社会素质和精神素质的发展和提高，以及人的各项权利的充分实现。[①] 列宁也指出，人的全面发展是指人不断发展着的“物质需要”和“精神需要”都得到充分满足的过程。要实现两者协调统一发展，不仅要有充裕的物质生产基础，更要有丰厚的文化积淀。任何国家和民族，如果没有坚实的物质建设根基，就丧失屹立于世界民族之林的底气。新中国成立 70 多年来，中国共产党领导人民创造了经济快速发展和社会长期稳定的时代奇迹，实现从新中国成立之初极端贫困到中等偏上收入国家的历史性飞越，为实现共同富裕奠定了扎实基础。中华传统文化源远流长、灿烂辉煌、博大精深、开放包容，具有强大生命力，蕴含着中华民族独特的精神标识。[②] 中国共产党在领导中国人民进行革命、建设、改革的伟大实践中，自觉肩负起传承发展中华传统文化的历史责任，高度重视人民群众精神生活和物质生活的富裕，为人民群众提供丰富多彩的文化产品、文化服务等，致力于推动人的全面发展，有效实现了物质富裕和精神富裕的高度统一、相互促进、同向发展。

（三）促进人的全面发展是共同富裕的根本归属

习近平总书记在 2021 年 8 月中央财经委员会第十次会议上提出：“促进共同富裕与促进人的全面发展是高度统一的。”以人的全面发展为价值导向的共同富裕观贯穿于践行人类文明新形态的进程中，我们始终坚持中国特色社会主义道路，坚持以人民为中心的基本立场，在全面建成小康社会的今天，以人民为中心的人类文明新形态的具体呈现就是推进共同富裕的实现。马克思认为，人的发展离不开人的需要的满足，人的需要是人的本性。[③] 人实现自身的发展就需要得到多方面、多层次的满足。马克思提出“社会关系实际上决定着一个人能够发展到什么程度”[④]，并认为，人的全面发展依赖社会关

① 龚云、杨静：《共同富裕是物质富裕和精神富裕的统一》，《光明日报》，2022 年 1 月 10 日第 6 版。
② 张友谊：《从文化自觉到文化自信》，《光明日报》，2017 年 11 月 29 日第 11 版。
③ 马克思、恩格斯：《马克思恩格斯全集（第 3 卷）》，北京：人民出版社，1960 年，第 514 页。
④ 马克思、恩格斯：《马克思恩格斯全集（第 3 卷）》，北京：人民出版社，1960 年，第 515 页。

系提供空间和条件。邓小平在南方谈话中明确提出，“社会主义的本质，是解放生产力，发展生产力，消灭剥削，消除两极分化，最终达到共同富裕”①，对社会主义进行了本质性规定。人类文明新形态以社会主义制度为保障，以社会主义公有制为所有制基础，为实现共同富裕提供制度保障。在社会主义本质性规定下，人类文明新形态以实现共同富裕和人的自由而全面的发展为目标，坚持发展依靠人民、发展为了人民。共同富裕是全面的富裕，不仅是全体人民的共同富裕，而且是物质、文化、精神等各方面共同组成、相互协调的共同富裕，共同富裕促进了人的社会关系的全面性，为人的自由而全面的发展提供了良好的空间。总之，兼顾“富裕”和“共同”的发展目标和方向，是准确把握新发展阶段的基本要求，更是人类文明新形态对实现全体人民共同富裕的新诠释。

中国共产党的根基在人民、血脉在人民、力量在人民，人民是党执政兴国的最大底气。中国共产党始终坚持为人民执政、靠人民执政，坚持国家一切权力属于人民，尊重人民主体地位和首创精神，充分保障人民当家作主。从推动人的自由全面发展的视域下，深入认识人类文明新形态构建的理论逻辑、历史逻辑和实践逻辑，有助于亿万人民更加坚定不移地在党的领导下，坚持走中国式现代化新道路，坚持和发展人类文明新形态，为推进人类文明发展进步贡献中国智慧、中国方案、中国力量。

参考文献

[1] 马克思，恩格斯. 马克思恩格斯选集［M］. 北京：人民出版社，1960.

[2] 邓小平. 邓小平文选［M］. 北京：人民出版社，1993.

[3] 毛泽东. 毛泽东文集［M］. 北京：人民出版社，1996.

[4] 习近平. 习近平谈治国理政（第一卷）［M］. 北京：外文出版社，2014.

[5] 习近平. 习近平谈治国理政（第二卷）［M］. 北京：外文出版社，2017.

[6] 习近平. 习近平谈治国理政（第三卷）［M］. 北京：外文出版社，2020.

[7] 中共中央关于党的百年奋斗重大成就和历史经验的决议［M］. 北京：人民出版社，2021.

[8] 丁薛祥，等. 党的十九届六中全会《决议》学习辅导百问［M］. 北京：党建读物出版社，学习出版社，2021.

[9] 习近平. 在庆祝中国共产党成立100周年大会上的讲话［N］. 人民日报，2021-07-02.

① 邓小平：《邓小平文选（第3卷）》，北京：人民出版社，1993年，第373页。

[10] 龚云，杨静. 共同富裕是物质富裕和精神富裕的统一 [N]. 光明日报，2022-01-10.

[11] 张友谊. 从文化自觉到文化自信 [N]. 光明日报，2017-11-29.

[12] 葛立新. 深刻把握人类文明新形态的丰富内涵 [N]. 解放军报，2021-09-17.

西南联大精神的内涵及时代价值[①]

李晓燕[②]

摘　要：西南联大的成功主要在于内铸精神、外化行动，而“西南联大精神”是支撑西南联大师生筚路蓝缕、坚守大业的动力源泉。凝心聚力的爱国主义精神、不畏险阻的艰苦奋斗精神、强国富民的科学创新精神和同舟共济的师生团结精神，这四大精神构成了西南联大精神的内核力量，在中国革命建设改革等各个历史时期大放异彩。新时代青年群体应当继承和发扬西南联大精神，凝聚奋进力量，争做社会主义建设者和接班人，在民族复兴中实现自我价值。

关键词：西南联大精神　内涵　时代价值

2020 年 1 月，习近平总书记到国立西南联合大学旧址考察调研时强调，“教育要同国家之命运、民族之前途紧密联系起来。为国家、为民族，是学习的动力，也是学习的动机。艰苦简陋的环境，恰恰是出人才的地方。我们现在教育的目的，就是要培养社会主义建设者和接班人，培养有历史感责任感、志存高远的时代新人，不负韶华，不负时代”。他以西南联大精神为榜样，深刻阐释了教育在中华民族伟大复兴中的历史使命。

① 本文系中共中央宣传部宣传思想文化青年英才自主选题项目的研究成果。

② 李晓燕，四川省社会科学院生态文明研究所副所长、农村发展研究所硕士生导师，研究员，主要研究方向为绿色发展与生态文明建设、农业农村发展、马克思主义中国化。

今天，中华儿女尤其是青年一代，应该继承和弘扬西南联大精神，为中华民族伟大复兴而艰苦奋斗，自立自强。

一、教育救国报国的西南联大

教育是国之大计、党之大计。新时代办什么样的教育、怎么办教育，归根到底要服务于教育的宗旨、教育的目的。近代以来，特别是五四运动以来，面对日益深重的民族危机，中国教育的每一次历史进步都与中华民族的解放与复兴命运与共、息息相关。其中，作为抗日图存的历史产物的西南联合大学，虽然仅有不足9年的办学时间，却被公认为“中国教育史上的丰碑和奇迹”。其彪炳史册的宝贵财富，除了大师、大作，还有一所大学于民族危亡之际肩负历史使命、以教育救国报国的爱国主义精神。正如《国立西南联合大学纪念碑》的碑文所书——“联合大学之使命，与抗战相始终”。

1937年卢沟桥事变爆发，日本开始全面侵华。为延续中华文化血脉、培养救国报国人才，全国高校纷纷迁往西南、西北等地区。北京大学、清华大学、南开大学三校被迫南迁，先是在长沙共同组建国立长沙临时大学，后因南京、上海相继沦陷，全校师生于1938年不得不分三路辗转迁往云南昆明。一路由粤汉铁路到广州经香港、越南到达昆明，一路沿湘桂公路到桂林经柳州、南宁、越南到达昆明，最艰难一路是由闻一多、李继侗、曾昭抡等11名教师带队250余名学生组成的“湘黔滇旅行团”，徒步跋涉3500里，历时68天，被称为教育史上的长征。1938年，国立长沙临时大学改称为国立西南联合大学，学校不再称“临时”，表明抗战的长期性。1946年7月31日，国立西南联合大学在昆明宣布结束，北京大学、清华大学、南开大学迁回原址。

在中国最黑暗的烽火岁月里，在多年极端危急艰苦的条件下，西南联大与抗日战争相始终，刚毅坚卓、无畏无惧地承担起时代重任，既取得了丰硕的学术成果，又为国家培养了一大批救国报国的爱国青年。从1938年到1946年，西南联大共计培养3300多名学生，是当时中国毕业生最多的高校。弃笔从戎、参军抗战的学生有1100多名。西南联大校友中有2位获得诺贝尔物理学奖，5位获得国家最高科学技术奖，8位获得“两弹一星”功勋奖章，174位当选为“两院”院士；还有不计其数的精英学者和革命志士，在革命建设改革的各个历史时期发挥了至关重要的作用。

二、永不磨灭的西南联大精神

西南联大在国家危难、生死存亡、贫苦交加的条件下创造了中国乃至世界教育史上的奇迹，其成功的奥秘一直以来被海内外学者学习、研究和探索。笔者认为，西南联大成功的主要原因有二：一是内铸精神，学校自始至终把教育同国家民族的命运融为一体，全体师生以教育救国、读书报国为宗旨，内铸成坚若磐石的“西南联大精神”；二是外化行动，在国家民族利益面前，三校求同存异、精诚合作，实施“兼容并包”的教学方针和“教授治校”的管理方式，创新独具一格的委员会治理模式，老师为救国而殚精竭虑育人、学生为报国而奋发图强学习，众志成城，将爱国之心付诸行动。

西南联大虽然存续时间不长，但其精神永不磨灭。这种精神是支撑西南联大师生于生死存亡、极度贫困之际结茅立舍、弦歌不辍、奋发图强的动力源泉。西南联大精神内涵丰富，其中最核心的是凝心聚力的爱国主义精神、不畏险阻的艰苦奋斗精神、强国富民的科学创新精神和同舟共济的师生团结精神。这四大精神构成了西南联大精神的内核力量，使其师生以坚定的意志始终与国家同呼吸、共进退。

（一）凝心聚力的爱国主义精神

西南联大的爱国主义精神是北大、清华、南开三校爱国精神的继承和升华，是联大师生在抵抗日本侵略、争取民族独立中表现出的高度责任感和使命感。这一精神凝练为“刚毅坚卓”的校训和“千秋耻，终当雪。中兴业，须人杰”的校歌，转化为“科学救国”和“用上前线的精神来读书”的行动。

老师坚守“教育救国”赤诚理念，无惧无畏，递薪传火；学生心怀“读书报国”远大志向，砥砺前行，奋发有为。迁入云南之时，三校老师选择“与国家民族共命运”，无视国外招揽、无惧日寇威胁，历尽艰辛，辗转南下。清华大学赵忠尧教授冒死抢救出当时中国仅有的 50 毫克镭，不惧辐射贴身收藏，只为带回联大用于核物理教学科研。办学期间，联大老师们倾毕生所学教书育人，潜心钻研。冯至曾说：“在西南联大的八年是最穷的八年，也是教课最认真的八年。”郑天挺说：“在抗战期间，一个爱国的知识分子不能亲赴前线参加战斗，只有积极从事科学研究，坚持谨严创造的精神，自学不倦，以期有所贡献于祖国。”联大八年办学，180 多位教授开设了 1600 多门课程，比抗战前三校中任何一校的课程都齐备；一大批教授完成具有重大影响力的著作，如赵九章的《大气之涡旋运动》、华罗庚的《堆垒素数论》、钱穆的《国史大纲》、金岳霖的《论道》等。联大学生基本来自沦陷区，没有经济来源，只能靠政府“贷金”糊口，但他们排除万难，潜心学习，一心报国。正如校友王希季自述那样，“争做一个人杰，能够为抗战出力，能够为建设出力，能够为中华民族伟大的复兴出力!”

（二）不畏险阻的艰苦奋斗精神

刚毅坚卓是西南联大的校训，也是联大师生不畏险阻、艰苦奋斗的精神写照。无论条件多艰难，联大的教学科研从未片刻中止。敌机轰炸，学校决定“如遇有空袭警报时，应一律停课疏散，于警报解除后一小时内，仍照常上课”。很多老师为上一次课，需要走几个小时山路。被后人称为“中国物理学之父”的吴大猷教授，因道路坎坷摔倒昏迷，次日清醒后拖着病体仍坚持上课。他还利用遗留的光学元件，就地取材，用砖头、木头、黑纸等材料，组装出一台光谱仪。没有常规学校的设施和氛围，上课时间也因敌机轰炸随时调整，但联大学生始终保持勤奋刻苦、务实求真的精神，简陋的图书馆和路边的茶馆坐满求知若渴看书不倦的学生。陈达教授记录了一次上课的场景：“晨十时三十五分，忽闻空袭警报！有人提议到郊外躲警报兼上课，余欣然从之。……学生十一人即在树林里坐下，各人拿出笔记本，余找得一泥坟坐下，讲 C. Gini 氏及 Pearl 与 A. M. Carrsaunders 氏的人口理论，历一小时半有余。阳光颇大，无风。在旷野树林下讲学，大家认为难得的机会。其他疏散人等路过此地，亦站片刻听讲。”生活艰辛，老师们被迫选择副业补贴家用，或卖文卖字刻图章，或制作手帕、“得胜糕”贩卖。正是这种艰苦奋斗、自力更生的精神，让联大师生很快适应和克服外部恶劣环境，意志坚定、豁达坦荡地在苦日子、穷日子、紧日子中坚守初心、治学求知。

（三）强国富民的科学创新精神

科学务实和创新突破是北大、清华、南开三校重要的治学精神，这种精神贯穿于西南联大办学始终，并对新中国成立以后的国防科技事业等发展产生深远影响。三校迁入昆明路途艰辛，师生们却沿途采集标本、创作文学作品、绘制图画、考察地质等，把艰苦之路走成了“学术之旅”，将理论和实践相结合，以此来丰富科学知识。联大办学之初，物质匮乏、文献缺失，老师们为了保证知识的真实性和科学性，宁愿迎难而上自编讲义和教材，也不愿使用国民政府指定的“统一”教材，只为以严谨的态度对待科学知识，对学生负责，对国家负责。国学大师陈寅恪在联大有著名的“四不讲”原则，即“前人讲过的，我不讲；近人讲过的，我不讲；外国人讲过的，我不讲；我自己过去讲过的，也不讲。现在只讲未曾有人讲过的”，充分显示其独立批判、科学创新、严谨治学的大师风范，这也是联大师生普遍拥有的科学精神。

（四）同舟同济的师生团结精神

西南联大由三所大学组建而成。尽管这三所大学的历史、传统、理念、制度各不相同，但在国难面前，大家求同存异，精诚合作，团结友爱，患难与共。三校合并以后，北大蒋梦麟校长和南开张伯苓校长将领导学校的权力委托给清华梅贻琦校长，共同辅佐梅校长开展日常工作。三位校长互相支持、互相尊重，始终强调三校“联合到底”。张伯苓对南开师生说：“以后凡发生争论，是南开人不对的，必须认错，以后要有破房子让南开人住，有困难事让南开人做，要有打杂的精神。”联大八年，师生们以学校为家，以彼此为亲人，为共同办好学校而尽心尽力。郑天挺在回忆中说：“西南联大的八年，最可贵的是友爱和团结。教师之间，师生之间，三校之间均如此。”冯友兰在联大纪念碑文中写道：“三校有不同之历史，各异之学风，八年之久，合作无间。同无妨异，异不害同，五色交辉，相得益彰，八音合奏，终和且平。”

三、西南联大精神的时代价值

当今世界正经历百年未有之大变局，我国正处于实现中华民族伟大复兴关键时期。新发展格局正在形成，现代化建设提档升级，发展前景大好，但挑战依然严峻。西南联大精神在当代具有重要的时代价值，正如当年执教联大的费孝通先生所言，“时代虽然发生很大变化，联大精神依然十分可贵”。传承和发扬西南联大精神，能够促进我们增强“四个意识”、坚定“四个自信”、做到“两个维护”，能够促进青年一代塑造爱国报国、自强不息的精神内核，把个人前途命运与国家和民族的前途命运紧密相连，成为担当中华民族伟大复兴大业的时代新人。

（一）弘扬爱国主义精神，为民族复兴而教育、而学习

爱国主义精神是中华民族在几千年历史长河中形成的对祖国忠诚、热爱、自信的最

崇高的思想品德，在历史发展不同时期、不同阶段有着不同的时代特征和具体内容。在当下，西南联大“教育救国，读书报国”的爱国主义精神，集中表现为“为民族复兴而教育，为民族复兴而学习”。培养心系民族、胸怀祖国的爱国之士，是我国科教兴国、人才强国的战略前提。

一是为实现中华民族伟大复兴而教育。恶劣的外部环境丝毫没有折损联大师生救亡图存、振兴民族的决心与行动。联大办学八载，把爱国主义精神转化为教育的力量，为抗日救国、新中国建设、改革发展培养出一大批享誉中外的股肱之才，高质量地回答了时代背景下“培养什么人、怎样培养人、为谁培养人”的问题。当前中华儿女的历史使命是实现中华民族伟大复兴，这一历史使命迫切要求传承和发扬西南联大的爱国主义精神，把教育和国家命运、民族前途紧密联系起来，“培养德智体美劳全面发展的社会主义建设者和接班人，培养一代又一代拥护中国共产党领导和我国社会主义制度、立志为中国特色社会主义奋斗终身的有用人才”。“我们的教育绝不能培养旁观者和反对派，绝不能培养社会主义破坏者和掘墓人，绝不能培养出一些‘长着中国脸，不是中国心，没有中国情，缺少中国味’的人!”

二是为实现中华民族伟大复兴而学习。为国家、为民族而读书，是学习的动力，也是学习的动机。西南联大学习环境简陋、学习条件艰苦，学习时间亦不能保证，学生们却满怀爱国热血，争分夺秒、排除万难地求知求学，用所学知识报效祖国、投身抗战。今天，中国在战胜新冠肺炎疫情、成功实现经济正增长的基础上，已进入以高质量发展为主题的新发展阶段，以国内大循环为主体、国内国际双循环相互促进的新发展格局正逐步形成，经济长期向好，社会大局稳定。在极端恶劣的战时条件下，西南联大学子们尚且为抗日救亡、民族独立而拼搏发奋，在国泰民安、繁荣富强的当下，青年学生群体更应当以联大学子为榜样，继承爱国主义精神，将个人理想抱负与国家民族命运融为一体，勤奋学习，勇担重任，为实现国家富强、民族振兴而贡献力量。

（二）弘扬艰苦奋斗精神，增强苦干、实干的定力、毅力、耐力

艰苦奋斗作为中华民族的优良传统，既包含勤俭节约、朴素本真、反对铺张浪费的生活作风，也包含不畏险阻、坚忍不拔、拼搏奋进的思想品德。“刚毅坚卓”的联大校训是艰苦奋斗精神的具体表现形式，刚强、坚毅、坚定、卓越不仅诠释了联大师生拳拳爱国之心，也是他们共克时艰、自立自强的精神法宝。艰苦奋斗、自强不息是青年成长

成才、实现人生价值的前提。青年一代要发扬西南联大师生“刚毅坚卓”的艰苦奋斗精神，“以一往无前的奋斗姿态和永不懈怠的精神状态，勇挑重担、苦干实干”，在拼搏奉献中实现自己的人生价值。

一是培养百折不挠、敢于直面困难、勇于迎接挑战的奋斗精神。习近平总书记指出，“我们的国家，我们的民族，从积贫积弱一步一步走到今天的发展繁荣，靠的就是一代又一代人的顽强拼搏，靠的就是中华民族自强不息的奋斗精神”。奋斗精神根植于中华民族五千年的悠久历史和深厚文化，内化于炎黄子孙的勤耕不辍、接力奋进和从不屈服、勇于斗争。实现中国梦的道路不会铺满鲜花而是荆棘密布，只有披荆斩棘、奋勇向前才能无往不胜。国家富强是奋斗而来，人民富裕也是奋斗而来。新时代的中国青年要以西南联大的艰苦奋斗历史自省、自律，于顺境中居安思危、再接再厉而非故步自封、放松懈怠，于逆境中知难而进、百炼成钢而非一蹶不振、丧失斗志。新时代的中国青年要继承发扬西南联大不畏险阻的艰苦奋斗精神，在实现中华民族伟大复兴的新征程上勇担重任，凝练本心，增强定力、毅力、耐力，经得起艰难险阻甚至惊涛骇浪，做时代的强者。

二是以艰苦朴素、勤俭节约为美德，杜绝拜金主义、享乐主义、极端个人主义等不良社会风气的侵蚀。艰苦奋斗是中华民族的精神底色，在任何历史时期、任何发展环境中都必须坚守。国家繁荣富强，人民生活水平提高，我们更应该提倡艰苦奋斗精神，不能盲目攀比，奢侈浪费，更不能贪图享乐，失去奋斗方向。尤其是青少年群体，要树立“浪费可耻、节约光荣”理念，从小处做起，坚守本心，勤俭节约，形成正确、健康的价值观和消费观。

（三）弘扬科学创新精神，实现高水平自立自强

科技是第一生产力，创新是引领发展的第一动力。当前，中国面临复杂、严峻的外部环境，世界经济整体复苏缓慢，以美国为首的西方国家对中国科技进行封锁，对中国经济进行打压，企图遏制中国发展和民族复兴。面对西方国家围堵之局，中国的破局之策是提高自主创新能力，实现高水平自立自强。2021 年习近平总书记提出，“构建新发展格局，关键在于经济循环的畅通无阻，最本质的特征是实现高水平的自立自强”。西南联大在艰苦的战乱时期，为国家培养了一大批世界一流的科学家，这样的教育奇迹凭借的是科学创新、务实求真的治学精神和学以致用、通学教育的办学理念。新时期传承和弘扬西南联大的科学创新精神，学习西南联大的办学理念，是中国实施创新驱动战

略，实现高水平自立自强的重要保障。

一是教育系统应学习西南联大“通才教育”的理念，既注重知识传授，也注重学生个人价值的实现以及与国家和民族命运的融合，将教学与实践相结合，培养基础扎实、博学多才、思想活跃、身心健康的德智体美劳全面发展的人才。党的十八大以来，以习近平同志为核心的党中央高度重视哲学社会科学发展。教育系统要充分发挥哲学社会科学的育人优势，强化思想政治工作，通过课堂教学、学术交流、学术研究等方式，引导学生形成正确的世界观、人生观、价值观，提高道德修养和精神境界，促进身心和人格健康发展。

二是青年群体要注重培养科学创新的思维和能力，以科学精神脚踏实地做真学问，破四唯、求真知，在科学领域敢闯敢试、敢想敢干，勇攀科技高峰。尤其是在国家关键核心技术领域和“卡脖子”工程，青年群体应发挥创新专研的积极性和主动性，拿出“十年磨一剑”的毅力，精耕细作，勇于突破。正如习近平总书记在科学家座谈会上所讲，科学成就离不开精神支撑，科技工作者要弘扬“两弹一星”精神，主动肩负起历史重任，把自己的科学追求融入建设社会主义现代化国家的伟大事业中去；要树立敢于创造的雄心壮志，敢于提出新理论、开辟新领域、探索新路径，要形成一大批具备科学家潜质的青少年群体。

（四）弘扬师生团结精神，打造教学相长同心圆

教育尤其是大学教育，师生应该是基于爱国主义情怀的求同存异的共同体和同心圆，师生同心，教学相长。西南联大师生心怀救国报国之志，在艰苦环境中共同学习生活八年，同舟共济，相互扶持。联大老师当时已是各个领域的名家，无惧战争危险，无视生活艰苦，专心致志于教学，言传身教，因材施教，学生亦被老师品性高洁、博学多才折服，师生在精神层面形成共振效应，这为联大培养出一大批国之栋梁打下良好基础。党的十八大以来，以习近平同志为核心的党中央高度重视教育工作，把教育摆在优先发展地位。作为教育阵地，高等学校应发扬西南联大师生团结的精神，结合新时代师生关系特征，打造教学相长同心圆。

一是建设中国特色世界一流大学。梅贻琦曾说：“所谓大学者，非谓有大楼之谓也，有大师之谓也。”钱学森曾问：“为什么我们的学校总是培养不出杰出的人才?”新时代高校建设需把梅贻琦之言、钱学森之问同时代特征、中国梦结合起来，探索有中国特

色、中国风格、中国气派的大学教育之路。高校要坚持正确政治方向，想国家之所想、急国家之所急、应国家之所需，把立德树人作为根本任务，建设政治素质过硬、业务能力精湛、育人水平高超的高素质教师队伍，形成具有中国特色的现代化办学理念、大学制度、培养体系、大学文化，为服务国家富强、民族复兴、人民幸福贡献力量。

二是重新审视现代师生关系。教师和学生是学校的两大核心主体，虽然教育本质不随时代变迁而改变，但教育主体会在不同历史阶段被赋予不同的时代特征。网络经济、人工智能等技术已经融入青少年学习生活的方方面面，其兴趣培养、就业选择越来越多样化，传统师生关系、教学方式等需要与时俱进。当然，市场经济理念也冲击大学校园，必须摒弃以商品买卖关系来看待师生关系的思想和行为。应当以尊师重道为前提，建立相互交流、彼此信任、联系紧密、和谐美好的良师益友型师生关系，促进师生共同进步、共同成长。

参考文献

［1］李洪涛．精神的雕像——西南联大纪实［M］．昆明：云南人民出版社，2001．

［2］西南联合大学北京校友会．国立西南联合大学校史——1937 至 1946 年的北大、清华、南开［M］．北京：北京大学出版社，1996．

［3］西南联大北京校友会通讯录［A］．1987（4）．

［4］郑天挺．梅贻琦先生和西南联大［M］//笳吹弦诵在春城．北京：北京大学出版社，1986．

［5］北京大学，清华大学，南开大学．国立西南联合大学史料 2 会议记录卷［M］．昆明：云南教育出版社，1998．

［6］陈达．浪迹十年之联大琐记［M］．北京：商务印书馆，2013．

［7］曾丽容．联大遗风 师道垂范——再谈西南联大精神［J］．科教文汇，2012（29）．

［8］梁先生．爱国教育家张伯苓先生［M］//笳吹弦诵情弥切．北京：中国文史出版社，1988．

［9］郑天挺．梅贻琦先生和西南联大［M］//笳吹弦诵在春城．北京：北京大学出版社，1986．

［10］冯友兰．国立西南联合大学纪念碑文［M］//笳吹弦诵情弥切，北京：中国文史出版社，1988．

［11］习近平出席全国教育大会并发表重要讲话［EB/OL］．新华社，2018－09－10．

［12］习近平在中央党校（国家行政学院）中青年干部培训班开班式上发表重要讲话［EB/OL］．新华社，2021－03－01．

［13］习近平在科学家座谈会上的讲话［N］．人民日报，2020－09－11．

“两个不可逆转” 内在逻辑结构的哲学思考

陈黎梅①

摘　要：“实现中华民族伟大复兴进入了不可逆转的历史进程”与“东升西降的趋势不可逆转”是同一世界历史进步发展大趋势中的不同表现形式，具有内在的逻辑结构。从本体论逻辑看，前者居于主导地位，决定着后者，回答的是“不可逆转是何”的问题；从认识论逻辑看，后者居于从属地位，反映着前者，回答的是“为何不可逆转”的问题；从方法论逻辑看，前者体现前进性，后者体现曲折性，本质上两者共同揭示了正确看待人类社会发展的方法论，就是既要看到道路的曲折，又要看到前途的光明，回答的是“何以不可逆转”的问题；从价值论逻辑看，前者具有价值论的意蕴，指明了后者的价值取向，回答的是“不可逆转为谁”的问题。

关键词：“两个不可逆转”　内在逻辑结构　哲学思考

习近平总书记《在庆祝中国共产党成立100周年大会上的讲话》中庄严宣告：“中华民族迎来了从站起来、富起来到强起来的伟大飞跃，实现中华民族伟大复兴进入了不可逆转的历史进程!”紧接着，《人民日报》刊发的《我们为什么能够成功》首次明确提

①　陈黎梅，法学博士，四川大学马克思主义学院讲师，主要研究方向为马克思主义基本原理与当代中国问题。

出："放眼全球，当今世界正经历百年未有之大变局，这一大变局的一个鲜明特征，就是东升西降的趋势不可逆转。"至此，"两个不可逆转"作为一个相互联系的统一整体被首次提出。这是我们党对人类社会发展规律认识进一步深化的成果，标志着我们党对当今国内、国际发展大趋势的把握达到了新的高度。对此，从马克思主义哲学维度出发，思考"实现中华民族伟大复兴进入了不可逆转的历史进程"与"东升西降的趋势不可逆转"的内在逻辑结构，对于挖掘其思想内涵、深化其理论认识，进而坚定我国人民实现中华民族伟大复兴的信念具有重要意义。

一、"两个不可逆转"的本体论逻辑

所谓"实现中华民族伟大复兴进入了不可逆转的历史进程"，就是指人类历史发展大势不可倒置、中国现代化进程不可中断。一方面，"实现中华民族伟大复兴进入了不可逆转的历史进程"反映了人类历史发展大势不可倒置。"人类社会发展的历史证明，无论会遇到什么样的曲折，历史都总是按照自己的规律向前发展，没有任何力量能够阻挡历史前进的车轮。"马克思主义运用历史唯物主义揭示了人类社会发展和社会形态更替的一般规律，即资本主义必然会被社会主义取代并最终走向共产主义。中国共产党自成立之日起，就自觉地肩负起实现中华民族伟大复兴的历史使命，并将其建立在马克思主义揭示的人类社会发展和社会形态更替的一般规律之上。历经百年奋斗，"今天，我们比历史上任何时期都更接近、更有信心和能力实现中华民族伟大复兴的目标"。另一方面，"实现中华民族伟大复兴进入了不可逆转的历史进程"昭示着中国现代化进程不可中断。我国推进国家现代化建设的进程并不是一帆风顺的，甚至曾经被迫中断。比如：在1840年至1949年这段时间里，我国的国家现代化建设被西方列强、国民党反动派等各种国内外反动势力屡次打断。但是，中国共产党团结带领中国人民经过百年的不懈奋斗，创造了新民主主义革命、社会主义革命和建设、改革开放和社会主义现代化建设、新时代中国特色社会主义的伟大成就。在此基础上，中国共产党还将团结带领全国各族人民继续乘势而上，开启全面建设社会主义现代化国家的新征程，以期实现到2035年基本实现社会主义现代化，到2050年把我国建成富强、民主、文明、和谐、美丽的社会主义现代化强国的目标。如今，任何国家和势力都无法打断我国的现代化进程。

所谓“东升西降的趋势不可逆转”，就是指顺应世界百年未有之大变局演进之不可反转、新兴市场和发展中国家的人民磅礴力量之势不可挡。“东升西降”中的“东”就是指新兴市场和发展中国家，“西”就是指发达经济体。习近平总书记强调：“人民是历史的创造者，群众是真正的英雄。人民群众是我们力量的源泉。”经过新兴市场和发展中国家全体人民的共同奋斗，形成了国际力量对比的“东升西降的趋势不可逆转”革命性变化。从这个意义上说，“东升西降的趋势不可逆转”本质上就是展现着新兴市场和发展中国家的人民磅礴力量之势不可挡。

在“实现中华民族伟大复兴进入了不可逆转的历史进程”和“东升西降的趋势不可逆转”这两者中，前者居于主导地位，决定着后者。由于经济基础决定上层建筑，因而经济实力强大才是决定“东升西降的趋势不可逆转”的关键性因素。2020 年我国国内生产总值为 15.9 万亿美元，占世界经济比重的 17.1%，而新兴市场与发展中经济体经济总量占比达到 40.2%。也就是说，2020 年，我国国内生产总值占到新兴市场与发展中经济体经济总量的 42.5%以上。以联合国为例，在所有的新兴市场和发展中经济体中，目前除了俄罗斯，中国是联合国安理会常任理事国中唯一的发展中国家。在此基础上，习近平总书记还进一步强调：“尽管我们在提高国际话语权方面取得了重要进展，但同西方国家相比，我们还有不小差距。应该承认，对国际话语权的掌握和运用，我们总的是生手，在很多场合还是人云亦云，甚至存在舍己芸人现象。要精心构建对外话语体系，发挥好新兴媒体作用，增强对外话语的创造力、感召力、公信力，讲好中国故事，传播好中国声音，阐释好中国特色。”总而言之，如果没有“实现中华民族伟大复兴进入了不可逆转的历史进程”，就没有“东升西降的趋势不可逆转”，前者是后者的决定性因素。

二、“两个不可逆转”的认识论逻辑

马克思主义以前的各派哲学，总的来说都离开实践来研究认识问题，因而始终未能建立起科学的认识论。只有马克思主义哲学第一次把实践引入认识论，创立起同以往一切认识论有本质区别的科学的认识论。马克思在《关于费尔巴哈的提纲》中系统论述了实践的观点，他指出，从前的一切唯物主义（包括费尔巴哈的唯物主义）的主要缺点是对对象、现实、感性，只是从客体的或者直观的形式去理解，而不是把它们当作感性的人的活动，当作实践去理解。在马克思看来，所有的认识都来源于实践。同理，要认识和分析做出“两个不可逆转”重大历史性判断的深层原因，也应该立足于人的实践。

从人的实践理解“实现中华民族伟大复兴进入了不可逆转的历史进程”的深层原因。1840 年鸦片战争以后，实现中华民族伟大复兴便是所有中华儿女最伟大的梦想。而要将梦想变为现实，所有的中华儿女就必须共同进行实现中华民族伟大复兴的实践活动。习近平总书记指出，中国共产党团结带领所有中华儿女经过一百年的奋斗，“为实现中华民族伟大复兴提供了更为完善的制度保证、更为坚实的物质基础、更为主动的精神力量”。由此可知，历经百年的奋斗和积累，“实现中华民族伟大复兴进入了不可逆转的历史进程”的具体原因在于，一是实现中华民族伟大复兴有了更为坚强的领导力量。“没有党的领导，民族复兴必然是空想。”历经百年春秋，除了中国共产党党员数量的增加，中国共产党的政治领导力、思想引领力、群众组织和社会号召力在百年奋斗中也进一步彰显，使其成为领导中华民族伟大复兴无可替代的坚强领导力量。二是实现中华民族伟大复兴有了更为完善的制度保障。“实现中华民族伟大复兴，必须建立符合我国实际的先进社会制度。”中国特色社会主义制度是符合我国历史文化、社会性质和经济发展水平的先进制度，是具有集中力量办大事、不断解放和发展社会生产力、走共同富裕道路等多方面显著优势的社会制度，是创造经济快速发展奇迹和社会长期稳定奇迹的制度密码。目前，尽管中国特色社会主义制度已经是一个由根本制度、基本制度和重要制度组成的严密且完整的科学制度体系，但党还在带领全国各族人民不断提升国家治理体系和治理能力的现代化水平，旨在更加巩固中国特色社会主义制度的基础上使其优越性充分展现，这将为中华民族伟大复兴提供更为完善的制度保障。三是实现中华民族伟大复兴有了更为坚实的物质基础。实现中华民族伟大复兴的中国梦，必须坚定不移把发展作为党执政兴国的第一要务，坚持解放和发展社会生产力，坚持社会主义市场经济改革方向，推动经济持续健康发展。党团结带领全国各族人民经过百年的奋力拼搏，终于使我国国内生产总值超过 100 万亿元，人均国内生产总值超过 1 万美元，成为世界第二大经济体。同时，我国还全面建成了小康社会，历史性地解决了绝对贫困问题，进而为实现中华民族伟大复兴奠定了更为雄厚的物质基础。四是实现中华民族伟大复兴有了更为主动的精神力量。“实现中华民族伟大复兴的中国梦，物质财富要极大丰富，精神财富也要极大丰富。”百年来，中国共产党在革命、建设、改革中大力弘扬建党精神，同时在其长期奋斗中构建起中国共产党人的精神谱系。在此基础上，中国共产党还不断推动优秀传统文化的创造性转化、创新性发展，继承革命文化，发展社会主义先进文化，最终共同凝结为实现中华民族伟大复兴强大的中国精神、中国力量。

从人的实践理解“东升西降的趋势不可逆转”的深层原因。在《人民日报》刊发的《我们为什么能够成功》明确提出“东升西降的趋势不可逆转”之前，其实就有“东升西降的趋势已经变得非常明显”“东升西降的趋势难以逆转”“全球经济中心开始向东亚转移”等的提法。那为何会在这些提法的基础上做出“东升西降的趋势不可逆转”这么肯定的重大历史性判断呢？具体原因在于，一是主要发达经济体的经济实力遭遇重创。以美国为首的主要发达经济体因进行一系列错误的实践活动，致使其经济增长速度缓慢甚至出现负增长，占世界经济总量的比重也迅速下降，最终导致其经济实力大不如前。具体而言，21 世纪之前，以美国、欧盟、日本等为代表的主要发达经济体是世界经济发展的领头羊，比如，“联合国贸发会议统计数据库统计数据显示，1976 年美国、英国、德国、法国、日本、意大利和加拿大七国集团（G7）成立时，其经济总量约占世界经济总量的 80%”。然而，随着 2008 年美国金融危机的扩散蔓延以及“欧盟和日本面临着欧债危机、难民危机、恐怖袭击、社会福利包袱沉重、人口老龄化等多重挑战”，以美国、欧盟、日本等为代表的发达经济体陷入经济持续低迷的泥潭。最好的例证就是，到 2016 年七国集团（G7）在世界经济中的份额已经低于 50%。可见，以美国、欧盟、日本等为代表的主要发达经济体因一系列不当的实践活动致使其经济实力遭遇重创，是“东升西降的趋势不可逆转”的深层原因之一。二是新兴市场和发展中国家成为世界经济复苏的重要引擎。与主要发达经济体不同，新兴市场和发展中国家在抓住机遇开展正确实践活动的过程中，实现了经济的高速增长和占世界经济份额的扩大。具体说来，从经济增长速度看，新兴经济体和发展中国家从 20 世纪 90 年代中后期，其 GDP 实际增速就一直高于发达经济体。与此同时，新兴经济体和发展中国家还在经济危机中实现快速复苏，到 2017 年其增速已经超过发达经济体 2 倍。经济增长速度必然会反映到体量变化上。因此，从占世界经济的份额来看，“按市场汇率，2020 年新兴市场与发展中经济体经济总量占比达到 40.2%，国际货币基金组织预计，到 2025 年这一数字将达到 42.9%；按购买力评价计算，到 2025 年预计达到 60.2%”。由此，七国集团

（G7）被二十国集团（G20）取代，成为国际金融治理的主平台。此外，新兴市场国家还创立了金砖机制，设立亚投行、新开发银行等机构。总之，无论是从经济增长速度还是从占世界经济的份额来分析，东升西降的趋势已然不可逆转。

三、“两个不可逆转”的方法论逻辑

唯物辩证法是认识世界和改造世界的根本方法。唯物辩证法认为，任何事物的发展都是前进性与曲折性的统一，因而对于新事物的发展既要看到前途的光明，也要看到道路的曲折。“实现中华民族伟大复兴进入了不可逆转的历史进程”，这是对中华民族未来光明前景的深刻把握，体现了高瞻远瞩的战略思维。“东升西降的趋势不可逆转”作为百年未有之大变局的鲜明特征之一，是对中国发展曲折道路的深刻把握，体现了未雨绸缪的底线思维。当然，“实现中华民族伟大复兴进入了不可逆转的历史进程”，并不是中华民族伟大复兴已成为历史事实；“东升西降”也还只是趋势不可逆转，并非已成定势。但基于上述分析，“实现中华民族伟大复兴进入了不可逆转的历史进程”作为“东升西降的趋势不可逆转”的决定性因素，显然只有当中华民族伟大复兴成为历史事实时，东升西降的趋势才会成为定势。因此，在促使中华民族伟大复兴成为历史事实、东升西降的趋势成为定势的过程中，要坚持前进性与曲折性相统一的方法论。

中国共产党团结带领全国各族人民历经百年奋斗，终于“实现中华民族伟大复兴进入了不可逆转的历史进程”，但是诚如习近平总书记所言：“行百里者半九十。中华民族伟大复兴，绝不是轻轻松松、敲锣打鼓就能实现的。全党必须准备付出更为艰巨、更为艰苦的努力。实现伟大梦想，必须进行伟大斗争。”在实现中华民族伟大复兴的进程中，必然充斥着各种各样的矛盾，有矛盾必然就会有斗争。尤其是在目前“东升西降的趋势不可逆转”的情况下，我国尽管已经为推动“东升西降”朝着更加光明的方向贡献了极优的中国方案和极强的中国力量，但是“东升西降”所带来的不稳定性和不确定性风险上升，致使我国在实现中华民族伟大复兴的历史进程中斗争依然激烈和残酷。那么，要让中华民族伟大复兴成为历史事实，就必须进行伟大斗争。但是，进行伟大斗争并非毫无原则，而是要坚持“三个相统一”原则。具体而言，就是坚持增强忧患意识和保持战略定力相统一的原则，这样既能避免因缺少忧患意识而盲目乐观、看不到风险所在，又能避免因缺乏战略定力而导致战略误判或自乱阵脚；坚持战略判断和战术决断相统一的原则，不仅可以在战略上保持定力、增强自信，而且可以在战术上保持谨慎、保持冷静；坚持斗争过程和斗争实效相统一的原则，不仅能增强斗争过程的针对性、计划性和时效性，还能通过扎实、有效的斗争过程来确保斗争实效，进而才能取得伟大斗争的必然胜利。

“实现伟大梦想，必须建设伟大工程。这个伟大工程就是我们党正在深入推进的党的建设新的伟大工程。”百年历史已经并将继续证明，在促使中华民族伟大复兴成为历史事实，进而让东升西降趋势成为定势的进程中，没有中国共产党的领导是完全不行的。当前，尽管“实现中华民族伟大复兴进入了不可逆转的历史进程”“东升西降的趋势不可逆转”，但这并不意味着对中国共产党人的要求就会有所松懈，恰恰相反对其要求会愈加严格。这样才能确保中国共产党永葆旺盛的生命力和强大的战斗力，以更好地应对和迎接更大的风险、挑战和困难，正所谓“打铁还需自身硬”。习近平总书记在党的十九大报告中指出，推进党的建设新的伟大工程，就是要“全面推进党的政治建设、思想建设、组织建设、作风建设、纪律建设，把制度建设贯穿其中”。具体说来，政治建设作为党的根本性建设，最首要的任务就是要求全党服从中央，坚持党中央权威和集中统一领导；思想建设作为党的基础性建设，最首要的任务就是要求全党坚定理想信念，自觉做共产主义远大理想和中国特色社会主义共同理想的坚定信仰者和忠实实践者；组织建设就是不仅要加强党组织带头人的队伍建设，还要扩大基层党组织的覆盖面，进而解决一些党组织弱化、虚化和边缘化的问题；作风建设和纪律建设就是加强纪律教育，强化纪律执行，进而使全党紧紧保持同人民群众的血肉联系，增强群众观念和群众感情；制度建设就是要求全党必须严格遵守和执行国家的根本制度、基本制度和重要制度，维护制度权威。总之，尽管“实现中华民族伟大复兴进入了不可逆转的历史进程”，但是“东升西降的趋势不可逆转”会给其带来机遇的同时也会带来风险和挑战。在面对这些风险和挑战的时候，中国共产党需要不断地推进自身的建设，进而才能达到召之即来、来之能战、战之必胜的效果。

四、“两个不可逆转”的价值论逻辑

在“实现中华民族伟大复兴进入了不可逆转的历史进程”与“东升西降的趋势不可

逆转”中，前者具有价值论的意蕴，指明了后者的价值取向。习近平总书记指出：“实现中华民族伟大复兴的中国梦，就是要实现国家富强、民族振兴、人民幸福。”中国人民幸福是实现中华民族伟大复兴的出发点和落脚点。“实现中华民族伟大复兴进入了不可逆转的历史进程”作为“东升西降的趋势不可逆转”的决定性因素，必然也为其指明了价值取向。换言之，“东升西降的趋势不可逆转”的出发点和落脚点也是实现新兴经济体和发展中经济体全体人民幸福。

实现中华民族伟大复兴的目的在于让中国人民幸福。这是由我国的指导思想、领导力量和国家性质所决定的。作为我国指导思想的马克思主义的创始人之一，马克思致力于实现人类的解放和幸福。他早在《青年在选择职业时的考虑》中就指出，“在选择职业时，我们应该遵循的主要指针是人类的幸福和我们自身的完美”，“人只有为同时代人的完美、为他们的幸福而工作，自己才能达到完美”。作为我国的领导力量，“中国共产党根基在人民、血脉在人民、力量在人民。中国共产党始终代表最广大人民根本利益，与人民休戚与共、生死相依，没有任何自己特殊的利益，从来不代表任何利益集团、任何权势团体、任何特权阶层的利益”。作为社会主义性质的国家，所制定的一切方针、政策，所采取的一切经济、政治、文化措施都是以实现人民幸福为出发点和落脚点的。

实现新兴经济体和发展中经济体全体人民幸福是“东升西降的趋势不可逆转”的出发点和落脚点。“实现中华民族伟大复兴进入了不可逆转的历史进程”不仅决定了“东升西降的趋势不可逆转”，以此还会为实现新兴经济体和发展中国家人民的幸福创造有利条件。具体而言，一方面，我国在“实现中华民族伟大复兴进入了不可逆转的历史进程”中，不会威胁到新兴经济体和发展中国家。习近平总书记《在庆祝中国共产党成立100周年大会上的讲话》中明确指出：“和平、和睦、和谐是中华民族5000多年来一直追求和传承的理念，中华民族的血液中没有侵略他人、称王称霸的基因。中国共产党关注人类前途命运，同世界上一切进步力量携手前进，中国始终是世界和平的建设者、全球发展的贡献者、国际秩序的维护者！”中国特色社会主义进入新时代，我国坚持走和平发展道路，推动构建新型国际关系，稳步构建全球伙伴关系网络，参与全球治理体系改革和建设，坚定不移推进共建“一带一路”高质量发展，倡导构建人类命运共同体，这必将引导和激励各国人民共同致力于建设一个持久和平、普遍安全、共同繁荣、开放包容、清洁美丽的世界。另一方面，我国在“实现中华民族伟大复兴进入了不可逆转的历史进程”中，还会为实现新兴经济体和发展中国家的全体人民幸福创造有利条件。习近平总书记指出：“100 年来，中国共产党筚路蓝缕、求索奋进，为中国人民谋幸福，为中华民族谋复兴，为世界谋大同。”

综上，“实现中华民族伟大复兴进入了不可逆转的历史进程”最终目的在于实现中国人民幸福，但这并不意味着就会损害到新兴经济体和发展中国家人民的幸福。恰好相反，“实现中华民族伟大复兴进入了不可逆转的历史进程”作为“东升西降的趋势不可逆转”的决定性因素，为实现新兴经济体和发展中国家人民幸福创造了有利条件，促使新兴经济体和发展中国家的全体人民向幸福生活大踏步迈进！

参考文献

[1] 习近平．在庆祝中国共产党成立 100 周年大会上的讲话［N］．人民日报，2021－07－02（002）．

[2] 宣言．我们为什么能够成功［N］．人民日报，2021－09－27（001）．

[3] 习近平谈治国理政（第 1 卷）［M］．北京：外文出版社，2018．

[4] 习近平谈治国理政（第 2 卷）［M］．北京：外文出版社，2017．

[5] 习近平谈治国理政（第 3 卷）［M］．北京：外文出版社，2020．

[6] 习近平．在深圳经济特区建立 40 周年庆祝大会上的讲话［M］．北京：人民出版社，2020．

[7] 张蕴岭．百年大变局：世界与中国［M］．北京：中共中央党校出版社，2019．

[8] 习近平关于总体国家安全观论述摘编［M］．北京：中央文献出版社，2018．

[9] 马克思恩格斯选集（第 1 卷）［M］．北京：人民出版社，2012．

[10] 洪银兴．新编社会主义政治经济学教程［M］．北京：人民出版社，2018．

[11] 张新平．中国特色的大国外交战略［M］．北京：人民出版社，2017．

[12] 谢伏瞻．在清华大学所作“准确把握‘十四五’规划的几个重大问题”主题演讲［N］．思想潮，2021－09－16（001）．

[13] 习近平．同舟共济克时艰，命运与共创未来：在博鳌亚洲论坛 2021 年年会开幕式上的视频主旨演讲［M］．北京：人民出版社，2021．

新时代高校网络保密管理研究[①]

李明凤[②]

摘　要：网络保密管理是保密工作的难题，高校作为人才培养的主要基地、意识形态斗争的前沿阵地，肩负着为党育人、为国育才的重要使命。因其特殊性、敏感性，高校网络阵地更易成为泄密窃密的“高危地”和“重灾区”。加强和改进高校网络保密管理工作对于践行总体国家安全观、维护国家网络安全具有重要战略意义。本文以习近平总书记关于网络安全和保密工作的重要论述为指导，把握高校网络保密管理的理论和实践价值，分析当前高校网络保密面临的复杂形势和突出难题，探索加强改进高校网络保密管理的思路策略，以期为高校网络保密管理实践提供参考。

关键词：高校　网络安全　保密管理　宣传教育

网络保密管理是保密工作的三大难题之一，新形势下网络阵地更是窃密、泄密的主战场和重灾区，加强网络保密管理迫在眉睫、势在必行。高校作为落实立德树人根本任务、为党和国家培养社会主义建设者和接班人的坚强阵地，承担着人才培养、科学研究、社会服务、文化传承与创新等重要职能，网络时代高校逐渐成为保密工作的重点场

---

① 本文系四川大学2021年国家安全保密研究一般项目成果，受到四川大学社科研究项目（项目编号：skbm202114）资助。

② 李明凤，四川大学党委宣传部思想理论教育科科长、助理研究员，主要研究方向为高校思想政治教育。

域，传统保密管理方式遭遇严峻挑战，在教学科研中会涉及大量保密内容和敏感信息，网络保密管理成为高校保密工作的重点、难点和痛点所在。高校网络保密管理不仅关系国家网络安全的健康发展，还关乎高校的稳定发展和师生员工的切身利益，加强高校网络保密管理是高校保密战线的重要课题，对于维护国家安全利益具有特殊战略意义。

一、新形势下高校网络保密管理的重要意义和实践价值

互联网已成为影响人们社会生活的“最大变量”，谁掌握了互联网，谁就把握住了时代主动权，“没有网络安全就没有国家安全，就没有经济社会稳定运行，广大人民群众利益也难以得到保障”。作为人才培养的摇篮、科技创新的阵地和文化传承的高地，高校网络保密管理是国家保密工作的重要组成部分，能不能适应网络发展态势挑战，成为影响高校安全稳定的关键因素，做好高校网络保密管理工作具有重要现实意义、深远战略意义和特殊指导意义。

第一，加强高校网络保密管理是深入贯彻习近平总书记关于网络安全和保密工作重要论述，践行总体国家安全观的根本要求。网络安全与政治安全、经济安全、文化安全、社会安全、军事安全等领域互相交融、相互影响，已成为我国面临的最复杂、最严峻的非传统安全问题。党的十八大以来，以习近平同志为核心的党中央高度重视网络安全和保密工作，对加强和改进保密工作作出了一系列新决策、新部署，保密工作取得了历史性突破。新时代高校保密工作的生态和条件、形势和任务、对象和领域、内容和形式、方法和手段都急速发生变化，贯彻落实习近平总书记关于网络安全和保密工作的重要论述精神，践行总体国家安全观，要求高校必须将网络保密管理摆在突出位置，与时俱进落实网络保密管理责任，织牢网络安全保密藩篱，不断夯实维护国家安全的重要基石。

第二，加强高校网络保密管理是维护国家网络信息安全、应对境外敌对势力对高校进行窃密渗透的必由之策。高校内涵式发展对互联网的依赖程度日益加深，如果不能保证网络信息安全，不仅波及高校本身，而且会影响国家和社会的安全稳定。长期以来，境外敌对势力通过网络对我国发起的意识形态斗争有增无减。作为思想文化交流交锋的重要战场和各种政治势力争夺青年、抢夺意识形态领导权的重要场所，高校是他们进行

窃密渗透的首选目标。习近平总书记讲，赢得青年就赢得未来。从另外一个角度出发，搞乱你的未来，首先搞乱你的校园、你的学生。因此维护国家网络信息安全，高校责无旁贷，应该当好参与者和践行者，将加强网络安全保密管理作为抵御境外敌对势力窃密渗透的重要举措。

第三，加强高校网络保密管理是打造清朗网络空间、提高保密管理水平的内在需求。高校网络保密管理是依法治校的重要内容，也是推进高校治理体系和治理能力现代化的题中之义。近年来高校保密工作的重要性、紧迫性不断凸显，高校对保密工作特别是网络保密管理的重视程度不断加强，在保密体制机制建设、保密工作队伍建设、保密宣传教育等方面取得一定成效，夯实了高校保密依法行政的基础。但是新时代对保密工作提出新任务、新要求，加强高校网络保密管理既是高校打造清朗网络空间的关键之举，也是其提升治理能力和行政效能的内在之需。

二、高校网络保密管理工作现状和难题分析

高校承担着科教兴国、人才强国的双重使命，在推动科技创新中高校网络保密管理的短板和问题也随之暴露，只有坚持目标引领和问题导向，找准高校网络保密管理存在的困境难题和薄弱环节，才能为下一步研究加强和改进策略提供基础依据。

首先，网络信息化加大了高校网络保密管理难度。虽然高校网络安全观不断强化，网络保密管理的规范性、系统性也在逐步提高，但是随着网络信息化程度的加深，高校网络保密管理中的不足得以显现。校园网站、微博、微信、微视频、抖音等网络平台的多样化、开放性让高校网络保密管理的难度攀升，扩大了泄密渠道；网络信息化对人防、技防要求提高，但高校网络保密技术条件和防范手段依然较为落后。高校拥有数量庞大的师生特别是学生群体，师生自媒体内容的保密审查难以到位。

其次，高校网络保密管理机制有待健全完善。高校网络保密的全流程、全环节、全过程管理还存在不足，网络信息发布过程管理还没有形成科学有效的审查机制，不同程度存在相关审查环节缺位或针对性、操作性不强等问题，顶层设计不够成熟。校院两级特别是基层单位尚未建立起一套从信息制作产生到信息审核发布等各个环节的把关程序。网络保密监督检查机制落实还不够，依托专门力量对各级各类校园网络平台定期开

展涉密信息排查督查的长效机制还需健全。

再者，高校网络保密安全宣传教育做得不到位。校园网络信息发展的同时，师生网络安全意识并没有同步提升，校园网络保密安全宣传普及教育做得不够。虽然高校相关业务部门会组织开展文明上网用网、保密知识等方面业务培训，但关于网络保密安全主题的专题培训较为欠缺，培训对象主要针对负责相关工作的人员，面向普通师生开展的培训不多，相关宣传教育的覆盖面不够广、频次不够高。这导致部分师生对网络保密安全重要性及相关内容的认知都跟不上信息发展步伐，通过微信、QQ群、邮件等发布内部敏感信息的现象时有发生，基层单位保密管理责任压得不够实。

最后，高校网络保密管理队伍建设还需加强。缺乏一支专门力量和专业队伍是高校网络保密管理面临的普遍性问题，虽然很多高校成立了保密工作领导小组，组建了保密委员会，校级层面保密工作组织架构较为健全，跟保密工作关联度较高的二级单位特别是科研生产单位设置了保密员；但是大部分都是由具体业务工作人员兼职担任，较少配备专职保密员，并且人员流动性大。不少二级单位的保密工作负责人和保密员主要从事非密工作、缺乏专业训练，本职工作任务繁重无法投入更多精力在保密工作上，致使一些二级单位保密队伍“形同虚设”。

三、加强和改进新形势下高校网络保密管理的思路举措

面对高校网络保密工作面临的形势难题，要坚持以习近平总书记关于网络安全和保密工作的重要论述为指导，多维度探索加强和改进新时代高校网络保密管理的有效途径和实用举措，守正创新推进保密工作整体效能提升，全方位维护高校意识形态安全。

一是健全高校网络保密管理工作机制体系。规范完善的制度体系是确保工作有效运行的基础和保证。高校要着力推进保密工作体系建设，从上到下建立一套完备有效的制度体系和工作体系，全面加强保密系统自身建设，因时因势调整保密策略，建立健全校院两级保密工作机构和网络保密管理工作机制，完善网络保密管理规章制度和应急方案。高校保密行政管理部门和业务归口管理部门既要统筹协调，又要各司其职，强化主管责任和归口管理责任，做好信息产生、传递、运转、发布等环节的保密审查把关。同时，要推进网络保密管理重心向学院下沉，向基层延伸，压紧压实基层主体责任，构建

左右贯通、多方协同的网络保密管理工作格局，为加强各级各类网络阵地信息保密管理打牢制度基础。

二是分层分类做好高校网络保密宣传教育。网络保密宣传教育是保密管理的一项基础性工作，抓好高校网络安全和保密宣传教育，有助于增强师生的国家安全意识和网络安全认识。高校要积极加强网络保密宣传教育体系建设，针对干部师生、涉密人员等有针对性地组织开展立体化、全方位的网络保密宣传教育，常态化、规范化推动高校保密管理工作向纵深发展。一方面，要做好涉密工作队伍及相关人员的网络安全和信息保密宣传，通过组织专家举办专题培训、开展保密警示教育、网络安全宣传周主题活动等形式，坚持集中性宣传教育与经常性宣传教育相结合，强化从事网络保密安全工作队伍的专业能力和保密观念；另一方面，要扩大宣传教育覆盖面，加强广大教职工、学生等群体的网络安全保密教育，通过开设网络安全保密知识展板、宣传栏，发放宣传手册等载体和渠道，创新宣传教育方式，筑牢干部师生的保密思想防线。

三是规范高校网络信息保密各环节全平台管理。高校网络发布宣传涉及教学、科研、服务、文化等各个领域，规范工作秘密和敏感信息的保密管理十分重要。从审查内容来看，要加强对高校公开发布和宣传报道信息内容的保密审查审批，特别是加强对涉及军民融合、国防军工、科研生产等保密信息和敏感内容的规范审查，从信息提供单位、归口管理单位再到保密管理单位，逐层逐级落实领导责任、工作职责，加强对涉密敏感信息产生、流转、发布、报道等环节管控，做到“涉密信息不上网、上网信息不涉密”。从审查渠道来看，校院系多级网站、官方微博、微信、抖音等全媒体平台成为高校发布信息和开展宣传报道的主要阵地，各类平台信息发布必须经保密审查，做到保密审查无遗漏、全覆盖。不断优化网络保密管理流程、规范信息发布程序，定期开展自查抽查排查等常态化监督检查，全过程堵塞保密信息网络泄露的风险漏洞，全流程严守反窃密防泄密关口。

四是加强网络保密管理工作队伍建设。高校应结合实际情况配齐、配强网络保密管理工作队伍，保证网络保密管理的人防需求，大力培养讲政治、懂业务、会管理的复合型保密人才，激发网络保密工作战线的动力和活力。加强队伍和人员的专业素养和业务能力建设，把网络保密法治宣传教育纳入干部教育课程培训内容，发挥保密教育实训平台作用，开展网络信息保密常识和保密技能培训。将保密法治教育同理想信念、安全形势、知识技能教育有机结合，不断加强广大保密干部的思想淬炼、政治历练、实践锻炼、专业训练。同时要从技术层面为网络保密管理提供有利的条件支撑，多措并举筑牢高校网络保密安全“防护网”。

参考文献

[1] 张继虎．打赢新时代保密战［N］．学习时报，2019－08－14．

[2] 景凤启．新形势下保密工作需要把握的几个问题［J］．保密科学技术，2016（11）．

[3] 张玲宁．网络信息化时代保密管理问题研究［J］．网络安全和信息化，2021（1）．

[4] 陈芸芬．大数据时代高校保密工作长效机制研究［J］．合肥工业大学学报（社会科学版），2020（6）．

高校党的建设

GAOXIAO DANGDE JIANSHE

以党建与事业融合发展为载体的党建工作探索与实践

——以四川大学图书馆为例[①]

黎 梅[②]

摘 要：推动党建与业务工作融合发展，对于高校贯彻落实党的各项方针、政策，引领各项事业高质量发展具有重要的意义。本文以四川大学图书馆为例，对以党建与事业融合发展为载体的党建工作模式进行阐述，探索党建与事业融合发展的有效路径，为新时期高校党建工作提供借鉴。

关键词：党建与事业融合发展 探索与实践 四川大学图书馆

党建工作为促进生产力、增强凝聚力、提升战斗力提供强大支撑。抓实党建，引领事业发展，是新时期基层党建的重要课题。“基层是党和国家的根基，基层党组织社会治理功能的发挥，其实质上要依靠党建工作与业务工作的融合发展。通过强化党建引领，不断提升基层单位开展业务工作的能力，提高工作效率和质量，实现全面发展。”[③]保持党建工作与业务工作同频共振，能够形成两者的良性循环发展。同时，推动党建与业务工作深度融合，更能使高校党建工作的科学化水平得到全面的提升。

---

① 本文系四川大学 2022 年度党建研究课题“高校基层党组织推进党史学习教育常态化长效化路径研究”成果。

② 黎梅，四川大学图书馆党政办副主任，主要研究方向为党的建设和行政管理。

③ 齐发：《基层党建工作与业务工作融合发展研究》，《中共太原市委党校学报》，2022 年第 1 期。

一、新时期实现高校党建与事业融合发展具有重要的意义

高校党建工作与业务工作互为依托，相互促进。充分发挥基层党建工作的引领作用、党支部的战斗堡垒作用，能够增强单位的凝聚力和向心力，提升员工的综合素质与能力进而提高工作效率，使得业务工作高质、高效地开展。业务工作的有效开展也为基层党建工作提供了有力支撑，促进党建工作创新方法和途径，不断提升党建工作实效。

（一）新时期实现高校党建与事业融合发展是高校加强党的建设和深入落实党的方针政策的必然要求

习近平总书记强调："要处理好党建和业务的关系，坚持党建工作和业务工作一起谋划、一起部署、一起落实、一起检查。"新修订的《中国共产党普通高等学校基层组织工作条例》对高校党建和业务工作深度融合提出了明确要求。党建工作与业务工作的融合发展是推动党中央决策部署和习近平总书记重要指示批示精神贯彻落实的重要保障。高校的教育工作，是党领导下的事业，必须强化政治意识，实现党建工作与业务工作深度融合，以实际行动践行"两个维护"。

（二）新时期实现高校党建与事业融合发展是高校提升党建工作实效的有效途径

高校党建对业务工作起到了一定的引领作用，为业务工作的开展提供了强有力的保证。同时，高校党建工作的开展往往不能脱离业务工作，党建工作的考核也以业务工作的成效为检验标准。党建和业务工作的深度融合，可以创新党建活动载体，丰富党建工作开展的形式，激发党建工作活力，进一步提升党建工作质量。而党建工作的有效开展，也能够积极推动高校的综合发展。

（三）新时期实现高校党建与事业融合发展是高校创新性发展的重要支撑

高校党的建设需要与人才培养、科学研究、社会服务、文化传承与创新、国际交流合作等深度融合，为高校改革发展提供思想保证和政治保障。高校有着政治优势和丰富的资源，加强高校思想政治教育，筑牢党建基础，有利于营造专心育人、潜心治学的环境，落实立德树人的根本任务，进一步促进创新性发展，服务于国家重大战略需求。

二、以四川大学图书馆为例，实践党建与事业融合发展的工作模式

四川大学图书馆积极探索党建与事业融合发展，党建与业务同谋划、同部署、同推进，围绕落实立德树人根本任务、服务学校“双一流”建设等中心工作，把党建工作融入资源建设、知识服务、文献服务、阅读推广等各项业务工作之中，实现资源建设专业化、知识服务精准化、信息服务多样化、阅读推广品牌化。

（一）以红色文化资源为依托，打造红色文化教育品牌

结合图书馆业务工作特点，建设图书馆红色文化教育体系，为思想政治教育提供空间与资源，同时促进图书馆自身党建工作。“红色文化和图书馆党建工作进行有机结合，要充分注重从不同的角度出发，数据库的建设是比较重要的，这是提升图书馆党建工作整体质量的重要举措。”① 四川大学图书馆持续挖掘红色文化资源，加强红色文献资源建设，打造红色专题学习空间，推出红色文化服务。

四川大学图书馆建设智慧党建数据库、中国共产党思想理论资源数据库、红色历史文献数据库、江姐专题文献数据库等专题库，设立习近平总书记著作、“不忘初心、牢记使命”等多个红色主题教育专题文献区域，设立“四史教育”专题书架，为党建工作提供了丰富的理论资源。同时，图书馆打造了线上和实体相结合的学习空间——“学习书屋”，为全校师生开展红色文化主题文献的阅读和研讨提供了丰富的资源及场地，是进行红色文化教育的重要基地。“学习书屋”利用红色资源、弘扬革命传统、传承红色基因，体现了图书馆党建工作的创新探索与实效。此外，四川大学图书馆举办“纪念马克思诞辰 200 周年”“纪念江姐诞辰 100 周年”等多个主题文献展览及“历史的交汇点——朱德与史沫特莱”专题展，举办庆祝中华人民共和国成立 70 周年、庆祝中国共产党成立 100 周年等系列红色文化育人活动，充分发挥图书馆红色文化资源优势，助力党建工作。

---

① 魏斌：《红色文化在图书馆党建工作建设中的应用探究——以建设江西特色教育馆为例》，《质量与市场》，2020 年第 15 期。

（二）以支部结对共建为契机，打造同学习、同交流、同实践的党建品牌

支部结对共建活动，将图书馆的文献资源服务、信息服务和知识服务等更直接地推介给师生，实现基层党组织工作互动和图书馆服务直达师生，实现基层党组织工作互动和资源共享，优势互补，提升党建工作质量和水平。

四川大学图书馆以“支部共建”活动为平台，针对师生关心关注的文献资源、数据库、学科服务以及校外访问等进行深层次交流沟通。支部共建共享模式使图书馆的业务工作能更有效地服务师生，创新服务学校的教学科研等。同时，加强了图书馆支部党员的思想意识，提高了党性觉悟，拓展了党员义务，党支部功能也得到完善，从而提升支部凝聚力和战斗力。

（三）以“圕学讲习所”为平台，打造党建业务融合学习实践品牌

四川大学图书馆“圕学讲习所”深入挖掘图书馆资源，围绕思想政治教育、红色文化主题及核心业务，定期面向图书馆党员干部和馆员举办主题讲座与培训。四川大学图书馆“圕学讲习所”结合需求开展了党史学习教育、知识产权、资源编目、古籍修复等方面的讲座与培训，创新了理论与实践相结合的复合式学习环境，是图书馆探索的党建与业务深度融合的新思路，着力提高馆员的综合素质，提升图书馆的管理水平和服务水平。

（四）以充分发扬基层民主为基础，打造群策群力促发展活动品牌

结合四川大学图书馆党建和事业发展主题，面向党员征集“金点子”。在党史学习教育中，创新“我为群众办实事”实践活动，开展“我为师生服好务”金点子征集和落实活动。图书馆党员干部、馆员结合图书馆事业发展和自身岗位工作实际，在资源建设、文献信息服务、知识服务、文化服务、空间与基础设施建设等方面积极建言献策，切实提升图书馆的管理服务水平和质量。与此同时，图书馆每月开展“各抒己见话发展”活动，集中大家的智慧群策群力推动一流大学图书馆高质量发展，进一步发挥每一位馆员的积极性和主动性，实现馆员们自身的良好发展。

三、以四川大学图书馆为例，探索党建与事业融合发展的实现路径

党建工作与业务工作在融合发展中相互配合，实现二者的同向聚合，推动高校各项

工作的高质量发展。新时期探索高校党建与事业深度融合的发展新路，需要从思想建设、制度建设、组织生活建设、队伍建设等方面着力。

（一）提升政治站位，增强服务意识

高校图书馆为师生提供学习阅读空间和文献资源服务，助力教学科研。因此，四川大学图书馆始终以服务人民群众为宗旨，将党建工作与业务工作相结合，发挥基层党组织的战斗堡垒作用。特别要提升党员的思想意识和责任意识，发挥党员的先锋模范作用，充分调动员工积极性，在增强自身业务能力的同时，增强为人民群众服务的思想意识，立足岗位，为师生群众做好服务工作。

（二）健全工作制度，增强党建实效

高校图书馆切实推进党建与事业深度融合，在增强服务意识、加强思想建设的同时，还需要提供有力的制度保障。比如制定、修订一系列规章制度，深化教职工人员教育管理体制改革，健全党员干部考核评价体系，从而全面提升工作质量和水平。将党建工作作为对党员考核评价的一部分内容，增强党建工作实效性，进而促进业务工作发展。

（三）注重活动创新，发挥组织优势

结合高校自身特点，创新活动形式，丰富组织生活内容，提升组织生活质量。在“三会一课”、主题党日等形式的基础上，结合业务工作开展组织生活，创新组织生活载体，丰富基层党组织生活的内容及形式，有效提升组织生活的质量与效果。以党建工作夯实业务工作，用业务工作检验党建工作成效，使党建工作与业务工作统筹推进，实现党建工作与业务工作的有机统一。

（四）狠抓队伍建设，提升人员素质

无论是开展党建工作还是开展业务工作，实施主体都是单位的每一位成员。做好党建工作与业务工作的融合，需要加强党员队伍建设，增加党员干部人员储备，用党员的示范性引领全体员工不断提升理论水平和业务能力，进而提升人员队伍的综合素质。同时，健全激励保障机制，也可以调动人员的工作积极性，增强解决工作难题的动力，实现党建与事业共同发展。

参考文献

[1] 郭婷. 高校党建与业务工作融合发展路径思考 [J]. 安康学院学报，2021，33 (6).

[2] 方圆，陈露. 高校基层党建工作与业务工作融通并进的实践探索 [J]. 汉江师范学院学报，2021，41 (6).

[3] 齐发. 基层党建工作与业务工作融合发展研究 [J]. 中共太原市委党校学报，2022 (1).

[4] 魏斌. 红色文化在图书馆党建工作建设中的应用探究——以建设江西特色教育馆为例 [J]. 质量与市场，2020 (15).

高校工会干部队伍建设研究[①]

黄雯雯　马丽萍　张婧怡[②]

摘　要：随着高校改革发展，亟须推动建设一支高素质、专业化工会干部队伍。高校工会干部队伍面对新情况新要求，还存在一定的差距和不足，作为党联系教职工的桥梁纽带，工会干部积极作为，有效推动自身改革和发展，不断提升服务教职工的能力和水平，团结凝聚广大教职工形成持续而强大的力量，在“双一流”建设中建功立业，有着非常重要的现实意义。本文通过对高校工会干部现状的研究，分析高校工会干部队伍建设存在的难点，提出建设意见。

关键词：高校　工会　干部　建设

2018年习近平总书记和中华全国总工会新一届领导班子成员集体谈话时指出，要加强和改进党对工会工作的领导，研究解决工会工作中的重大问题，推动建设一支高素质专业化工会干部队伍，支持工会依法依章程创造性开展工作。作为承担工会工作任务的核心群体，工会干部队伍是新时代工会工作的主力军和关键因素，但目前高校工会干部队伍存在专职干部少、兼职干部多，年龄结构不甚合理，学历层次不平衡等现状，离

① 本文系四川大学2020年度工会理论研究课题研究成果。

② 黄雯雯，四川大学党委组织部副部长、副研究员，主要研究方向为高校党建。马丽萍，四川大学机关党委办公室主任、助理研究员，主要研究方向为高校党政管理研究。张婧怡，四川大学成人继续教育学院党政办主任，助理研究员，主要研究方向为教育领导与管理。

高素质、专业化的要求还有明显的差距。特别是在高校“双一流”建设过程中，工会干部如何积极作为，有效推动自身改革和发展，更好地为教职工在事业发展、福利待遇、学习生活、文体活动和心理健康需求等方面开展有益实践，不断提升服务教职工的能力和水平，团结凝聚广大教职工形成持续而强大的力量，在“双一流”建设中建功立业，有着非常重要的现实意义。本文拟通过现状分析，对照当前需求，提出高校工会干部队伍建设的路径。

一、高校工会干部队伍建设存在的问题

（一）整体队伍结构不甚合理

以某大学二级分工会主席为例，一是兼职干部较多，42 位分工会主席中，专职从事工会工作的仅 11 人，占 26.2%，兼职 31 人，占 73.8%，其中由处级干部兼任的有 6 人，科级干部兼任的有 4 人，其他管理岗位人员或专任教师兼任的有 21 人。处级干部是本单位班子成员，科级干部是一个单位的中坚力量，专任教师更是承担了重要的教学科研任务，他们要较好地完成本职岗位的工作，必须全身心投入，再承担兼职的任务，难免在工作中会有疏漏，或疲于应付而无法投入更多精力对基层工会工作开展深入思考和精心谋划。二是年龄结构尚需进一步优化，42 位分工会主席平均年龄为 48.7 岁，最大的为 58 岁，最小的为 38 岁，40 岁（含）以下仅有 5 人，占 11.9%；41～45 岁（含）有 10 人，占 23.8%；46～50 岁（含）有 7 人，占 16.6%；50 岁以上有 20 人，占 47.6%。从年龄结构来看，50 岁以上的占比最高，虽然这部分分工会主席有的长期从事基层工会工作，有着较为丰富的经验、熟悉本单位教职工的特点，但客观上也存在易用多年形成的固性思维模式来思考、谋划工作的问题。

（二）政治站位还不够高，能力水平还存在不足

长期以来，部分工会干部对高校工会的认识存在一定的偏差，从政治性、全局性的高度深刻认识和理解高校工会工作还不够，更多习惯于按照上级工会的布置和安排被动式地开展工作，结合本单位自身实际、创新性地开展工作显得较为欠缺。某大学对于非处级干部担任分工会主席的，规定在职在岗期间享受副处级干部待遇，这一政策切实提

高了分工会主席的政治经济待遇，但是同时也有一些基层单位为解决照顾个别工作时间长、担任科级干部久的同志的待遇问题，由其担任分工会主席，使其享受相应的待遇，客观上在个别分工会主席身上未能产生“人岗相适”的积极效果。

二、高校工会干部队伍建设面临的形势

（一）新时期高校工会工作对高校工会干部还有更高的要求

高校工会干部兼职人员居多，大部分都是因为热爱工会工作且有着一定的群众基础而当选，他们有热情、有激情，有开拓进取精神，有很强的创新精神，想法多、点子新，能积极为教职工服务，努力维护职工合法权益。但是面对新时期高校工会的职能和定位，高校工会干部有时还存在对工会工作的认识不够全面、对自身职责定位不够准确、对工会理论研究不足、对《工会法》等法律法规知识不够熟悉以及基层工会工作技能有一定欠缺等问题，导致对工会工作的定位有时把握不够精准，有时考虑工作的角度还不够全面，站位还不够高。同时，许多兼职工会干部其实也是本单位的业务骨干，承担了本单位繁重的工作任务，本职工作与兼职工作的冲突客观存在。

（二）新时期高校教职工对高校工会工作还有更多的期待

近年来，高校工会切实按照党中央的要求，着眼于中国工会十七大的目标任务，团结动员广大教职工为实现发展新目标而奋斗，通过自身不懈努力，加强教职工思想引领，积极组织开展教职工们喜闻乐见的活动，团结凝聚广大教职工，为学校“双一流”建设助力护航，切实发挥了自身的作用。而在当前的形势下，高校教职工有着新的特点，思想活跃、品位提高、诉求更多更新，不同年龄段、不同岗位的教职工也有着不同的需求，这对高校工会工作也提出了新的要求。

三、高校工会干部队伍建设的路径

加强高校工会干部队伍建设，必须贯彻中国工会十七大提出的“打造一支高素质专业化的工会干部队伍”的要求，总结群团改革及工会干部队伍改革工作中的好经验与存

在的问题，明确指导思想，加强顶层设计，优化建设理念，完善制度机制，建设一支与高校工会事业改革发展相适应的政治强、业务精、敢担当、作风正的年轻化、专业化的工会干部队伍。

（一）进一步加强党对高校工会干部队伍建设的组织领导

切实提高认识，加强高校工会干部队伍的培养、选拔、管理、监督，坚持党管干部原则，把工会干部队伍建设纳入学校干部队伍建设的总盘子来统筹考虑，选优配强工会干部，逐步建立专职二级分工会主席队伍。要结合高校工会事业发展与干部队伍建设需要，拟定工会干部选拔培养规划，建立人才发现机制，“突出政治标准”，强调“事业为上、公道正派”，加强年轻干部储备，真正选出一批好干部。

（二）加强教育培训的顶层设计，打造一支高素质、专业化工会干部队伍

在开展高校工会干部的教育培训时，要认真落实旗帜鲜明讲政治的要求，在提高工会政治能力、保持政治定力上下功夫；坚持问题导向，在提高工会干部专业能力、强化专业精神上下功夫；着眼工会组织的根本特点，在提高工会干部工作能力、改进工作作风上下功夫。进一步完善高校工会干部的培养体系。一方面，将高校工会干部培训纳入学校中层领导人员培训的总体计划中，使工会干部和学校中层领导人员一起接受培训、轮训，完成相应的培训任务，让工会干部不断提高融入学校改革发展事业的自觉性；另一方面，推荐选送工会干部参加校外各级各类教育培训，同时组织开展校内工会干部分层分类培训，既学理论，也学方法，为工会干部不断强化思想政治素质、提升自身理论素养、提高为教职工服务的能力和水平提供强有力的支撑。

（三）健全科学的考评机制，进一步强化监督问责

一方面，积极探索创新，健全完善更为科学的考评机制，如在对二级分工会开展年度考核的基础上，对分工会主席进行考核评价，关注日常工作状态，注重听取二级单位党政主要负责人的意见，适时征求二级工会委员、教代会工代会代表、工会会员代表的意见，强化对工会干部政治品行、理论水平、专业能力、工作实绩、作风状态、廉洁自律等方面的综合评价，努力让考评思路具有明确的方向性、考评标准具有可比的差异性、考评方法具有严密的逻辑性、考评手段具有高效的便捷性、考评结果具有客观的参考性。另一方面，切实加强岗位监管，明确履职目标和工作职责，对因不履行或不正确

履行职责，导致出现工会形象受损害、职工利益受侵害、引发群体性事件、造成不良社会影响的，应予以问责。通过函询、约谈、取消评先资格、通报批评，严重的直至建议职务调整或组织处理，以问责机制倒逼工会干部的高素质和专业化建设。

参考文献

[1] 丁洁，崔金琳. 工会干部队伍状况研究述评 [J]. 山东工会论坛，2019 (4).

[2] 赵秀波. 对如何做好新时代高校工会工作的几点思考 [J]. 大庆社会科学，2021 (3).

[3] 郭静琰. 高校工会政工干部创新素质的培养与提升 [J]. 教育教学研究，2021 (5).

乡村振兴背景下高校加强帮扶干部管理的研究[①]

钱玉琼　陈小清[②]

摘　要：2016 年 1 月 23 日在高校参与脱贫攻坚新闻发布会上，75 所直属高校全部参与定点扶贫工作，大批高校优秀干部被派到地方进行对口支援。2021 年中共中央、国务院在北京召开脱贫攻坚总结表彰大会，明确表示实现全面脱贫摘帽，并对优秀帮扶干部进行表彰。2022 年年初，国家发布了《中共中央　国务院关于做好 2022 年全面推进乡村振兴重点工作的意见》，强调“坚决守住不发生规模性返贫底线”，“扎实稳妥推进乡村建设”，“突出实效改进乡村治理”。无论是脱贫攻坚还是乡村振兴，高校都派出了大量优秀干部参与其中，扮演了重要角色。本文分析了乡村振兴背景下，高校如何通过对帮扶干部加强管理，提升帮扶成效，最终实现帮扶目标，总结相关经验，以期为早日实现乡村振兴、实现乡村现代化治理提供理论指导与现实参考。

关键词：乡村振兴　高校　帮扶干部　管理

2022 年年初，国家发布了《中共中央　国务院关于做好 2022 年全面推进乡村振兴

① 本文系四川大学党政管理服务研究项目（项目编号：2022DZYJ－28）成果。

② 钱玉琼，四川大学建筑与环境学院党政办副主任，助理研究员，研究方向为思想理论教育。陈小清，四川大学建筑与环境学院工会副主席，助理研究员，研究方向为发展与教育心理学。

重点工作的意见》，这是继2021年中共中央、国务院在北京召开脱贫攻坚总结表彰大会后，关于脱贫攻坚、乡村振兴工作开展的重要精神指南。该意见强调，“坚决守住不发生规模性返贫底线”，“扎实稳妥推进乡村建设”，“突出实效改进乡村治理”。可见，虽然脱贫攻坚总结表彰大会已明确表示实现全面脱贫摘帽，然而精准扶贫、防止返贫、乡村振兴工作依然任重道远。

关于脱贫攻坚与乡村振兴工作，高校一直参与其中。从2016年1月23日高校参与脱贫攻坚新闻发布会上得悉，75所直属高校全部参与定点扶贫工作，坐落在西南地区的S大学对西南地区多省区，如四川、新疆、西藏等，开展对口扶贫支援。据统计，截至2022年3月底，S大学派出驻地帮扶干部70余人，尚不包含参与“银龄讲学计划”的退休教师。S大学作为高校代表，所派出的驻地帮扶干部已经达到了一定规模，对这些干部的管理及其自身管理能力的提升开展研究极具现实指导意义。

一、关于高校帮扶干部管理的研究现状

近年来，学界对脱贫攻坚效果研究较为普遍，其中涉及帮扶干部的研究主要有：刘洋等人在《主体优势与能动性联结：乡村振兴中驻村帮扶干部的行动逻辑》中，主要研究帮扶干部个体的差异性对乡村振兴产生的影响；杨智在《乡村振兴背景下干部驻村帮扶的现状、问题与对策——基于滇西云龙县的调研》中，对帮扶干部工作中存在的问题进行了剖析，但局限于突出帮扶成效，对帮扶干部的管理与能力提升所开展的研究甚少；崔莹等人在《精准扶贫背景下干部驻村帮扶模式探究——以辽宁省营口市榜式堡镇道马寺村为例》中虽然提到了帮扶干部，但研究主体依然集中在扶贫模式，而非干部本身。此外，学界针对高校参与脱贫攻坚的研究成果不多：周小韵在《精准扶贫中高校主体参与优势及作用提升路径——以南京邮电大学定点帮扶村为例》中，虽以高校为研究对象，但内容较为宏观且未做深入、详细探析；宋刘斌等人在《高校帮扶乡村振兴的工作模式与实践路径》中也主要研究扶贫模式；等等。而且，许多学者的研究对象局限于驻村帮扶干部，即主要针对乡村“第一书记”的研究，如汪静在《乡村振兴背景下驻村干部需求及激励机制研究——基于马斯洛需要层次理论》中，重点针对脱贫攻坚的驻村干部开展精神需求研究；李尧磊等人在《驻村帮扶干部何以异化？——基于石村的个案

调查》中，也主要以研究驻村干部的消极情绪对扶贫工作所产生的负面影响为对象，未涉及其他。二者的研究对象均选取了驻村干部，并且所研究的驻村干部并非主要来源于高校，绝大部分是政府工作人员。

可见，学界虽然关注了脱贫攻坚帮扶干部且展开了系列研究，但研究的重点主要针对驻村帮扶干部，关注这些干部的精神需求、行为情绪、帮扶模式等，都是期望通过改善帮扶干部的这些意识及工作方式提升脱贫攻坚效果。然而，脱贫攻坚、乡村振兴工作涉及方方面面，包括乡村治理、教育、科技指导、文化建设、卫生条件改善等，参与其中的帮扶干部也不仅局限于从事乡村治理的“第一书记”，还包括支教人员、技术人员、管理人员、医疗人员等。我们在分析S大学派出的70余名帮扶干部过程中发现，作为“第一书记”驻村的干部所占比例相对较少，绝大部分派出干部主要承担智力扶贫与医疗卫生扶贫；其次是管理，支教人员往往是S大学的毕业生，这些毕业生毕业后选择去贫困地区支教锻炼，往往从归属上不能视为高校派出的帮扶干部，因此本文未将其纳入研究对象。

二、高校派出帮扶干部的情况

根据S大学对乡村及贫困地区进行帮扶的模式及派出驻地干部的类别分析，S大学派出的70余名干部中，医疗卫生方面的相关人员最多，约占50%；而分析帮扶干部的学历、职称发现，派出帮扶干部普遍为S大学较为年轻的业务骨干，绝大部分拥有研究生学历，且专门从事党政管理工作的占比不高。而且，鉴于帮扶目标要求，S大学派出的帮扶干部主要由S大学的教学科研岗教师、管理岗教工及附属医院的医护人员组成，80%以上从事业务工作，非管理工作，而被派到驻地开展实际工作过程中，这些帮扶干部70%以上需要从事管理工作，如对口医疗卫生支援的医护人员，在驻地医院除承担日常医护工作外，还需承担当地医院的建设、平台建设与医护人员培养/培训等技术指导与人员管理工作。研究过程中，根据帮扶干部的反馈，实际工作的开展与想象中的存在差距，大部分帮扶干部认为自己的具体工作是进行技术支持与智力帮扶，而不需要承担治理或管理等行政上的事务，而实际工作往往并非如此，因而在新岗位的适应、角色的转变、个人工作热情等方面需要长时间自我调整。

三、高校加强帮扶干部管理的路径

程同顺在研究中指出，驻村帮扶中的干部角色错位是双重错位，一方面是驻村干部角色错位，另一方面是当地村干部角色错位。归纳起来即主观因素与客观因素导致的错位。究其根源，高校加强帮扶干部管理的路径可从三个方面对症下药。

（一）建立科学的帮扶干部遴选机制

帮扶干部的遴选除了看重政治素养、政治立场与业务能力，个人意愿即是否有志向投身脱贫攻坚与乡村振兴，是必须重点考虑的因素。在研究中有帮扶干部反馈，脱贫攻坚与乡村振兴是自己所在单位高度重视的一项工作，也是一项政治任务，在遴选帮扶干部时，有个别“点将”行为，并未百分之百尊重帮扶干部个人意愿；也有个别帮扶干部认为参与脱贫攻坚工作两年，是为了晋升“镀金”，是积累“基层经验”；有女性帮扶干部反馈，虽有意愿承担帮扶工作，然因家庭因素，如养育二胎压力迫使其在两年帮扶期结束后选择离开帮扶地，“感觉两年的付出与努力，在自己走后可能会得不到延续，舍不得放弃却很无奈”，该女性帮扶干部直言；有缺乏农村成长与工作经验的帮扶干部则反馈，在生活中很难适应农村的个别现象，且不懂当地方言，在“第一书记”任上开展工作时常常因语言沟通不畅而感到沮丧。

上述现象都使帮扶干部在实施脱贫攻坚与乡村振兴实际工作时对角色定位产生了不正确认知，降低了其投身具体工作的热情度与迎难而上的参与度。因此，高校遴选帮扶干部的过程必须进一步细化，标准要进一步严格专业。应从帮扶地、帮扶目标、帮扶工作模式等条件入手，综合拟派出的帮扶干部的性别、性格、籍贯、语言沟通能力、学科背景、个人意愿、业务能力等多方因素，全面权衡比较，如通过实地调研发现，善于沟通、善于做群众工作的帮扶干部在实际工作开展中往往更受当地村民欢迎，具有这些特征的帮扶干部不仅能快速进入角色，在实际工作中也能事半功倍。

乡村振兴是脱贫攻坚战取得胜利后的一场阻止“返贫”的考验，任重道远，建立科学的帮扶干部遴选机制，对精准派出帮扶干部意义重大。高校要坚持“早发现”“早培育”“精指导”原则，构建帮扶干部数据库，根据需要精准派出帮扶干部。“早发现”即强调对人选实施源头跟踪，通过实践工作挖掘有志于乡村振兴、有奉献精神的优秀干部；“早培育”即对发现的优秀干部及时进行能力培养，将其确立为拟派出对象与重点培养对象，强化其投身乡村振兴的决心；“精指导”即对确立的对象进行差别化培育，根据其个性化差异，结合其学科和专业背景量身打造培育计划，包括岗前培训、岗中指导、离任后政策保障等环节，将其培养成乡村振兴方面的业务骨干与精英。

（二）帮扶干部需要持续接受能力培训

高校在派出帮扶干部前及帮扶干部赴任后，需要对其持续开展能力培训。根据帮扶工作的特点，研究发现，对帮扶干部除了进行业务能力、管理能力培训，心理能力及通识能力培训也尤为重要。

心理能力表现在两个方面。一是帮扶干部自我抗压能力与自我心理疏导能力。帮扶地相比派出单位，在生活条件、工作条件方面都存在落差，需要帮扶干部快速调整生活习惯与对工作环境的适应能力，即能有效地通过正面的心理暗示提升抗压力，增强帮扶干部的工作投入度与热情度。二是帮扶干部善于理解他人的心理能力，即共情力，共情力能帮助人较快获得他人的信任。帮扶干部所接触的帮扶对象很多是贫困户，尊重、理解，与之共情是获得贫困户信任、拥戴的前提基础。

通识能力涉及范畴极广，主要体现为认知力、持续学习力、应变能力、外界适应力。帮扶干部的认知力因人而异，受其生长环境、个人阅历的影响。调查中发现，有乡村生活阅历、基层工作经验的帮扶干部在解决实践问题时的承受能力与解决办法能力相对要强。持续学习力在处理脱贫攻坚问题中表现得特别突出，脱贫攻坚工作许多环节需要与当地干部、老百姓面对面交流，需要活学活用、因时制宜解决问题。研究中有帮扶干部反馈，在刚赴任时，完全不懂当地方言，导致工作中因语言不通无法正确理解当地村干部的意图与村民的意见，产生过一些误会，经过一段时间的学习模仿，在工作中较为流利地使用当地方言与村民沟通后，村民对其态度也发生了变化，愿意与之交流，愿意接受其帮助与指导。

此外，贫困地区生活环境一般让人不易适应，调查中多位帮扶干部都提到应变能力的重要性。S大学坐落在中国西南地区，对口支援的地区主要是少数民族聚居区，传统习俗、文化信仰、语言习惯等都与派出干部派出前的居住地存在差异，对帮扶干部顺利开展工作带来挑战。调查中，多数帮扶干部指出，赴任之前加强对帮扶地地方志学习对开展工作帮助较大，然而这一点并未得到重视，岗前培训内容几乎没有涉及地方志，因此，若帮扶干部对当地了解甚少，应变能力与外界适应力则显得相当重要。有女性帮扶干部提到在当地工作期间，为巩固义务教育控辍保学成果，多次到辍学贫困儿童家家访。因往返所需时间较长，该干部自行带饭以节省时间，这一举动却给其工作带来了阻碍，让村民误认为其嫌弃当地环境，搞特殊化，对其产生了敌意与抵触情绪。有了这一认识后，该干部立刻做了调整，后期家访时不再带饭，而是带上一些小礼物，选择在家访对象家中与之一起用餐，即使有的食物让其产生不适之感，也尽量克服，这样很快得到家访对象及家人的接纳，工作开展也逐渐顺畅。该帮扶干部在反馈中总结，帮扶工作与日常管理工作存在较大差异，需要随时进行自我调整与应变，注意细节处理，才能保证工作推进。

（三）定期对帮扶干部加强思想指导，建立科学考核评价体系

《组织建设》报道了通江县帮扶干部通过建立“联合党支部”，加强对帮扶干部思想指导、实现帮扶工作互助开展、完成组织扶贫工作调研与人员培训的工作经验。S大学派出的帮扶干部在数量上达到了一定的规模，通过多种形式强化对派出干部的思想指导尤为必要。李尧磊等人在研究中指出，帮扶干部在不同的时期行为表现存在差异，在扶贫工作中前期，往往表现得作为积极，减贫效率突出；在扶贫后期，有些人会有庸懒散拖现象。可见，帮扶干部在实际工作中的不同阶段，受工作强度及个人行为的影响，思想意识会发生变化，从而反射在工作中，导致扶贫工作成效呈现阶段性差异。这要求高校及时研判跟进，定期对帮扶干部进行思想指导，了解其思想动态与工作状态，监督帮助其及时学习、了解党和国家的理论政策，不断改进工作方式，保持扶贫工作热情，持续推进减贫工作成效落实落地。

加强思想指导，具体可从三个方面着手。一是定期组织帮扶干部开展交流会。借助现代媒体手段，如腾讯会议等，开展线上帮扶工作经验座谈会，遴选帮扶工作先进个人，进行经验宣讲，激发帮扶干部争先创优干劲。二是高校定期赴帮扶地进行调研。了解帮扶干部工作情况，实时了解困难，对帮扶干部提供支持与理解，表达关心与关注，增强帮扶干部的情感认同与减贫成就感。三是加强帮扶干部的理论学习与政治训练。强化帮扶干部对理论的学习，坚持自学与集中学习相结合的模式，通过支部组织生活、“学习强国”等网络平台、书本学习等形式，加强对帮扶干部的思想引领，确保其思想

保持先进，提高其“七种能力”，确保其在扶贫全程“不变修”“不变色”。

科学的考核体系以激发个人主观能动性为目的。对帮扶干部实施考核监督是保证脱贫攻坚、乡村振兴工作出成效的重要环节，可从三个方面落实。一是评估减贫成效。减贫成效是帮扶干部工作能力的重要体现，高校可通过走访帮扶地、与当地干部交流、考核帮扶地政绩等方式，实时了解减贫成效。二是建立阶段性考核指标。帮扶干部的任期一般为两年，可按照季度实施分阶段考核，按照年度实施阶段总结，增强考核时效性、针对性与可控性，并及时接受帮扶干部反馈，及时对考核标准设置进行调整，增强考核体系的科学性与可操作性。三是以评促建，发挥考核的正面作用。正确发挥考核指挥棒作用，坚持以评促建、考用结合原则，将考核结果纳入干部评优、晋升体系，与其待遇直接挂钩，激励帮扶干部敢于担当、甘于奉献；同时，实施考核末位淘汰制，对于阶段性考核不理想的，及时进行人员、工作岗位、工作量等调整。

总之，实现乡村振兴道阻且长，高校帮扶干部作为当前乡村振兴背景下的重要角色，加强对其进行管理与思想引领，对高校做好乡村振兴、服务区域经济发展、校企校地协同合作等工作，具有时代意义。

参考文献

[1] 李尧磊，韩承鹏. 驻村帮扶干部何以异化？——基于石村的个案调查 [J] 党政研究，2018 (6).

[2] 程同顺. 驻村帮扶干部角色错位的几重根源 [J]. 人民论坛，2020 (23).

[3] 李燕林. “联合党支部”为对口帮扶干部“筑家” [J]. 四川党的建设，2019 (1).

“双一流”背景下海归教师思政教育与师德师风建设[①]

秦杨梅　马　涛[②]

摘　要：随着“双一流”建设的推进，海归教师已成为高校人才引进的重要对象，为高校学科建设和人才培养注入新鲜血液。由于海归背景的独特性，培育涵养海归教师思政素养与师德师风成为高校海归教师工作的首要之义。本文从高校海归教师对“双一流”建设的作用出发，讨论了“双一流”背景下高校海归教师思政教育与师德师风建设工作的必要性，梳理高校海归教师思政教育与师德师风建设现状，探索“双一流”背景下海归教师思政教育与师德师风建设路径。

关键字：师德师风　思政　“双一流”建设　海归教师　队伍建设

建设世界一流大学和一流学科（简称“双一流”）是实现我国教育强国目标的重大战略。“双一流”建设的核心和根本是教师队伍建设，教师队伍承担着学科建设、人才培养以及学术提升等重任。海归教师在高校教师中的比例日益增长，有助于加强教师队伍建设的多样性，提升师资质量，对我国推进高等教育发展发挥着重要作用。海外经历使海归教师在教学科研等工作中具有一定优势，有助于积累丰富且广泛的国际学术人

① 本文系2021年四川大学党建研究课题（党委组织部）“立德树人视域下高校党建引领师德师风建设”（项目编号：2021djkt22）研究成果。

② 秦杨梅，四川大学人事处（党委教师工作部）科员，研究方向为管理研究。马涛，四川大学党委教师工作部副部长，副教授，研究方向为管理研究。

脉，促进国内外院校及科研机构的合作交流。因此，高校引入海归教师能满足当前“双一流”建设中的实际诉求，为高校学科建设和人才培养注入新鲜血液，是打造“世界一流的教师队伍”的巨大推动力。

教师的思想政治素质和师德师风水平直接决定人才培养质量，党中央高度重视教师思政工作和师德师风建设。作为人类灵魂的工程师，高校教师应做到“两个维护”，具备“四个意识”，引导学生树立正确的人生观、价值观。受西方思想影响，一些海归教师对党的方针政策有误读，对马克思主义意识形态存疑。由于学生的心智尚未成熟健全，这种思想在教育教学过程中可能会潜移默化地传递给学生。因此，“双一流”建设背景下，提高高校海归教师思政水平与师德素养十分重要。

一、“双一流”背景下海归教师思政教育与师德师风建设必要性

（一）强化教师思想政治教育与师德师风建设，为“双一流”高校教师队伍建设指明方向

建设高素质的教师队伍是发展一流学科和建设一流高校的基础。百年树人，教育为本，教育的关键在教师，高校教师队伍建设一直是高校建设的核心课题，是一项复杂的系统工程。习近平总书记强调要打造“四有”好老师队伍，而“四有”好老师是指有理想信念、有道德情操、有扎实学识、有仁爱之心。这为教师队伍建设指明了方向：教师队伍的建设需强化教师思想政治工作并加强师德师风建设。教师应积极传播先进文化及思想，坚定支持中国共产党的执政，坚持“四个相统一”，为学生的自我发展提供正确的指引和帮助，将立德树人的人才培养任务落到实处。因此，高校应该强化教师思想政治教育与加强师德师风建设，为“双一流”教师队伍建设指明方向。

（二）海归教师的思政教育和师德师风建设是人才强国战略的需要

伟大事业呼唤人才。党的十八大报告提出加快人才发展体制机制改革和政策创新，形成激发人才创造活力、具有国际竞争力的人才制度优势，强调充分利用国内国际人才资源，积极引进和用好海外人才。党的十九大报告提出聚天下英才而用之，进一步加快建设人才强国，并强调通过强化师德师风建设造就高素质教师队伍。根据党的十九大精

神，国家为建设高素质教师队伍出台了一系列重要文件，多次强调思政教育和师德师风建设。2021 年 3 月，“十四五”规划第四十三章——建设高质量教育体系提到，要全面贯彻党的教育方针，坚持优先发展教育事业，坚持立德树人。其中，第四节“建设高素质专业化教师队伍”中特别提到“建立高水平现代教师教育体系，要加强师德师风建设，完善教师管理和发展政策体系，提升教师教书育人能力素质”。综上，为推动人才强国战略、培养更多优秀人才，引进海归教师是必要的，同时要加强对海归人才的思政教育和师德师风建设。

（三）海归教师的思想政治素养和师德师风对高校师生影响力大

近年来，我国高校引入的海归教师主要为博士，其中不乏毕业于世界名校的，也有不少海归人才有在世界一流研究机构、跨国大企业工作的经历。“双一流”建设中海归教师充当了不可或缺的角色，是高校科学研究、教育教学及学科建设的模范标兵，是进行国内外学术交流与合作的重要桥梁。研究表明，在引进高质量海归人才后的“985”高校，其学术成果数量及影响力均得到不同程度的提高，高水平期刊发文数量、文献引用量、高级别期刊发文量、对应被引量及个体年平均被引指数等指标提高趋势显著。海归教师是我国高校教师群体中一支具有强大作战力的队伍，是莘莘学子眼中的榜样，他们的世界观、人生观、价值观及道德品质会对青年教师、学生群体的意识形态形成潜移默化的影响，并会对高校及国家未来发展产生重要影响。

二、高校海归教师思政教育与师德师风建设现状

（一）海归教师自身的思想政治教育方面存在的短板

目前，一些学者对海归教师自身的思政素养现状进行了调研。李娟调研了北京六所高校的海归青年教师思想状况。调研情况表明，海外经历使海归教师的爱国情感变得更深厚，一些海归青年教师对中国特色社会主义表示认同，却对其内涵了解不深。海归教师有机会接触到更广泛的资讯，但一些负面信息增加了他们思想波动的风险。一些海归教师对高校教师思想政治工作不认同，认为思想政治教育内容“空”“虚”。更有个别教师认为思政教育耽误他们科研的时间。对上海 7 所高校海归青年教师的调研结果也表

明，大部分海归教师对中国特色社会主义政治、经济、文化认同度较高，但极少数盲目认同西方政治经济制度，对中华历史文化持虚无主义态度。常亮等通过对部分高校海归青年教师的访谈调查发现，受访者“中国情结”增强，但政治敏感度不高，易受到社会负面信息影响，缺乏系统地学习马克思主义理论和中国特色社会主义理论的意向。个别海归教师缺乏中国特色社会主义道路自信、理论自信、制度自信、文化自信，民族自豪感不强。“吐辞为经、举足为法”，教师的言行举止对学生的思想及人格形成影响深远。作为学生成长的引路人，教师应在大是大非前时刻保持政治清醒，否则将无法引导学生树立正确的人生观、价值观。因此加强思想政治教育使海归教师坚定理想信念，是教师队伍建设中必须重视的问题。

（二）高校对海归教师的师德师风考核制度不健全

目前，高校对海归教师的师德师风评价考核、失范处理及惩罚制度仍不完善。高校虽会对海归教师进行阶段性、年度和聘期考核，然而这类考核中指标多偏向科研成果、教学学时等容易量化的部分，对于师德师风的重视无法体现。另外，唯科研成果的评价可能会让有些教师急功近利，甚至可能出现一些学术不端或违反师德的行为。一些高校师德考核标准界限模糊，导致对个别教师师德失范行为调查、定性困难。对于师德失范行为处理目前存在的问题是，惩处制度不完善导致处理流程存在漏洞、处理结果无法服众等。因害怕有损学校名誉，一些高校对此类事件缺乏明确有效的处罚措施，存在处罚较轻、舆论平息困难等情况，在无形中助长了不良风气。因此，高校应健全完善相应的师德考核、失范处理程序及惩罚制度，为高校海归教师群体构建积极向上、潜心科研和教书育人的职业发展途径。

三、“双一流”背景下海归教师思政教育与师德师风建设路径

（一）海归教师注重自身思想素质提升

高校海归教师应主动自觉提升自身的思想政治素养，学为人师、行为示范。面对国内、国外不同的环境，海归教师应多思考并加以辨别。要尽快适应国内环境，首先应该树立积极的心态，理性看待我国与西方国家的文化差异和经济差距，同时，应深入学习

马克思主义理论和新时代中国特色社会主义思想，并与时俱进地落实到思想和行动上。海归教师应强化学习《新时代高校教师职业行为十项准则》，全面理解并准确把握准则内容，做到知准则、守底线。

（二）提高治理能力，构建多部门联合协同的工作机制

海归教师思政教育与师德师风建设工作是一项系统工程。高校党委要做好教师思政教育与师德师风建设工作的顶层设计和科学谋划，形成党委统一领导、党委教师工作部统筹协调，职能部门各司其职，院系党委具体落实的联合协同工作机制，齐抓思想政治工作与师德师风建设，提升育人合力，推进落实立德树人根本任务。党委教师工作部作为教师思想政治教育工作和师德师风建设的核心部门，一般与人事处、宣传部等部门合署办公，作为桥梁，应联合组织部、党委宣传部、统战部、纪委、科研院、教务处、国际处等部门狠抓海归教师的师德师风，对他们开展思政教育培训，并营造静心教授、倾心育人、潜心治学的良好氛围，多维度引导海归教师立德树人，将思想政治与师德师风要求贯穿教师管理全过程。

（三）严把入口关，压实新进海归教师政审和师德审查

严格的政治审查和师德审查是选贤举能重要的入口关。引进海归教师时，审查工作不能搞形式主义，要深入、细致、严格地对新进海归教师的思想素质、师德师风和学术成果实行审查。例如：请拟引进人才前单位、博士就读学校出具对拟引进者师德方面的情况说明等，引进单位对拟引进者进行全方位审查。压实“党管人才”的原则，建立并完善海归人才引进的政审及师德审查工作机制。若因为入职的政审和师德审查未严格进行而导致有相关思想政治及师德师风问题人员的引入，需追究有关单位党政负责人和经手人员的责任。

（四）注重教育实效，革新培训方式

开展思政教育和师德师风培训是提升海归教师政治素养和师德涵养的重要路径。思政教育和师德师风培训的内容应与时俱进，根据时事不断扩充新的学习内容，创新培训形式。比如，组织海归教师参与国情、社情、校情研习。2021 年，教育部开展了两次高校海外归国青年教师国情研修班，组织不同高校的优秀青年海归学者进行国情教育，强化“四史”学习，将此作为海归教师思政“必修课”。通过定期开展政治学习和红色

教育基地参观实践，提高海归教师的政治修养和政治站位。高校还可邀请马克思主义理论研究的专家学者做高水平的专题讲座，提高海归教师们的思想认识及对中国大政方针的理解。高校应健全完善教师思政和师德师风教育常态化培训机制，教育引导海归教师坚定理想信念、厚植爱国情怀、涵养高尚师德，全面提升其政治素养、师德涵养和专业能力。此外，还可加强师德师风建设的宣传，表彰师德师风优秀的教师，树立“四有好老师”的榜样，引导海归教师学习、交流。同时应积极组织开展师德师风、海归教师思政等相关课题的研究等。

（五）增强师德师风考核评价与奖惩力度

师德师风考核评价是师德师风建设工作中的重要一环，高校在对海归教师进行师德考核时，应从考核的标准及方法、反馈、考核结果等方面完善评价体系。考核评价标准应依据国家、教育部等发布的政策法规，结合不同高校自身情况全面制定，并确保其客观性和可操作性。评价方式应体现民主，除了单位评价和个人评价，可以适当参考学生、同事相互评价的方式。评价标准应明确且可操作。考核过程中应尊重海归教师的正当权益，畅通申诉机制、健全反馈机制。师德考核结果应作为海归教师职业生涯中发展的重要参考，对其实行师德失范“一票否决”。

四、总结

高校海归教师的思政素质和师德师风对学生的成长起着重要的引导作用。但目前部分海归教师存在政治敏感度不高、比较缺乏“四个自信”、易受负面信息影响、对中国特色社会主义制度了解及认同不够等问题。现阶段高校对海归教师的师德师风考核、行为失范的处理及惩罚制度依旧不完善。在“双一流”背景下，海归教师思政教育与师德师风建设路径包括加强自身思想素质提升、构建多部门联合协同的工作机制、严把引进人才师德审查入口关、注重对海归教师的思政及师德培训和增强师德师风考核评价和奖惩力度等。只有进一步加强对海归教育的思政教育和师德师风建设，才能让海归教师群体更好地发挥育人作用，培育更多优秀人才，从而推进我国“双一流”建设事业的发展。

参考文献

[1] 谢辛. 从人才工作的历史要求看十八大对人才工作的战略布局 [J]. 探索，2012 (3).

[2] 潮龙起. 高校高层次海归人才现状及其作用研究——以中央“千人计划”为中心 [J]. 东南亚研究，2014 (4).

[3] 赵俊芳，叶甜甜. “千人计划”入选者学术发展力的计量学研究——基于“985 工程”高校前五批入选者 [J]. 中国高教研究，2014 (10).

[4] 骆占阳. 高校青年海归高层次人才思想政治教育工作研究 [D]. 成都：电子科技大学，2018.

[5] 李娟. 高校海归青年教师思想状况调查研究——以北京市 6 所高校为例 [J]. 思想教育研究，2016 (2).

[6] 赵昕，于爱涛. 基于上海市 7 所高校海归青年教师政治认同的研究 [J]. 云南民族大学学报（哲学社会科学版），2017 (5).

[7] 常亮，杨春薇，李一鸣，王磊. 高校海外归国青年教师思想动态及政治倾向调查 [J]. 高校教育管理，2013 (5).

[8] 李雪梅，张媛媛，李小红，李俊儒. 高校青年海归教师师德建设探析 [J]. 教育现代化，2018 (8).

新时代研究生党建工作思路创新研究

何　丹①

摘　要：研究生党建工作关系到研究生党员先锋模范作用和研究生支部战斗堡垒作用的发挥，做好研究生党建工作意义重大。目前研究生党建还存在诸多问题，本文在分析现阶段研究生党建工作存在的诸多问题基础上，提出创新新时代研究生党建工作的思路和方法。

关键词：研究生党建　思想政治教育　创新　特色党小组

2012年党的十八大报告提出要建设“学习型、服务型、创新型马克思主义政党，确保党始终成为领导中国特色社会主义事业坚实的坚强领导核心”的重要论断，这也成为新时期党建工作的重要目标。习近平总书记指出：“伟大斗争，伟大工程，伟大事业，伟大梦想，紧密联系、相互贯通、相互作用，其中起决定性作用的是党的建设新的伟大工程”，明确了党的建设工作的重要意义，这也对新时代高校基层党组织建设和青年党员提出了新的要求。

青年是实现“两个一百年”奋斗目标和完成中华民族伟大复兴历史使命的中坚力量，青年强则国强，习近平总书记在多个场合对新时代青年培养目标进行阐述，倡导培

① 何丹，四川大学国际关系学院讲师，博士，主要研究方向大学生思想政治教育。

养“德智体美劳全面发展的社会主义建设者和接班人”，研究生培养质量与未来社会发展紧密相关，作为能力出众的青年理应为祖国建设贡献更多的力量和智慧。研究生党员是研究生群体中的先进分子，研究生党建工作关系到研究生党员先锋模范作用和研究生支部战斗堡垒作用的发挥，因此做好研究生党建工作是高校思想政治教育工作和人才培养工作的关键环节。

在一个较长的时期，受社会环境、培养模式以及研究生自身特点的限制，高校研究生党建工作暴露出组织生活形式相对单一、党员理论基础较为薄弱、党员发展质量有所降低等诸多问题，这些深层次的问题制约了研究生党员思想政治素养的提升，研究生党支部的战斗堡垒作用和研究生党员的先锋模范带头作用得不到有效发挥。党的十九大以来，以习近平同志为核心的党中央提出全面从严治党的战略部署，坚决改变管党治党宽松软状况，在这样的新形势下，创新研究生党建工作思路、提升研究生党员质量刻不容缓。

一、研究生党建工作的重要地位和作用

（一）研究生党建工作是研究生思想政治教育工作的关键环节

研究生党建工作是研究生思想政治教育工作的关键环节，主要基于三方面原因。首先从人才优势发挥层面分析，青年研究生在很大程度上可以说是服务国家和社会发展的精英，因此其思想政治素养直接关系到社会主义建设未来的方向，青年学生要担大任、做大事，就必须是马克思主义的坚定信仰者，是中国特色社会主义道路的坚定拥护者，因此做好研究生思想政治教育工作是关系社会主义建设大局的大事。其次从研究生党员覆盖层面分析，据不完全统计，研究生中党员人数的占比一般会达到30％左右，毕业研究生的比例较之这一水平更高，因此做好研究生党建工作不仅能够提升党员素养，还能够为党组织不断注入新生力量和新鲜血液，同时充分发挥研究生党支部的战斗堡垒作用和研究生党员的先锋模范带头作用，以研究生党建工作的优良成效辐射其他非党员研究生，以达到提升研究生思想政治教育工作实效性的目标。最后从意识形态方面分析，一方面研究生作为高学历青年群体，文化层次较高，知识面也较广，思想更具包容性，因此在信息飞速传播的网络时代，他们更容易受到外来文化和外来思想的影响，西方势力也会将研究生作为重点渗透对象；

另一方面由于我国正处于改革阵痛期，社会不良现象诸如贪污腐败、医患矛盾、收入差距等都会对青年研究生的思想造成冲击，高校通过研究生党建工作的强化，要引导学生成为中国特色社会主义道路的坚定拥护者，增强青年研究生的“四个自信”，打牢高校研究生思想政治教育的基础。

（二）研究生党建工作是高校建设的重要内容

研究生党建是高校建设的重要内容，主要基于三方面原因。首先，从思想建设层面分析，习近平总书记在全国高校思政工作会议上提出“办好我国高等教育，必须坚持党的领导，牢牢掌握党对高校工作的领导权，使高校成为坚持党的领导的坚强阵地”，这就明确了高校建设首先要解决学生的思想政治问题。研究生党支部是高校思想政治教育工作的重要载体，为思想政治教育工作的开展提供组织保障，因此党建工作的强化是高校建设的内在要求。其次，从学科建设层面分析，在“双一流”建设背景下，学科建设水平和质量成为高校建设的核心内容，研究生培养质量是体现研究型高校学科建设成效的重要指标，研究生培养质量的外在体现是研究生的科研学术水平，普遍来看，研究生党员科研学术能力强于非党员研究生，这是因为党组织除了对研究生党员以及入党积极分子的思想政治素养有更高要求，还对其科研学术能力有更高要求，为了提升党员的综合能力，一些高校探索出将党支部建在课题组和实验室的模式，充分将党建工作和科研工作相结合，以期达到以党建促科研的成效。最后，从人才建设层面分析，高校育人目标是培养德智体美劳全面发展的社会主义建设者和接班人，研究生是青年群体中的精英阶层，除了思想教育和学术科研能力的培养，实践能力的提升也十分重要，这就要求研究生积极参加校内实践活动，但根据研究生培养的实际情况，研究生在校参加的实践活动基本上是专业相关的调研，基于这一现实，党支部活动的开展就显得尤为重要，党员、发展对象和入党积极分子通过参与党支部争先创优、志愿服务活动等实践活动，能够有效提升理论联系实际的能力，从而实现综合素质的全面提升。

（三）研究生党建工作是研究生培养质量提升的坚实基础

2018年9月习近平总书记在全国教育大会上提出“培养德智体美劳全面发展的社会主义建设者和接班人”，明确了高校教育的目标是立德树人，培养德智体美劳全面发展的社会主义建设人才，这为衡量研究生培养质量提供了五个维度的标准，研究生党建工作基于这五个维度对研究生培养质量提升发挥基础作用。首先看“德”，党建工作作为研究生思想政治教育工作的关键环节，通过研究生党支部活动的开展和党员先锋模范作用的发挥，促使研究生树立坚定的共产主义理想信念，成为社会主义核心价值观的认同者和践行者；其次看“智”，这主要指研究生学习能力的提升，学习型党支部的建立通过支部成员之间的凝聚力加强，激发支部成员学习理论知识的热情，带动良好学风，从而提升研究生学习能力；最后看“体、美、劳”，这主要基于实践能力提升层面，党支部通过多样化的组织生活形式引导党员、发展对象和入党积极分子培养健康的生活方式，加强体育锻炼，提高审美情趣，自觉脱离低级趣味，崇尚劳动，尊重劳动，成为全面发展的社会主义建设者和接班人。

（四）研究生党建工作是中国梦实现的重要保证

研究生党建工作是中国梦实现的重要保证，主要基于两个方面的原因。一方面，青年是实现伟大复兴中国梦的中流砥柱，研究生作为高学历层次的青年，不仅知识面广，而且专业知识技能强，研究生党员作为研究生群体中的先进分子，其思想品行、政治素养和专业技能较之普通青年学生则更加突出，必定在未来会走向十分重要的工作领域和工作岗位，而关系国家发展命脉的关键领域和重点行业要求员工具有坚定的共产主义信念、远大的理想和正确的价值取向。另一方面，“四个正确认识”是中国梦思想的思想基础，党建工作是引导学生树立“四个正确认识”的重要载体。在全国高校思政工作会议上，习近平总书记就提出要教育引导学生正确认识世界和中国发展大势，正确认识中国特色和国际比较，正确认识时代责任和历史使命，正确认识远大抱负和脚踏实地，高校研究生只有做到了“四个正确认识”，才能从内心增强对伟大复兴中国梦的价值认同，增强民族自信心和自豪感，认识到自己肩负的使命和责任的重大意义，自发投身于社会主义建设事业。党建工作是引导学生党员树立“四个正确认识”的重要途径，传统的“三会一课”和创新实践活动都能够很好的让学生党员将“四个正确认识”内化于心、外化于行，研究生党员通过先锋模范作用发挥和联系群众，将“四个正确认识”在研究生群体中进行宣传，进而推动“四个正确认识”成为研究生的共同行为遵循。

二、研究生党建工作存在的问题及缘由分析

（一）组织建设固化，缺乏创新性

首先，支部设置存在僵化问题。根据调研和梳理文献发现，目前多数高校的做法是根据年级或专业分类来对学生党支部进行划分，但是研究生群体具有与本科不同的特殊性：一方面是管理的特殊性，研究生个体独立性较高，按照班团设立党支部无法激发学生参与组织生活的积极性；另一方面是教育的特殊性，研究生教育更注重学生科研学术能力的培养，因此学生大部分时间集中在图书馆、导师办公室、实验室，与同班相比较，同一师门或同一研究方向的同学之间能够进行更加有效的沟通和交流，凝聚力更强。这两个方面的特殊性决定了传统的支部划分模式已经无法与现代化的教育管理模式相适应，需要进一步采取措施灵活对党支部进行分类和设置，提升党支部的凝聚力和战斗力。

其次，党小组作用发挥有限。在党支部划分党小组的目的是具体的指导、推动党员日常活动的开展，保证党的路线、方针、政策能够及时准确传达给每一个党员，因此党小组是党支部工作开展的基础，而在现行的研究生支部日常运行过程中党小组的作用发挥是十分有限的，这主要表现在：一是部分研究生支部并没有根据实际需要划分党小组；二是研究生支部党小组的划分较为混乱，党小组隶属关系不明确；三是党小组内部运行制度没有落实，影响了支部工作效率。

最后，延期毕业研究生的组织管理不规范。随着高校学术治理要求更加严格，部分研究生尤其是博士研究生面临延期毕业的情况，延期毕业的研究生党员年级分散、专业分散、住宿分散，在党组织管理上存在很大的难度，除了经常缺席党组织生活，延期毕业研究生党员还面临拖欠党费、党性修养降低等多种问题，如何有效管理延期毕业研究生党员是目前亟待解决的问题。

（二）作风建设弱化，缺乏持续性

首先，从思想作风方面分析，根据调研，目前多数研究生党员思想政治素养较高，能够主动学习党的理论知识，提升思想素质，积极践行社会主义核心价值观，争当表率。但也有少数研究生党员党性修养缺乏，政治性薄弱，在社会转型的大背景下，面对

涌入的各种思潮，价值观上可能出现功利化的倾向。

其次，从学风建设方面分析，作为学生党员，首要任务是学习，包括党的知识理论学习和专业学习，因此，学风是衡量研究生党员作风是否优良的重要指标。根据调研结果分析，大部分研究生党员能够保持优良学风，严格按照学术诚信的标准要求自己，但是个别学生不能抵御社会不良风气的影响，贪图享乐，荒废学业，为完成导师安排的任务和专业学习抄袭、剽窃，其中也不乏一些思想政治素养不够高的学生党员，因此强化研究生作风建设需要加强学风建设。

最后，从工作作风建设方面分析，研究生党员大多会在年级、班级、研究生会等学生群团组织担任干部或扮演重要的角色，就研究生党员学生干部而言，基于高校开放、自由、包容的氛围，“官僚化”现象并不明显，多数党员学生干部都能够积极为同学、班级服务，但是鉴于研究生专业学习的特点以及研究生党员个体差异，个别研究生学生干部缺乏服务意识，严重脱离同学，工作态度不积极，工作方法不够严谨，不能在研究生群体中发挥良好的先锋模范带头作用，尤其是在学生中的正面舆论导向作用不明显。

（三）思想建设模式化，缺乏针对性

首先，思想理论学习形式缺乏创新。思想建党是马克思主义建党学说的一条重要原则，高校党建也将理论学习置于十分重要的位置。在实际的理论学习过程中，研究生党支部主要采用集中宣讲、讨论等形式，在这种模式下，学生党员会因为长时间的被动接收而丧失主动学习理论知识的热情，并且这种灌输式理论学习模式没有考虑研究生的个体特征，因为每个学生党员的思想素质是不一样的，为了使每一个党员都从思想上与党中央保持高度一致，对党的理论做到“真学、真懂、真信、真用”，就需要加强思想建设的针对性。

其次，思想理论学习内容难以深化。多数研究生支部在理论宣讲之后，并没有硬性标准对党员实际学习情况进行评价，加上研究生专业学习任务繁重的现实，研究生党员一般不会再花时间和精力对党组织生活或党课上宣讲的党的理论知识进行消化吸收。调研结果显示，对于党的理论知识，95%以上的研究生党员能够做到“真学”，65%研究生党员能够做到“真懂、真信”，但是只有20%的研究生党员能够做到“真用”，这说明，现阶段研究生党员对于党的理论知识学习深入度是不够的。

最后，思想理论学习平台缺乏多样性。随着互联网移动技术的迅猛发展，学生获取

知识的渠道途径更加广泛，传统的思想理论学习平台已经不能满足研究生党员多样化学习的需要。根据调研发现，部分支部在思想理论学习平台多样化建设上进行了许多有益探索，并开辟了线上线下学习相结合的模式，但是线上学习多限于微信或QQ，并且大多数支部采取的学习平台还是传统式讲堂，从整体分析，研究生党员思想理论学习平台还较为单一，不能与研究生党员实际需要相适应。

（四）制度建设形式化，缺乏实效性

党支部制度包括党组织生活制度、报告工作制度、党员联系群众制度、谈话提醒制度、党费收缴管理制度、党建活动经费使用制度以及会议记录、建立档案制度等。根据研究生党建工作调研发现，党组织生活制度、党费收缴管理制度、党建活动经费使用制度以及会议记录、建立档案制度在日常工作中落实较好，但是报告工作制度、党员联系群众制度以及谈话提醒制度多流于形式，而这三项制度恰与党员党性修养提升密切相关，不言而喻，报告工作制度、党员联系群众制度以及谈话提醒制度得不到落实，必然将导致制度建设缺乏实效性。

三、创新研究生党建工作的对策建议

（一）创新研究生党建工作思维理念

创新研究生党建工作思维理念的基础是要科学认识研究生党建工作的内涵和作用。第一，正确认识研究生党建工作的地位和作用。研究生党建工作是研究生思想政治教育工作的关键环节，是高校建设的重要内容，是研究生培养质量提升的坚实基础，是实现中国梦的重要保障。第二，明确研究生党建工作的目标。研究生党建目标包括夯实党执政基础、增强党组织的服务功能，促进党员先进性发挥等，明确研究生党建工作的目标是为了将党建工作落到实处。第三，准确把握研究生党建工作的规律，科学认识研究生党建工作的普遍性和特殊性。研究生党建工作作为高校党建工作的一个重要组成部分，具有普遍性，但因为研究生人才培养、管理的特点，呈现出与本科生党建不一样的特殊性，因此掌握特殊性才有助于提升研究生党建工作实效，把握特殊性是树立科学思维理念的前提。

创新研究生党建工作思维理念的核心是提升党建工作者的理论素养和理论自觉性。研究生党建工作的参与者要增强理论自觉性，积极学习党的历史和思想理论知识，充实自身理论储备，提升理论素养，坚持理论创新和实践创新相结合，增强自身在党建日常活动开展中的理论运用能力，以实际能力的提升引领学习型党支部建设。

创新研究生党建工作思维理念的关键是要提升党建工作者的专业化技能和职业化水平。一方面，加强研究生党建工作队伍建设，打造一支专门从事党建工作和党建研究的队伍；另一方面，提升研究生党建工作者的职业化水平，开展经常性的业务培训，拓展党务工作知识，满足研究生党员更深入、更高层次的思想理论知识需求。

（二）创新研究生党建工作模式

鉴于前文分析，本文主要从创新研究生党支部设置和建立特色党小组两个方面对创新研究生党建工作模式提出对策和建议。

创新支部设置。鉴于研究生教育和管理的特殊性，传统的支部设置难以提升对研究生党员开展理论教育和实践教育的实效性，可以根据文、理、工、医研究生的不同特点，探索创新支部设置，比如将支部建在同一课题组、同一实验室或同一专业方向，将党建活动的开展贯穿学生学习、生活的一点一滴，以此增强学生之间的沟通和交流，提升研究生党支部的凝聚力和战斗力。

建立特色党小组。针对目前研究生党小组发挥作用有限的现实情况，探索结合学生专业特点建立特色党小组，特色党小组作为党组织活动的重要载体，承担联系学生党员，组织学生进行理论学习和社会实践的任务，以党小组为载体能够更好地将研究生党员凝聚在一起，增强研究生党员参与组织生活的自觉性和积极性。

（三）创新研究生党建工作平台

创新思路，积极将互联网、自媒体等技术平台运用于党建工作中。首先，运用互联网和移动通信技术，开展思想理论学习线上线下相结合的模式。由于研究生的学习时间较为分散，低年级研究生党员课程任务繁重，高年级研究生党员又要参加调研和各类学术会议，因此支部很难在同一时间、同一物理空间将所有党员集中，而通过线上学习模式的引入，研究生党员可以在移动的空间范围参加组织生活，不能参会的党员可以通过微信视频会议、QQ 群发言等与支部成员交流心得体会，保证了支部日常思想教育工作的有效开展。其次，构建自媒体党建平台，尤其是加强微信公众号的运用，及时更新学习内容，以学生视角对党的理论知识进行解读，让枯燥的理论学习更加生动。最后，建立研究生党员数据库，加强研究生党员信息化管理，保证每个党员信息的真实准确。

参考文献

[1] 中共中央文献研究室. 习近平关于全面从严治党重要论述摘编［M］. 北京：中央文献出版社，2016.

[2] 蒯正明. 中国共产党党内思想教育探索的百年历程和启示［J］. 思想教育研究，2021（2）.

[3] 彭贤则，等. 红色文化融入高校学生党员教育的价值和路径研究［J］. 学校党建与思政教育，2019（6）.

[4] 岳国峰. 新时代高校大学生党员能力提升的多维研究［J］. 思想教育研究，2018（6）.

[5] 周琳，王振宏. 基于统计数据的大学生党员发展工作矛盾分析及对策研究［J］. 东北师大学报，2019（6）.

网络时代高校基层党建工作的探索与创新

巫晓燕[①]

摘　要：高校党建工作是高校党的基层工作的重中之重，在当今网络时代不断探索高校党建工作的新形式和新内容，对做好高校党建工作，保持党的先进性，提高党的执政水平具有重要意义。本文分析了目前高校党建工作存在的问题和困难，并提出了一系列可行性对策。

关键词：网络时代　高校　基层党建

当今，人类社会正处在科技进步的第三次浪潮即信息革命时代，信息革命使世界从工业社会进入信息社会，对人类社会的政治、经济、文化、军事和交往等各个领域都产生深远而广泛的影响。人类历史发展到今天，已经进入了计算机网络时代。网络是人们进行学习、工作、休闲、交往和通信等活动的重要信息传播载体。网络化已经成为人类社会生产、管理、教育、医疗、交往等各项活动的主要形态。网络正在以极快的速度，把社会各部门、各行业以及各国、各地区乃至各个个体联成一个整体，使社会成为所谓的“网络社会”或“虚拟社会”。而高校党建工作一直是高校党的基层建设工作的重中之重，关系着高校的长足稳步发展。在高校师生中开展党建工作是高校党组织的重要任

① 巫晓燕，四川大学网络空间安全学院党政办副主任，主要研究方向为基层党建工作。

务和基础工程。如何利用好网络媒介在高校师生中开展党建工作，不断探索高校党建工作的新形式和新内容，对做好高校党建工作，保持党的先进性，提高党的执政水平具有重要意义。

一、当前高校基层党建工作存在的问题和困难

（一）党员思想觉悟和政治站位不高

从发展党员初期开始，个别学生动机不纯，主要表现为以下几种类型：虚荣型，认为入党无限光荣，个人和家庭都很光彩；政治型，认为党员是一种政治资本，通过入党，政治上有了靠山，将来毕业后有利于找工作，到工作单位后容易受到重用，提拔快；盲从性，看到周围的同学先后入党，于是随大流，也想入党。而在发展党员的过程中，部分高校对思想政治的考察流于形式，谈心谈话走过场，不深入，基本以考核成绩为主，只要学生成绩优异，未出现违纪情况，通过党校集中培训，就可以顺利成为一名中共党员。在青年教师中发展党员更是困难重重，青年教师此时多已形成了自己稳定的价值观，对他们进行思想教育尤为困难。

（二）党员理论学习欠缺

党章规定，认真学习马克思列宁主义、毛泽东思想、邓小平理论、“三个代表”重要思想、科学发展观、习近平新时代中国特色社会主义思想，学习党的路线、方针、政策和决议，学习党的基本知识，是党员必须履行的义务之一。中共党员是工人阶级的先锋队队员，要求有较高的思想政治水平，才能有利于其日常工作的开展。在对某学院的师生党员做抽样问卷调查发现，70％以上党员对“四个意识”、“四个自信”、“两个维护”、“四个全面”战略布局、“五位一体”总体布局等基础知识掌握不全。

（三）党组织生活会形式单一僵化，缺乏吸引力

组织生活会是增加支部成员之间的感情桥梁，促进支部成员之间互帮互进、共同学习的有效手段和抓手，但有的流于形式，在深入学习学懂弄通、入脑入心方面有很大不足，与自己的科研、教学或日常管理工作没有做到有机结合，理论指导实践不够。因此，很多党员没有真正认识到开展组织生活的重要意义，对开展组织生活兴趣不高，在

思想上存在应付心理。

（四）支部成员综合素质不够高

支部成员基本上是专职老师在兼职担任，平时科研和教学管理工作业务繁忙，精力有限，深入学习理论知识时间少，党务工作能力不强，实际能力水平与工作要求差距较大，理论指导实践不够，“资深”的老委员、老党员较少，“传帮带”作用不明显，缺乏一套抓支部规范化建设的有效经验，未能发挥“抓典型、树标杆”的示范作用。

二、网络时代加强高校基层党建工作的主要途径

（一）结合时事，加强思想政治工作，端正入党动机

当今社会网络已深入社会方方面面，信息来源广阔，资源庞大，鱼龙混杂。大学生又处于形成世界观、价值观、人生观的重要阶段，习近平总书记同青年大学生座谈时强调：“要树立正确的世界观、人生观、价值观，掌握了这把总钥匙，再来看看社会万象、人生历程，一切是非、正误、主次，一切真假、善舞、美丑，自然就洞若观火、清澈明了，自然就能做出正确判断、做出正确选择。”高校必须对大学生加以正确的引导，教会他们如何做到独立思考，才能不迷失在信息量巨大的网络时代。辅导员的思政课、平时谈心谈话就不能只局限于传达上级文件精神、政策法律法规，更要结合学生关心关注的网络时事，与学生拉近距离，宣传先进人物事例，分析复杂的国际国内形势，宣传中华文明厚重历史，让学生不再认为党的理论是空洞的、虚无缥缈的，让学生发自肺腑的爱国爱党，进一步纯化入党动机，从源头把好发展党员关。

（二）利用网络新媒体手段，加强理论学习，提高政治站位

理论坚定是政治坚定的保证，加强理论学习，有助于坚定共产主义理想信念，自觉抵制腐朽思想的侵蚀，有助于区分大是大非问题，关键时刻不迷失方向，提高政治鉴别能力和政治敏锐性。在理论学习教育活动中，要有效利用 QQ、微信、微博等网络新媒体手段，多渠道加强理论学习。在传统线下集中学习的基础上，引入视频教学、PPT课件教学、电视直播、微信教学、短视频教学等手段，多样化、接地气的学习方式，增强趣味性，提高主动性。经过一个阶段的学习后，及时进行总结分析，全面掌握学习情

况，科学合理安排调整下一阶段的学习内容，利用网络媒介组织在线测试考核，检验巩固学习成果，做到理论学习入党入心，学懂弄通。

（三）利用网络媒介，创新组织生活形式，提升基层组织活力

党的组织生活是党内政治生活的重要组成部分和政治保障，传统的组织生活多以开会、读文件、听报告和写体会等形式在线下开展，吸引力不够，而且有时间和场地的局限性。网络时代，创新组织生活形式，才能适应新形势的变化，提高组织生活的质量。一是要避免“一人讲，众人听”的局面，增强党员与组织的互动性，听有正面教育的歌曲、看红色主题电影、观爱国主义演出、上正能量网站，例如举办“七一”演讲会、党旗歌友会、歌咏比赛、知识竞答等活动，增强活动的互动性、知识性和趣味性。二是要紧跟时代潮流，避免闭门造车，“走出去”，组织党员参观学习外界的新项目、新科技、新亮点，开阔思路和视野，也可以组织党员积极参加各种公益活动，增强党员的责任感和使命感；同时要多“请进来”，通过线上会议的形式，邀请专家学者讲解新形势、新趋势，邀请先进人物讲感人事迹、传授优秀经验，发挥党员的先锋模范带头作用，通过多种形式丰富组织生活形式，提高基层组织活力。

（四）理论联系实际，实化组织生活内容，提高组织生活质量

在开展组织生活时，必须围绕增强党内生活政治性、时代性、原则性和战斗性，且在做实做细内容上要多下功夫，克服组织生活内容空洞、脱离实际，形式单一、方法老套的问题，保证组织生活有实的内容和实的效果。要把理论学习与师生的日常科研、教学、学习工作和生活紧密结合，比如教师围绕立德树人的根本任务，不仅关心学生的学业，更要关心学生的心理健康、职业生涯规划、就业困难、人生困惑；学生之间在学习和生活上互帮互助，共同进步，发挥党员的先进性；树立学习和教学科研的榜样，发挥榜样的力量，形成“你追我赶”的良好氛围，真正做到理论指导实践。

三、结语

本文围绕当前网络时代高校基层党建工作存在的问题提出了相应的对策，以期为未来的高校基层党建工作提供有效的参考。总之，面对新时代、新形势，高校基层党建工

作人员一定要解放思想、与时俱进、开拓视野、积极创新，综合运用多种网络媒介，全面部署，解决高校基层党建的主要问题，加强党的建设，保持党的先进性，增强党的凝聚力。

参考文献

[1] 任鹏. 新时期高校党的作风建设常态化研究 [D]. 北京：北京科技大学，2018.

[2] 王晓兵，王志红. 新媒体环境下大学生党建工作创新研究 [J]. 淮南职业技术学院学报，2018 (5).

高校思想政治教育

GAOXIAO SIXIANG ZHENGZHI JIAOYU

抗疫精神融入高校思想政治教育的价值与路径[①]

徐海鑫　刘姝雯[②]

摘　要：当今世界正经历百年未有之大变局，国内外发展环境发生的深刻复杂变化，给高校思想政治教育创造了新的机遇，同时带来了新的挑战。高校作为思想政治教育的重要组成部分，需要准确把握青年学生的认知规律和成长需要，用好用活抗击疫情中铸就的生命至上、举国同心、舍生忘死、尊重科学、命运与共的伟大抗疫精神，进一步增强思想政治教育的吸引力、凝聚力和时代感，把青年学生培养成为堪当民族复兴重任的时代新人。

关键词：抗疫精神　思想政治教育　实践路径

在全国抗击新冠肺炎疫情表彰大会上，习近平总书记指出："在这场同严重疫情的殊死较量中，中国人民和中华民族以敢于斗争、敢于胜利的大无畏气概，铸就了生命至上、举国同心、舍生忘死、尊重科学、命运与共的伟大抗疫精神。"这一伟大精神是抗疫斗争伟大实践的凝结和升华，与中华民族长期形成的特质禀赋和文化基因一脉相承，是爱国主义、集体主义、社会主义精神的传承和发展，极大地丰富和发展了中国共产党

① 本文系四川省教育厅2020年网络思想政治教育研究重点课题"基于疫情防控的高校网络思想政治工作育人研究"（项目编号：CJWSZ20－01）成果。

② 徐海鑫，四川大学材料科学与工程学院党委书记，主要研究方向为思政教育、政治经济学。刘姝雯，四川大学党委宣传部干部，主要研究方向为红色文化、思政教育。

人的精神谱系。统筹校内校外、课内课外、线上线下资源，把内涵丰富的抗疫精神有效融入高校思想政治教育，对价值意蕴进行再挖掘，对挑战进行再研究，对路径进行再拓展，对新时代加强和改进思想政治工作和培育时代新人具有重要的理论意义和实践价值。

一、深刻理解抗疫精神融入高校思想政治教育的价值意蕴

人无精神则不立，国无精神则不强。在疫情防控斗争中，中国人民和中华民族铸就了伟大抗疫精神。抗疫精神的内涵丰富、逻辑清晰，有其理论来源和实践基础，是中华民族和中国人民的宝贵的精神财富，具有独特的价值意蕴。总结疫情防控斗争经验，把抗疫精神融入高校思想政治教育，对于增强思想政治教育的亲和力、感染力、针对性和实效性具有重要意义。

一是有助于加强思想政治引领，把青年学生培养成为堪当民族复兴重任的时代新人。高校的青年学生大多是“90后”和“00后”，他们正处于人生的“拔节孕穗期”，心智正在逐渐健全，思维进入最活跃的阶段。结合教育系统疫情防控实践，把抗疫精神有效融入高校思想政治教育，深入开展爱国主义教育、理想信念教育、责任担当教育、社会主义核心价值观教育、生命健康教育，有助于教育引导青年学生努力成长为堪当民族复兴重任的时代新人。

二是有助于丰富思政教育资源，把抗疫力量转化为思想政治育人新动力。青年是整个社会力量中最积极、最有生气的力量。用好抗疫精神蕴含的独特育人价值，集中体现的中国人民深厚的仁爱传统，万众一心、同甘共苦的团结伟力，敢于压倒一切困难而不被任何苦难所压倒的顽强意志，求真务实、开拓创新的实践品格，和衷共济、爱好和平的道义担当，及中国共产党人以人民为中心的价值追求，有助于引导青年学生向身边鲜活的抗疫英雄学习，切实把学习成效转化为全面建设社会主义现代化国家、全面推进中华民族伟大复兴的强大力量。

三是有助于紧跟时代发展步伐，推动新时代思想政治工作守正创新发展。抗疫精神与脱贫攻坚精神、“三牛”精神、科学家精神、探月精神等伟大精神，是中国人民和中华民族在中国特色社会主义时代铸就的，对推动形成适应新时代要求的思想观

念、精神面貌、文明风尚、行为规范具有重要价值。把抗疫精神融入高校思想政治教育，坚持固本培元与开拓创新有机统一，有助于教育引导青年学生从历史与现实、理论与实践相结合的维度深刻理解中国精神，使新时代思想政治工作始终保持生机活力。

二、准确把握抗疫精神融入高校思想政治教育的现实要求

思想政治工作是党的优良传统、鲜明特色和突出政治优势，是一切工作的生命线。当前，高校采取一系列举措挖掘抗疫精神的思想引领价值，切实融入高校思想政治教育各个环节。受国内外形势和青年学生认知规律的变化，高校在抗疫精神融入思想政治教育方面面临认识有待加强、内容亟须丰富和形式有待创新的现实挑战，需要高校统筹协调各类资源持续深化和完善。

一是抗疫精神融入高校思想政治教育的认识有待加强。当今世界正经历百年未有之大变局，来自意识形态领域等各方面的风险挑战明显增多，提高青年学生的思想认识面临国内国际双重困境。国际方面，运用辩证唯物主义和历史唯物主义提高青年学生的思想认识，增强他们对不当言论的辨别力，引导他们全面客观认识当代中国、看待外部世界是当前需要破解的难题。国内方面，网络“泛娱乐化”吸引了青年学生更多的注意力，他们对抗疫精神的生成逻辑、丰富内涵和价值意蕴，特别是转化为实践动力的认识还不够。如何提高青年学生对大力弘扬伟大抗疫精神的认识，是当前高校思想政治工作面临的重要问题。

二是抗疫精神融入高校思想政治教育的内容亟须丰富。挖掘和使用抗疫伟大斗争中的思政元素，贯通学科体系、教学体系、教材体系和管理体系各个方面，有利于青年学生树立正确价值取向、厚植爱国主义情怀和培养无私奉献精神，是拓展新时代大学生思想政治教育的有效途径。当前，高校在用好抗疫伟大斗争中的鲜活事迹和典型素材开展思想政治教育方面，形成了一系列好的经验和做法，还需要进一步把两者紧密结合，引导教师用好疫情防控生动实践，把抗疫精神讲深、讲透、讲活。

三是抗疫精神融入高校思想政治教育的形式有待创新。遵循思想政治教育规律、教书育人规律和学生成长规律的基础上，创新高校思想政治教育的形式，是思想政治教育

的内在要求、时代变化的必然要求，也是学生主体变化的现实诉求。当前，部分高校对推动新时代思想政治工作守正创新发展的重视程度有待提高，运用抗疫精神和身边生动、鲜活的抗疫实践开展高校思想政治教育亟须创新，需要高校进一步推动各类课程与思政课同向同行、思政小课堂和社会大课堂紧密结合。

三、着力优化抗疫精神融入高校思想政治教育的实践路径

加强和改进思想政治工作，事关党的前途命运，事关国家长治久安，事关民族凝聚力和向心力。疫情防控常态化下，用好抗疫精神开展高校思想政治教育，既要立足青年学生认知规律和成长需要，又要注重育人内容的丰富、方式的创新和质量的提升，通过进一步优化抗疫精神融入高校思想政治教育的实践路径，切实增强思政育人的亲和力、吸引力和实效性。

一是校内校外积极联动，凝聚抗疫精神融入高校思想政治教育合力。从实践与认识的辩证关系来看，我们党团结带领全国各族人民同新冠疫情进行着的伟大斗争是抗疫精神的来源。增强青年学生对抗疫精神内涵的认识，对大力弘扬伟大抗疫精神，使之转化为全面建设社会主义现代化国家和实现中华民族伟大复兴的强大力量具有反作用。把抗疫精神有效融入高校思想政治教育，要整合校内校外育人资源，充分发挥家庭、学校和社会的重要作用，构建共同推进思想政治工作的大格局。要善用社会大课堂，鼓励青年学生深入疫情防控第一线，积极参与抗疫志愿服务活动，在实践中体悟抗疫精神中蕴含的生命至上、举国同心等精神内涵。要深入挖掘抗疫一线的医务工作者、科技工作者、广大志愿者等人物故事，通过同上一堂“战疫”大思政课等形式讲好战疫故事，强化青年学生的价值引领。

二是课内课外相互促进，丰富抗疫精神融入高校思想政治教育内容。把疫情防控实践转化为开展爱国主义教育的重要内容，是帮助青年学生从理论与实践相结合的维度出发，深刻领悟和准确把握抗疫精神时代意蕴的有效途径。要坚持研学共进、显隐并举、知行合一，充分发挥抗疫精神的价值引领作用，推动思政课程、课程思政和日常思想政治教育同向同行。要把抗疫精神有效融入各类课程与思政课当中，帮助青年学生掌握马克思主义立场观点方法，学会用正确的思维方法分析问题和解决问题，增强实现中华

民族伟大复兴的精神力量。要用好全力以赴救治患者、万众一心合力抗疫、英勇无畏逆行出征、科学精准抓好疫情防控、推动构建人类命运共同体等抗疫斗争伟大实践，培养青年学生无私奉献精神和求真务实的科学精神，引导他们坚持以人民为中心的价值追求，深刻理解人类命运共同体，厚植新时代爱国主义情怀。

三是线上线下同频共振，拓展抗疫精神融入高校思想政治教育空间。当前，教育系统在“学习强国”App推出抗疫思政课，在“中国教育报”App推出抗疫专题，广泛运用抗疫斗争伟大实践开展网络思想政治教育。把抗疫精神深度融入网络思想政治教育，要用好互联网这个最大变量，推动思想政治工作传统优势与信息技术深度融合。要创新抗疫精神融入高校思想政治教育的载体，用好虚拟仿真思想政治教育资源，引导青年学生深刻领悟和大力弘扬伟大抗疫精神。要充分发挥抗疫精神的价值引领作用，统筹好疫情防控和线上线下思想政治教育，引导青年学生从伟大抗疫精神中汲取磅礴之力，在新的伟大征程上创造新的历史伟业。

参考文献

[1] 习近平. 在全国抗击新冠肺炎疫情表彰大会上的讲话［N］. 人民日报，2020-09-09（002）.

[2] 冯刚. 思想政治教育研究热点年度发布（2020）［M］. 北京：团结出版社，2021.

[3] 毛泽东文集（第6卷）［M］. 北京：人民出版社，1996.

[4] 中共中央国务院印发《关于新时代加强和改进思想政治工作的意见》［N］. 人民日报，2021-07-13（001）.

统筹“大思政”红色教育视野下的全学段思政课教师队伍建设一体化路径分析①

张 舒 吴 宇②

摘　要： 思政课以传播马克思主义理论科学性和真理性为己任的政治属性，决定了其育人目标的全学段贯通性。而思政课教师队伍在育人环节所占据的先导地位，决定了其必将走向优势整合、接续发力的“一体化”建设模式。通过统筹“大思政”红色教育视野下的全学段思政课教师队伍建设，对有效激活学生“红色基因”内生动力，长效提升红色教育影响力，实现全学段思政育人内涵式发展，具有重要的理论和现实意义。

关键词： 大思政　红色教育　思政课教师队伍一体化　逻辑起点　核心要义　路径分析

马克思主义基本原理及其同中国具体实际相结合而产生并不断充实发展的、具有中国特色的马克思主义理论成果，以及建立在认真总结党的政治建设丰富实践经验基础上的思想教育工作，构成了学校思政课的两大支柱。党在长期领导中国革命斗争与改革发

① 本文系四川大学中央高校基本科研业务费研究专项项目（项目编号：sksz201903）、国家社科基金一般项目“统筹推进大中小学思政课一体化建设研究”（项目编号：20BKS196）成果。

② 张舒，四川大学党委学生工作部（处）教育科副科长、高级讲师，研究方向为大学生思想政治教育。吴宇，四川大学研究生工作部思想教育科科长、副教授，研究方向为大学生思想政治教育。

展的伟大政治实践中所积累下的宝贵经验，以及迈入全面开启第二个百年奋斗目标新征程的基本路线方针，都是坚持当代中国的马克思主义，坚持带头实践和奋力开拓中国特色社会主义新境界。近年来，中共中央、国务院和教育部党组等中央和国家部委连续发文，针对思政课教师队伍建设提出了一系列重大改革创新举措，归纳起来，中心主旨就是一条，即以“大思政”红色教育格局为引领，以专职化建设为核心，拓宽兼职准入渠道，专兼结合、有机协同，尽一切可能配齐建强。

一、大中小学思政课教师队伍一体化的内涵

作为立德树人主体责任的承载者和育人铸魂工程的实施者，思政课教师是决定思想政治教育全过程、全方位精准覆盖的最核心要素。抓好思政课一体化建设，关键在人；抓好思政育人环节，关键在把握接续育人规律的基础上锻造一支拉得出去、顶得上来、各学段皆不掉队、最终能打胜仗的思政课教师队伍。

（一）思政课教师队伍一体化的逻辑起点

1. 主体释义

按照我国思想政治教育专业的创始人之一张耀灿教授的说法，“思想政治教育者是‘调节自己时代的思想的生产和分配’的中坚力量和职业队伍，其职业使命就是用符合统治阶级要求的思想和理论对教育对象进行有目的、有计划的教育，使社会成员的思想和行为与统治阶级的要求保持一致”。广义的思政课教师队伍，包含了传统意义上各学段围绕思政课教学活动且具备规范教学资质的各类专兼职教职人员，以及党政管理干部、群团学生工作干部，还有各学科教师在教学过程中运用“课程思政”方式完成其教学任务时的身份。狭义的思政课教师队伍，即专指在小学和初中学段，以道德与法治课（思想品德课）教师、部分学校牵头专设“德育课”的大队辅导员、班主任为主的育人群体；在高中学段（包括普通高中学校和中职中专院校），指以思想政治课教师为主的育人群体。大学学段（包括本科专科院校和高职高专院校）情况稍显复杂，可划分为由普通本科和高职本科共同构成的全日制本科层次，以及由普通专科和高等专科共同构成的全日制专科层次，而这两个层次又共同组成我国高等教育的本专科学位层面。此外，还有全日制和非全日制的硕士、博士

研究生学位层面。教育部 2018 年印发的《新时代高校思想政治理论课教学工作基本要求》，针对面向本科生所开设的马克思主义基本原理概论课、毛泽东思想和中国特色社会主义理论体系概论课、中国近现代史纲要课、思想道德修养与法律基础课、形势与政策课，以及面向硕士、博士研究生所开设的中国特色社会主义理论与实践研究课、自然辩证法概论课、马克思主义与社会科学方法论课等，做出了严格落实学分的详细规定；同时强调“本专科思想政治理论课教学应按课程分别设置教研室（组），研究生思想政治理论课教学可结合实际设置教研室（组）。思想政治理论课教学科研二级机构的所有教师都要明确所属教研室（组），承担相应的思想政治理论课教学任务”，这也就从根本上对承担上述高校思政理论课程的专业课教师队伍和辅导员队伍做了边界认定。

2. 价值依归

2019 年 3 月 18 日，习近平总书记在学校思想政治理论课教师座谈会上强调，办好思想政治理论课，最根本的是要全面贯彻党的教育方针，解决好培养什么人、怎样培养人、为谁培养人这个根本问题。他着重指出，“在大中小学循序渐进、螺旋上升地开设思想政治理论课非常必要，是培养一代又一代社会主义建设者和接班人的重要保障”。“循序渐进、螺旋上升”的表述，恰如其分援引了弗·恩格斯在其著作《自然辩证法》“[1878 年的计划]”中所讲到的“辩证法是关于普遍联系的科学。主要规律：……——由矛盾引起的发展或否定的否定——发展的螺旋形式”原理，并抽取唯物辩证法发展观中基于“肯定—否定—否定之否定”三段式基础模型的“事物波浪式前进或螺旋式上升，呈现阶段性”的经典描述。思政课的教学内容和特点，决定了我们的研究非但离不开、还应更旗帜鲜明地讲好马克思主义理论的科学性和真理性，讲好用其理论精髓武装起来的中国共产党人如何在新时代带头实践、发展当代中国的马克思主义。教育部党组成员、副部长翁铁慧在第十一届全国思想政治教育高端论坛上重申，“思政课教师使命特殊，最应该成为‘好老师’和‘大先生’”，“我们要在让有信仰的人讲信仰的前提下，着力增强思政课教师的理论功底、知识素养，……特别要引导他们学深悟透习近平新时代中国特色社会主义思想这一当代中国马克思主义、21 世纪马克思主义的精神实质、丰富内涵、核心要义、实践要求”，“要推动大中小一体化，深入研究不同学段学生的认知规律，循序渐进、螺旋上升，实现递进式育人目标”。这既是我们全体思政教师队伍应坚决恪守的价值依归，更是这支队伍一以贯之践行育人初心的气质风范。

（二）思政课教师队伍一体化的核心要义

从思政教育特点不难看出，其对队伍人员的配备力度及其思想政治站位、理论学习程度、道德品质水准等都有极高的要求。换言之，没有覆盖到位且靠前指挥的参战人员为前提，没有高度统一的职业理想信念为基石，没有完全过硬的政策研究能力为支撑，没有高风亮节的师德师风为保障，思政课教师队伍不可能组建起来。因此，接下来，我们将以逻辑起点为圆心，以体系搭载为半径，进一步探讨核心要义。

1. 人员充分化：“最后一公里”和“最广覆盖面”

这里需说明的是，充足不等于充分，二者有着云泥之别。数量充足仅是基本要求，思政课教师队伍人员的充分化，不限于数量上做加法，更应着眼于各学段结构优化互通和人员专职化建设保障的“最后一公里”，以及兼职人员覆盖面、后备梯队人才联合培养上的合理延展。俗话说，纲举目张。中办、国办 2019 年联合印发的《关于深化新时代学校思想政治理论课改革创新的若干意见》明确指出，“加快壮大学校思政课教师队伍。各地在核定编制时要充分考虑思政课教师配备要求。高校要严格按照师生比不低于 1∶350 的比例核定专职思政课教师岗位，在编制内配足，且不得挪作他用，并尽快配备到位。制定关于加强新时代中小学思政课教师队伍建设的意见，加强中小学专职思政课教师配备”。中办、国办 2021 年联合印发的《关于新时代加强和改进思想政治工作的意见》再次强调，“要构建共同推进思想政治工作的大格局。打造专兼结合的工作队伍，配齐配强思想政治工作骨干队伍，充实优化兼职工作队伍，不断壮大志愿服务工作队伍，有计划有步骤地开展全员培训，深化思想政治工作人员专业技术职务评聘制度改革，培养思想政治工作的行家里手”。对照上位文件，教育部等五部门于 2019 年联合印发的《关于加强新时代中小学思想政治理论课教师队伍的建设意见》进一步规定，“通过一系列政策举措，切实配齐建强师资队伍，打造一支政治强、情怀深、思维新、视野广、自律严、人格正，专职为主、专兼结合、数量充足、素质优良、名师辈出的中小学思政课教师队伍”。教育部 2020 年颁布的《新时代高等学校思想政治理论课教师队伍建设规定》，亦明确指出“高等学校应当配齐建强思政课专职教师队伍，建设专职为主、专兼结合、数量充足、素质优良的思政课教师队伍”，“高等学校可以在与思政课教学内容相关的学科遴选优秀教师进行培训后加入思政课教师队伍，专职从事思政课教学；并可以探索胜任思政课教学的党政管理干部转岗为专职思政课教师，积极推动符合条件的辅导员参与思政课教学，鼓励政治素质过硬的相关学科专家转任思政课教师”，“可以实行思政课特聘教师、兼职教师制度”，“支持高等学校建立两院院士、国有企业领导等人士经常性进高校、上思政课讲台的长效机制”。

2. 素质统筹化：“最大同心圆”和“最大公约数”

习近平总书记在学校思想政治理论课教师座谈会上的讲话中强调，“办好思想政治理论课关键在教师，……思政课教师，要给学生心灵埋下真善美的种子，引导学生扣好人生第一粒扣子”。同时专门提出了“政治要强”“情怀要深”“思维要新”“视野要广”“自律要严”“人格要正”六个方面的总体要求。“六个要”精准无误地道出了思政教育与生俱来的政治属性，吹响了新“赶考之路”上思政教育改革创新的战斗号角，更是今后一个时期指导大中小学思政课教师队伍建设一体化实践的行动指南，是必须遵循的对思政课教师专业素质要求的“最大同心圆”。此外，中宣部、教育部 2020 年联合印发的《新时代学校思想政治理论课改革创新实施方案》有详细的部署，包括“对大中小学思政课课程目标进行一体化设计，以了解学习、理解把握习近平新时代中国特色社会主义思想为课程主线，在政治认同、家国情怀、道德修养、法治意识、文化修养等方面提出明确要求”，“小学阶段重在培养学生的道德情感。初中阶段重在打牢学生的思想基础。高中阶段重在提升学生的政治素养。大学阶段重在增强学生的使命担当”。应当说，无论是道德情感、思想基础、政治素养还是使命担当，都包含于大中小学思政课教学的全方位和全过程，服务于“培养社会主义建设者和接班人”这条一脉相承的育人主线，构成了思政课教师队伍专业素质最终实现一体化、科学化和专家化的“最大公约数”。

二、大中小学思政课教师队伍一体化的现状和问题

相较于教材体系、课程设置、教学手段及方法等，教师作为教学活动发起者，其人格意识和主观能动性具有很强的自主性，虽可以在教学纪律、行课方式上予以规制，但从认识阻滞和抓落实不力的现象来看，问题似乎没那么简单。

（一）价值理念之困：无法回避的“主义”与“主益”之争

关于“主义”和“问题”的争论，伴随着民族复兴的历史洪流从未停止。1919年7月20日，代理北京大学教务长的胡适在《每周评论》第31号上发表《多研究些问题，少谈些“主义”》一文，是为开风气之先。落实到思政课教师队伍，“主义”还是“主益”，即是要理想信念与初心的坚守，还是凡事“益”字当先、“用处”当头，也容易纠缠不清。往往口头上承认“守好责任田”，心里却抱着“说起来重要，教起来次要，考起来不要”的错误观念。但凡需多花点时间和耐心，就变成“打得赢就打，打不赢就跑”，频繁让位给小升初考试、中考、高考、考研等“显性”指挥棒，整体缺乏应有的精神面貌，造成思政育人力量不但“先天不足”，更随着阶段推移严重弱化，其结果只能是阵地通失。我们常常考虑短期收效之“益”，却没有认真考量思政长效之“义”。“一体化”的铸魂育人工程，需要的是我们全学段“施工方”摒弃以“益”为要的成见，积极提升站位，突破“学段壁垒”，主动沟通作为，从“人生的第一颗纽扣”开始就夯基筑坝，用队伍本身鲜亮的意识形态底色祛除思想根源深处的痼疾。

（二）结构性矛盾之忧：刻不容缓的供给侧改革呼声

“供给侧改革”近年成为一个经济学热词。其基本含义是从提高供给质量出发，用改革的办法推进结构调整，使要素实现最优配置，提升经济增长的质量和数量。借用该词意蕴，我们希望表达：当前大中小学思政课教师的队伍配备也亟须结构性调整，尤其是着眼于以专兼搭配的科学性、多元主体的协同性、学段师资衔接的互补性为重点的“供给侧改革”。

1. 专兼职教师搭配失衡现象突出

应该说，党和国家近年来一系列文件的出台，恰说明队伍不整的问题由来已久。“共青团中央”微信公众号2019年通过《半月谈》刊物发布的一项调查显示，全国中小学思政课教师队伍普遍存在专职数量偏少、学科地位不高的问题。调查中，南方某省小学的思政课——道德与法治课的授课教师，是由语文老师兼任的，学过法律的教师微乎其微。东北某市一名学科教员表示，思政课教师师资严重不足，尤其体现在县市，老师兼职居多，有些学校思政课是由音体美老师甚至是后勤人员兼职。

武汉某学校一名教师甚至坦言，有些专职思政课教师是因教不了主科被淘汰下来的！而据《2020中小学德育调查报告》的权威调研，中小学兼职思政课教师比例占40％。其中，小学中兼职比例竟高达惊人的80.59％！种种乱象，不但与中小学“专职为主、专兼结合、数量充足、素质优良、名师辈出”的思政课教师队伍建设要求相去甚远，而且与应然状态完全倒转过来，呈现出“兼职为主、专职不专、数量紧缺、地位靠后、教学乏力”的状况。再看高校。尽管从整体而言，高等教育学段的思政课教师队伍因为有辅导员群体这个主力军，所以基本实现了“专职为主，专兼结合”，但还不敢保证“数量充足”。教育部截至2021年11月底发布的数据显示，全国登记在库的高校思政课专兼职教师超过12.7万人，其中专职教师9.1万人。而同年5月，另一项统计数据显示，全国各类高等教育在学总规模4002万人。据此估算，当前高校专职思政课教师与在校大学生的师生比约为1∶444，这与《新时代高等学校思想政治理论课教师队伍建设规定》所要求的“高校要严格按照师生比不低于1∶350的比例核定专职思政课教师岗位”仍有差距。

2. 多元主体协同发力作用不显著

《教育部2022年工作要点》（以下简称《要点》）中明确指出，“推进习近平新时代中国特色社会主义思想进教材进课堂进头脑，发挥思政课铸魂育人主渠道作用。召开‘大思政课’建设推进会，实施‘大思政课’建设方案。统筹推进本硕博、大中小学思政课一体化建设”。可以看出，“大思政课”建设格局，意味着多元主体、全员育人机制的搭建，更意味着除专职的思政课教师之外的、围绕思政育人功能实践的大规模“兼职”人员的统筹参与、同向同行。长期以来，高校在课程、科研、双创、文化、管理和服务等环节育人主体共同参与的协调联动机制已日渐成熟。但对于广大中小学段而言，“多元主体”究竟如何划定，暂无定论。这里面除了高校带动作用不力的因素，中小学思政课教师自身存量未完全盘活也是重要原因。基于行政、教学立场及原则的不同，多元主体面对学生开展思政授课时对内涵的挖掘提炼，以及对教学规律融入课堂的方式自然有别，如何集中蓄力，一个拳头出击，也亟待解决。

3. 学段师资衔接互补功能不完善

早在2013年，中办印发的《关于培育和践行社会主义核心价值观的意见》中就明确指出，“适应青少年身心特点和成长规律，深化未成年人思想道德建设和大学生思想政治教育，……创新中小学德育课和高校思想政治理论课教育教学，……着重抓好学校党政干部和共青团干部，思想品德课、思想政治理论课和哲学社会科学课教师，辅导员和班主任队伍建设”。需要说明的是，“衔接互补”的师资建设，既不能为了迁就低学段教育特点，随意降低高学段师资去往“上游”交流的影响力；也不能为了匹配高学段教育方法，强行拉高低学段师资来到“下游”研习的基准线。如何以“大先生”和“教育家”的角色心境去完成自我历练，完善师资交流、人员衔接和优势互补等层面的“一体化”功能，形成闭环、提炼升华，值得进一步思考。

（三）素质能力差异之殇：进退维谷间的共商共建机制缺位

学段化基本框架下的思政课教师素质能力磨合与成熟，是一个相当漫长的过程。需要说明的是，素质能力的差异化表现并非影响队伍建设一体化目标达成的决定性因素，这背后多方主导的复杂要素才是问题的根本。从高校思政教育相关专业建设、思政相关专业背景毕业生行业准入、师范院校中小学思政课教师培养体系搭建等师资人才供给培养等角度，以及从教师专业技术职务（职称）职数、岗位核定、评聘标准、晋升通道等生涯发展保障角度而言，大中小学思政课教师立足其学段岗位特点，其素质能力的拓展的确存在一个“想不想”和“行不行”的问题。就拿职称评聘来说，不同学段职业教师所需具备的专业素质、业务能力、科研水准和成果显示度等皆有天壤之别，“过分迁就”和“强行适配”只能适得其反。教育部等五部门出台的《关于加强新时代中小学思想政治理论课教师队伍的建设意见》虽然在“全面提升中小学思政课教师素质能力”部分提到了“制定出台中小学思政课教师专业标准”“健全专题培训制度”“加强中小学思政课统编教材教法培训”“健全中小学思政课老中青教师传帮带机制”几个要点，但下一步尚需出台更加明晰的实施方案，予以细化斧正。

三、大中小学思政课教师队伍一体化的路径

习近平总书记在学校思想政治理论课教师座谈会上深刻指出，“办好思想政治理论课关键在教师，关键在发挥教师的积极性、主动性、创造性”，“有了这些基础和条件，有了我们这支可信、可敬、可靠，乐为、敢为、有为的思政课教师队

伍，我们完全有信心有能力把思政课办得越来越好”。习近平总书记在学校思想政治理论课教师座谈会上的重要讲话精神，是新时代思政课教师队伍建设的根本遵循与行动指南。由此，围绕全学段思政课教师队伍的人员搭配、人才培养、师资建设、结构调整、协作交流等相关层面，学术界列位优秀同仁见贤思齐、集思广益，贡献了非常多极富科研理论价值和试点探索意义的学术文献。这其中，同济大学马克思主义学院院长、博士生导师徐蓉教授近年的研究成果具有一定的说服力。她发表于《思想理论教育》2019 年第 12 期的《关于大中小学思想政治理论课教师队伍一体化建设的若干思考》一文，基于“思政课不可替代作用发挥”“思政课整体规划”“思政课高质量发展”“思政课接续发展”等维度，细致探讨了队伍在价值观、素质、能力和管理方面实现一体化育人功能的思路，为我们进一步打开研究格局提供了有益参考。

（一）对标立德树人，做好顶层设计，打造稳固合一、同心同向的“精神花园”

我们必须明白，以马克思主义基本原理为先导的人本教育使命，决定了我们广大“少年儿童”和“青少年”受众，无论心智发育、思维发展、品德塑造和人格养成处于何种成长阶段，其价值观培育的需求是共通的，也是迫切的。习近平总书记多次强调，“青少年阶段是人生的‘拔节孕穗期’，最需要精心引导和栽培”，“要在广大青年中加强和改进理论武装工作，引导广大青年运用马克思主义立场、观点、方法观察分析问题，从而坚定正确政治方向，增强道路自信、理论自信、制度自信、文化自信，坚定听党话、跟党走的人生追求”。

当今全球一体化浪潮席卷之下，世界格局始终处在各种矛盾的交织、对抗、转化以及各方力量和方案的竞争、比较和博弈过程中，当今中国也在发生深刻变革，它们构成新起点的时代背景，标注新长征的现实基点。受信息网络时代的影响，今天我们的青少年人群，也呈现出许多与年龄并不相符的“老道”和“城府”，甚至超越了所处的学龄阶段，有些言行简直令人啼笑皆非。若全学段的思政课教师队伍还不能成为坚定的“志合者”，其结果极可能非但“守不好”自己的“渠”，还“误”了人家的“田”。因此，天下思政课教师其实是一家，都是为“培养社会主义建设者和接班人”而“拔节孕穗”“灌浆营苗”的“辛勤园丁”。

这里面既涉及作为青少年学生群体的“他我”，也涉及作为中青年教师群体的“本我”。

1. 必须抓好全学段教师参与教程准备的环节

教学效果怎么样，教程准备是关键。因此，在教程准备环节的碰撞、思辨、学习、共鸣不可或缺。可以考虑组建“教材写作联合工作组”，面向全学段教师队伍广泛征集意见和建议，按照思政课“知识传授”与“价值引领”并重的原则要求，尤其注重“价值引领”“精神传承”的有序性、一惯性，共同编写教材教案和拓展读物，在教程一体化的基础上去贯通备课和教学“关节”。全国部分地方已开展这方面的教育实践，并取得良好成效。比如：2021年，成都树德中学主导启动了最新的思政课拓展读本编写工作。学校遵循大中小学段学生将经历的“启蒙道德情感”“打牢思想基础”“提升政治素养”“增强使命担当”教育成长规律，以及“知事、懂事、讲文明”“知史、晓义、识是非”“明理、行道、铸信念”的认知发展过程，特别邀请了西南交通大学和成都实验小学参与教材编写。初中版读本重在引导学生建立起“爱我伟大祖国”的情感；高中版则在此基础上，引导学生认识我国的“复兴之路”，建立起更理性、更深刻的认同。

2. 必须抓好全学段教师参加联合宣讲的环节

身份认同有没有，行业信念很重要。因此，可以考虑邀请大中小学思政课教学骨干、先进典型代表和高校马克思主义理论研究专家和教育理论学家，组成“联合宣讲团”，面向各大中小学思政教研团队，定期举办以意识形态巩固、教学理念分享为内涵的专题讲座和培训。要着重讲透三个方面：

第一，对人类社会发展规律、社会主义建设规律和共产党执政规律的深刻理解，如何在理论功底和政治素养一体化提升过程中树立职业自信；

第二，对“中华民族共同体”意识和“人类命运共同体”理念的生动把握，如何传递给学生以增强其核心竞争力为抓手的民族自豪感、大国公民信念感；

第三，对各学段学生身心发育成长规律和思政育人规律的深入掌握，一体化激发教师认真对待思政课教学、学生乐享思政课过程和教学成果的“内生动力”，实现“教”与“学”双方目标的双向奔赴。

（二）聚焦育人合力，做好方案谋划，构筑视野高远、幅员辽阔的“时空大陆”

要注意思政课教师队伍一体化过程中的“区段性”特点，注重在总体趋向性目标指引下不同学段各有侧重的矛盾点，一切从实际出发，一切从解决问题着眼，实事求是、守正创新，抓好各自学段建设的主要矛盾，坚持结果导向和办实事导向，提供实现队伍一体化、效能最大化的优化方案，这样才能冲出“育人孤岛”的现实瓶颈，最终构筑起囊括育人全程的“时空大陆”。

1. 必须破解中小学思政课教师队伍结构性失衡难题

古语云：“蒙以养正，圣功也。”启蒙阶段的育人实效对成长的重要性不言而喻。教育部基础教育司发布的《关于2022年基础教育重点工作介绍》中提到“2022年要重点实现‘四个突破’”，首先就是“在加强中小学思政课建设上突破。研制进一步加强中小学思政课建设的意见，着力提高思政课教师专职化专业化水平”。针对广大中小学尤其是处在义务教育学段的小学和初中，当务之急就是对照要求，在源头输入和人才培养环节需大力补充、强基固本、开源节流，使队伍结构回到“专职为主”的正轨上来。

第一，当前小学、初中阶段的道德与法治课和高中阶段的思想政治课，以及部分中小学单独开设的德育课，其师资来源长期以来都由包括中、高等各层级的师范类院校承担。加上一直以来以中考、高考为标志的“唯升学率”指挥棒的牵引，中小学段普遍存在的“主副科”意识作祟，思政课以及授课教师的地位始终得不到应有的认同，许多师范生毕业后宁可选择考取语文、数学、英语等科目方向的教师资格证，也不首选思政科目任教，这就导致中小学思政课专职教师在“源”上明显不足。此外，师范类院校所培养的师资梯队，即使本身具有教育学专业背景，貌似“科班出身”，但较之于马克思主义理论、哲学社科人文类学科而言，仍然暴露出教法死板、能力欠缺的短板，即“专职不专”。要集中破解该难题，广大综合性高校尤其是作为马克思主义理论以及人文社科重点建设单位的院校，应责无旁贷担负起相当比例的思政课专职教师本科人才培养工作，不单要做思政学科领域的重要支点，更应成为中小学思政课教师培养的摇篮。此外，还要充分发挥该类高校马克思主义理论学科硕士、博士点强大的专业优势，设立中小学思政课教师在职读研的专项招收计划，培养包括“师资博后”在内的高学历顶尖教育人才，为他们的进修深造创造更好条件，不但有量的提升，更有质的飞跃。

第二，当前中小学专职思政课教师的缺乏，一定程度上也造成学校里“非科班出身”的、因其他科目师资饱和“淘汰”出来的专业课教师，或者工作量不饱和的“闲职”人员，不得已而大量充斥于思政课教师队伍的“怪现状”，即“兼职乱兼”。要集中破解该难题，就应由教育行政部门与学校联手，界定兼职人员的学科背景及身份构成，梳理队伍中兼职人员的所占比重和专兼搭配的“黄金比例”，瞄定中小学思政育人协同发力的关键点，出台门槛明确、职责细化、要求明晰、简便易操的实施意见，有针对性地指导“多元主体”兼职开展思政课教学活动。全国有部分地方开始重视兼职教师群体的规范化建设，做了不少有益的尝试。比如：浙江省教育厅、省委组织部等五部门联合发布了《关于加强新时代中小学思想政治理论课教师队伍建设的实施意见》，其中明确指出“完成专题培训并考核合格的中小学党组织书记、校长、德育主任、大队辅导员、班主任等可兼职担任小学 1 年级至 4 年级思政课教师，小学 5 年级至 6 年级应当以专职教师为主。初中和高中应当配齐专职思政课教师”。

2. 必须夯实高校思政课教师队伍基础

处于高等教育学段的广大高校，依照《新时代高等学校思想政治理论课教师队伍建设规定》的相关要求，需在“师生比不低于 1∶350”专职思政课教师岗位职数的宏观指导下，有计划、有步骤、有组织地保证专职思政课教师的规模数量，在编制内配足，且不得挪作他用。同时，还要多从岗位转任、角色转换、专兼职配比、校际交流等环节破题，在尽可能广的意义上打通学科教师、党政管理干部和辅导员参与承担思政课教职的交流渠道，以谋求构建齐抓共管、三全育人的“大思政”格局。以四川大学为例，学校近年来在思政课教师队伍培养方面出台兼职教师管理办法，建强专职教师、兼职教师、兼职导师、特聘教授等 4 支教师队伍，聘用高水平兼任思政课教师 10 人。探索遴选校内优秀教师、党政管理干部加入思政课教师队伍，鼓励政治素质过硬的相关学科专家转任思政课教师。依托部省思政课教育培训“两中心一基地”，高质量开展思政课教师培训研修。多措并举、持续深化思政课改革创新，不断提升思政课程育人质量和水平。

（三）增强联动互补，做好衔接融合，架起功能完备、机制吻合的“长效桥梁”

思政课教师队伍一体化的最高境界，就是要在党性坚定、理论扎实、意识拔尖、思想统一、人员齐整、规模壮大的队伍有生力量的基础上，搭建起成长机制全面吻合、素质能力全方位提升、育人成效接续递进的“长效桥梁”，形成完整契合、富有生机的思政育人“生态链”。

1. 必须有标准统一的“准入与退出一体化”机制

教育部等五部门印发的《关于加强新时代中小学思想政治理论课教师队伍建设的意见》在“切实加强中小学思政课教师队伍配备管理”中明确指出，“严把选聘政治关、师德关、业务关，让有理想的人讲理想，有信仰的人讲信仰，师德高尚的人讲思政课；建立中小学思政课教师退出制度，对在教育教学活动中损害党中央权威、违背党的路线方针政策的按相关要求从严处理，对违反职业道德行为的、不能胜任思政课教学和未按要求完成培训学时的及时调离或退出思政课教师岗位”。因此，结合高校思政课教师的选聘要求，我们至少可以总结出大中小学思政课教师“准入”和“退出”一体化机制的几条“金标准”。

首先，关于“准入”：

第一，政治过硬。可以考虑从其政治面貌的角度，按照中共党员、共青团员、民主党派、无党派、群众的身份依序考查；

第二，品行良好。尤其注重对其师德师风方面的调查，可以考虑参照《新时代高校教师职业行为十项准则》的规定，延伸到对中小学教师队伍的考查；

第三，业务扎实。不光要看学科背景、学历水平、教师资质等“纸面”能力证明，更要注重对其理论联系实际能力、其他学段教研内容理解能力、科学教育理念掌握能力、创新思维方法训练能力、先进教学技术手段操控能力等实务能力的全面考核。

其次，关于“退出”：

第一，言行违背党和国家路线方针政策；

第二，言行有损职业道德，不符合师德师风规范；

第三，无法胜任教学和未按要求完成培训学时。

这里需要专门说明的是，关于“退出”机制，非但不是可有可无，笔者认为甚至应比“准入”机制更加严苛，实行“一票否决”制。上述“退出”机制的前两条，对其言行不做“教学活动中”的定语前缀，而应全程考查教师本人“课中课后”的一贯表现。一旦发现言行失范，即应予以清退。

2. 必须有优势互补的“教研一体化”机制

如何整合全学段思政课教师的教研优势资源，科学布局各学段的科研分工，让优秀的科研成果反哺育人工程，是必须想清楚的问题。可以考虑由教育行政部门委托教师研学专业机构或高校师资培训基地，或直接建立跨年段、跨区域、线上线下全覆盖的“教研一体化组织”，针对新时代思政课教程所涉及概念范畴、逻辑关系、原理结论的研究，对教学方法、教学载体、教学评价的研究，经常性地开展理论学习、教学观摩、集体备课等活动，让“教研一体化”机制切实落地。在这方面，四川省早已行动起来，立足“大手拉小手”——建立“高校+中学+小学”的思政课一体化联盟和研究机构，开展了许多卓有建树的探索实践。比如：省内各高校的全国和省级重点马克思主义学院，都对口帮扶一到两所相对薄弱的高校马克思主义学院，与一个市州教育部门建立联系机制，带动和辐射中小学思政课建设。大学引导中学、中学指导小学，联盟内打通了区域、学段、校际界限，构建起了开放共融的“大思政”格局。又比如之前提到过的成都树德中学，联合四川大学和西南交通大学以及成都市实验小学和成都市龙江路小学，组建了大中小思政课一体化建设项目组。

需要说明的是，鉴于大中小学教研平台所带来的资源供给差异，大学思政课教师在教研联合项目组内主要承担项目选题、立项申报、中期检查、结项验收和成果转化等职责，重心放在全局谋划上；中小学思政课教师则承担资料收集、数据梳理、调研访谈、经验推广等职责，重心放在为应用研究提供独特佐证方面。

3. 必须有循序渐进的“培训一体化”机制

大中小学思政课教师教学能力一体化的难点、堵点，集中在如何真正实现学段间的“跨界学习”和“兼收并蓄”上。但日常繁重的教学任务和科研工作，导致教师们无法再像学生时代那样，可以毫无压力地投入全部时间和精力在课堂上“回炉再造”。因此，系统的在职培训就是必要的业务“充电”机会。在这方面，可以参考的方式途径包括全学段思政课教师的岗前培训和集中轮训，全学段思政课教师“联合宣讲团”的专题讲座和培训，全学段思政课教学骨干、储备人才的跨学段挂职锻炼，中小学思政课教师“高校思政专项进修计划”，等等。通过层级丰富、形式多样的培训项目，牢固树立全学段思政课教师主动作为、终身学习的意识。

4. 必须有措施得力的“激励保障和评价一体化”机制

教师队伍最看重的考核评价指标，当属专业技术职务（职称）。职称的晋升，就是对广大教育工作者最好的激励。要实现“激励保障和评价一体化”，可以参考教育部《新时代高等学校思想政治理论课教师队伍建设规定》（以下简称《规定》）中对高校思政课教师职称考评的规定，采取“单列”＋“打通”的方式。《规定》明确指出，“高等学校可以结合实际分类设置教学研究型、教学型思政课教师专业技术职务（职称），两种类型都要在教学方面设置基本任务要求，要将教学效果作为思政课教师专业技术职务（职称）评聘的根本标准，同时要重视考查科研成果”，“将承担思政课教学的基本情况以及教学实效作为思政课教师参加高一级专业技术职务（职称）评聘的首要考查条件和必要条件。将为本专科生上思政课作为思政课教师参加高级专业技术职务（职称）评聘的必要条件。将至少一年兼任辅导员、班主任等日常思想政治教育工作经历并考核合格作为青年教师晋升高一级专业技术职务（职称）的必要条件”。因此，可以考虑，在中小学也设置专门面向思政课教师的专业技术职务（职称），独立于其他专业科目任课教师的职称评定体系。同时，仿照对兼任高校“辅导员”“班主任”身份者的要求，也将在中小学担任班主任、“德育辅导员”、大队辅导员等身份者，给予正向评价。最后，再贯通大中小学的思政课教师学段，在该独立板块内，对集中教研成果开展互评互认，激励考核。此外，全学段思政课教师的表彰评优、待遇倾斜、教学督导、成果核查等，也是“考评一体化”机制建设的题中之义。

参考文献

[1] 陈万柏，张耀灿. 思想政治教育学原理（第三版）[M]. 北京：高等教育出版社，2015.

[2]「每日一习话」培养一代又一代社会主义建设者和接班人 [EB/OL].（2020－09－04）[2022－02－20]. https://baijiahao.baidu.com/s?id=1676872193501327662&wfr= spider&for=pc.

[3] 马克思恩格斯选集（第3卷）[M]. 北京：人民出版社，2012.

[4] 翁铁慧. 在第十一届全国思想政治教育高端论坛上的讲话 [J]. 社会主义核心价值观研究，2021 (4).

[5] 关于深化新时代学校思想政治理论课改革创新的若干意见 [N]. 人民日报，2019－08－15 (001).

[6] 中共中央，国务院. 关于新时代加强和改进思想政治工作的意见 [N]. 人民日报，2021－07－13 (001).

[7] 教育部等五部门印发《关于加强新时代中小学思想政治理论课教师队伍建设的意见》的通知 [EB/OL]. (2019－09－27)[2022－02－21]. http://www.moe.gov.cn/srcsite/A10/s7034/201910/t20191012_403012.html.

[8] 教育部. 新时代高等学校思想政治理论课教师队伍建设规定 [EB/OL]. (2020－01－16)[2022－02－22]. http://www.moe.gov.cn/srcsite/A02/s59 11/moe_621/202002/t20200207_418877.html.

[9] 习近平：用新时代中国特色社会主义思想铸魂育人 贯彻党的教育方针落实立德树人根本任务 [EB/OL]. (2019－03－18)[2022－02－23]. http://politics.people.com.cn/n1/2019/0318/c1024－30982084.html.

[10] 中共中央宣传部教育部关于印发《新时代学校思想政治理论课改革创新实施方案》的通知 [EB/OL]. (2020－12－22)[2022－02－23]. http://www.moe.gov.cn/srcsite/A26/jcj_kcjcgh/202012/t20201231_508361.html.

[11] 教不了主科被淘汰，才去教思政？中小学思政教师队伍面临“三不”境遇 [EB/OL]. (2019－07－14)[2022－02－24]. https://mp.weixin.qq.com/s/FAyGF5V－TQ zS7IPopcjVvw.

[12] 高校思政课教师总数超 12.7 万人 [EB/OL]. (2021－07－12)[2022－02－24]. https://mp.weixin.qq.com/s/FAyGF5V－TQ zS7IPopcjVvw.

[13] 教育部 2022 年工作要点 [EB/OL]. (2022－02－08)[2022－02－25]. https://mp.weixin.qq.com/s/kPIz4QHKSlfX－eOfceJSaA.

[14] 中共中央办公厅印发《关于培育和践行社会主义核心价值观的意见》[EB/OL]. (2013－12－23)[2022－02－25]. https://news.12371.cn/2013/12/23/ARTI1387792318751701.shtml.

[15] 徐蓉. 关于大中小学思想政治理论课教师队伍一体化建设的若干思考 [J] 思想理论教育，2019 (12).

[16] 苏长和. 充分认识当今世界格局新变化 [N]. 人民日报，2017－01－03 (007).

[17] 周洪双，李晓东，孙宗鹤. 跑好思政教育接力赛——四川推进大中小学思政课一体化建设 [N]. 光明日报，2021－03－22 (001).

[18] 关于 2022 年基础教育重点工作介绍 [EB/OL]. (2022－02－15)[2022－02－25]. http://www.

moe. gov. cn/fbh/live/202 2/53959/sfcl/202202/t20220215 _ 599305. html.

［19］浙江建立中小学专兼职思政课教师配置机制［EB/OL］. (2020－06－14)［2022－02－25］. http://www. zj. xinhuanet. com/2020－06/14/c _ 1126112260. htm.

［20］四川大学深入推进思想政治理论课改革创新［EB/OL］. (2020－05－08)［2022－02－25］. http://www. moe. gov. cn/jyb _ xwfb/s61 92/s133/s208/202005/t20200508 _ 451389. html.

［21］“奋斗百年路　启航新征程・神州行”融媒体报道组. 贯通培养育新才——四川大中小学协同育人扫描［N］. 中国教育报，2021－12－24 (001).

红色文化融入高校思想政治教育路径研究

杨胜君　向　红[①]

摘　要：深入挖掘和整理高校校史中的红色资源，通过多种形式将红色教育贯穿教书育人各个环节，是加强高校思想政治教育现实发展的客观需要，也是培育新时代有理想、有道德的社会主义事业接班人的必然要求。本文从红色资源挖掘应用全过程、红色文化融入课程全体系、红色教育沁润思政全方位三方面进行阐述，将红色文化融入高校思想政治工作中，成为高校思想政治工作的重要环节。

关键词：红色文化　思想政治教育　路径

习近平总书记在全国高等学校党的建设工作会议上指出，高校肩负着学习研究宣传马克思主义、培养中国特色社会主义事业建设者和接班人的重大任务。高校承担着大学生思想教育的重大责任，在思想政治工作的众多环节中，运用红色文化资源起到了关键的作用。新时期高校可以通过深入挖掘、整理和应用红色资源，将红色文化融入思想政治教育全过程、全体系和全方位，有力增强思想政治教育的针对性和实效性。

---

① 杨胜君，四川大学档案馆收集与信息化科副科长，主要研究方向为红色文化和校史研究。向红，四川大学档案馆管理与利用科副科长，主要研究方向为档案管理与研究。

一、以红色资源挖掘应用全过程，为融入思想政治教育奠定坚实基础

“红色文化承载着的‘培育爱国情怀，传播先进文化、塑造良好人格、弘扬社会正气’的文化内涵，无疑是引导当代大学生坚持先进文化前进方向、塑造优秀思想品德品质的生动教材。”对红色资源进行挖掘、应用，在高校发挥育人作用的过程中起到至关重要的作用，为融入思想政治教育奠定坚实基础。

（一）对红色资源进行深入挖掘和整理

高校所处的城市或地区普遍具有可挖掘的红色革命传统文化。比如东部地区的胶东文化、中部地区的沂蒙文化、西部地区的红岩文化等。通过多种形式将红色资源进行系统梳理和不断完善，特别是在校史研究中对红色资源进行深入挖掘，结合相关内容与新时代的发展要求，编研红色文化系列成果。比如，在民主革命和建立新中国波澜壮阔的革命斗争中，有无数英烈献出了宝贵的生命，他们的爱国情、报国志，铸就了本地区光荣的革命传统和深厚的红色基因，红色文化与爱国奉献成为地区校园文化的核心基因。可以据此编辑出版红色文化书籍，运用文字、图片以及档案资料，充分还原革命英烈的英雄事迹。此外，也可以通过筹拍专题片的形式，使全校师生走近先烈，感受红色文化的魅力，提高个人修养和综合素质，厚植中国知识分子的家国情怀，在报国理想中实现个人的人生价值。

（二）对红色资源进行广泛宣传和推广

当代大学生乐于接纳新事物，但是繁重的课业压力让他们缺乏主动性。对他们而言要亲身体验学习的过程，才能感受到红色文化之中蕴含的革命精神，才能感受到当前祖国的繁荣昌盛来之不易，才能坚定共产主义理想信念。新的时代，宣传和推广的方式推陈出新，不仅仅拘泥于课堂讲授以及书本文字。比如响应“不忘初心、牢记使命”的时代号召，开展多项主题教育工作，举办红色文化专题展，可以引导广大青年学子坚定理想信念、厚植爱国情怀，努力成长为德才兼备，能够担当民族复兴大任的时代新人。除此之外，学校可以通过深入挖掘资料，自编自演舞台剧、宣传片等方式，进行宣传推广，既体现了新时代大学生的精神风貌，也使红色优良传统得到了良好展现。通过大学

生喜爱的方式，使红色文化深入人心，达到良好的教育效果。

（三）对红色资源进行重新组合和塑造

红色教育基地是对高校红色文化进行重新组合和塑造的重要手段之一，也是进行高思想政治教育的有效途径。大学生可以设身处地地感受到其中蕴含的革命精神，唤起自身的民族责任感，牢记青年学生的历史使命。如四川大学“江姐纪念馆”“革命英烈事迹陈列馆”已经成为学校宣扬爱国主义和红色教育的重要场所，不仅是新生入学教育的必修课上课地点，也是校内外党团组织开展活动的重要场所。此外，学校可以通过打造一系列红色基地及宣传平台，比如烈士纪念碑亭、历史文化长廊、杰出校友的纪念雕像等，呈现学校的革命传统文化与红色文化积淀，使学生在课堂外接受红色教育。

二、以红色文化融入课程全体系，为融入思想政治教育创造有利条件

课堂是对学生传道授业的主阵地，对学生加强红色爱国主义教育离不开课堂。随着课程体系的不断深化变革，红色文化要更好地渗透教学体系的全过程，就对教学内容、教学方式等环节的适应性改变，以及对课程环节和教师的教学等提出了更高的要求。

（一）红色文化融入课内教学环节

新时期大学生思想活跃，勇于接受新事物。因此，在教学内容和形式上要推陈出新，才更容易为他们所接受。同时，要积极引导学生自觉学习红色文化内涵，践行红色文化精神。在思想政治类课程的讲授中，利用课堂主渠道，将红色文化贯穿课程内容，特别是将本校校史中的红色文化纳入课程范围。通过多种形式，如观看红色影片、红色故事演讲等学生喜闻乐见的方式，调动学生学习红色文化的积极性，从而达到教学目的。此外，还可以开设红色文化相关的选修课程，作为思想政治课程的有力补充。将红色革命文化纳入学科建设之中，对学生产生潜移默化的影响，使学生树立正确的人生观、价值观，坚定共产主义理想信念。

（二）红色文化融入课外实践活动

在课堂教学之外，还应将红色文化融入学生学习生活的各个环节。现阶段，学生的课程教学多采用课堂教学与课外实践相结合的方式进行，这也特别适合思想政治类文化

素质公选课教学。可以根据要求在课外开展参观、调研等活动，学生以个人或小组形式完成调研报告，并在课堂上分享学习成果。此外，还可采用学生自发组队、老师加以指导的实践活动，例如采用抖音、快乐微视、美拍、秒拍等学生熟悉的视频软件开展红色文化主题教学微活动，由学生自主创作短视频，并利用学校“一网三微”的宣传平台进行作品展播和大众评选。通过这些活动将培育和践行社会主义核心价值观和红色教育贯穿教书育人各环节。此外，可以充分利用“形势与政策”课程开展主题实践活动，促进大学与中小学课堂的对接，传播红色正能量，传承红色文化，弘扬民族精神。红色文化对大学生的教育功能是一个不断进化的过程，要不断以知促行、以行促知，在教授学生知识内容的同时，利用实践的积累，践行红色文化的精神内涵，使学生在此过程中不断提升，自我完善，达到预期的教学目标。

（三）红色文化融入教师队伍建设

教师是知识的传授者，也是理想信念的传播者。他们的一言一行都对学生有着深刻的影响。要提升学生的理想信念，更要注重提升教师自身的道德修养。首先，对于专职讲授思想政治类课程的教师有较高的要求。马克思指出：“理论一经掌握群众，也会变成物质力量。理论只要说服人，就能掌握群众。”教师要深刻理解红色文化的精神内涵，才能在课程讲授中更好地运用。可以组织教师对红色文化、党史文化及马克思主义发展史进行系统学习，在此过程中深化红色文化教育的内涵，并组织教师进行调研形成教学理论体系，对教辅资料进行系统编研。其次，对于专职思政辅导员的培训不容忽视，他们中很多并非马克思理论专业学科背景，不乏理工学科背景的教师，更应加强其理论水平和党性修养。同时，也要对其他各学科教师加强理想信念教育，深入学习校史资源中的红色文化。通过在校内设立红色文化校级研究课题等举措，进一步组织校内历史研究、马克思主义研究、校史研究等团队全面提炼学校红色文化独特的精神内核，让优良革命传统全面渗入学校人才培养、队伍建设、制度建设、环境建设等。

三、以红色教育沁润思政全方位，为融入思想政治教育营造良好氛围

将红色教育运用到大学生思想政治教育中，需要与学生思想工作进行对接，具体来说是学生工作队伍、团委集体参与这项工作的全过程。其中基层党团组织建设、校园文

化建设等会让广大青年学子感知红色革命文化，在潜移默化中传承红色文化精神。

（一）红色教育沁润党团建设活动

积极开展各类党员主题活动，将红色主题教育融入“三会一课”。运用理论学习、研讨学习、参观学习等多种形式，深刻领会其精神内涵，集马克思主义发展史、党史、校史于一体，提高思想觉悟与党性修养，充分发挥党员的引领作用和辐射作用。此外，大学生团员比重相对较大，加强团的建设十分必要。在学校团委的领导下，将红色教育融入团建，开展如主题班会、知识竞赛等多种形式的主题活动。这类活动不仅契合时代主题，而且充满朝气，容易为大学生所接受，有利于党团建设在大学生群体中的顺利开展。同时，也可以组织学生社团开展校史研究，发动学生对校史问题展开专题研讨，充分调动学生的积极性和主动性，使学生从“被动”到“主动”，由“看客”变为“主人”。

（二）红色教育沁润榜样示范引领

榜样的力量是无穷的。青年学生在成长成才的过程中，一个个榜样、一根根标杆就是他们的助推器和加油站，为他们提供无穷的力量。如贵州师范大学与国家天文台共建天文学科，建立“南仁东班”，在南仁东精神的感召下，贵州师大势必在未来将为祖国输送更多的天文专业高层次人才。四川大学也设立了 4 个“江姐班”荣誉班级。学校引导荣誉班级同学将学习、践行红色文化以及革命精神融入日常的学习生活，并在各个重大时间节点及活动中引领带动全校同学，起到良好的辐射及示范作用，使红色基因成为川大人共同的人文情怀和价值追求。另外，学校每年遴选出在班级建设等方面取得突出成绩的优秀班级，授予荣誉称号，并持续培育加强建设，推进红色文化精髓在学生中的传承和传播，构建全方位的育人机制。

（三）红色教育沁润校园文化建设

积极营造校园文化氛围，将红色教育带入校园每个角落。一方面，发挥社团的作用，利用第二课堂让学生在课堂外感受文化的熏陶。根据大学生成长规律，有组织、有针对性地开展校园红色文化活动，培育大学生的爱国主义情操，引导大学生形成坚定的理想信念。另一方面，在全校范围内开展红色文化大环境建设，在特定时间开展相关活动，营造红色文化氛围。比如在特定时间节点举行缅怀革命先烈活动，追思革命志士们的光辉事迹，引导学生弘扬爱国主义精神，增强自身的使命感和民族自豪感。良好的校园环境润物无声般使大学生在情感上产生共鸣，自觉树立正确的人生观、价值观，促使他们在精研学业的同时，不忘初心，牢记青年一代的历史使命，努力拼搏，为祖国的社会主义事业贡献最大的力量。

参考文献

[1] 马克思，恩格斯. 马克思恩格斯全集（第1卷）[M]. 北京：人民出版社，1956.

[2] 习近平. 坚持立德树人思想引领　加强改进高校党建工作 [EB/OL]. 新华网，2014-12-29.

[3] 习近平. 用好红色资源　传承好红色基因　把红色江山世世代代传下去 [J]. 求是，2021（10）.

[4] 张嘉友，王幸媛. 红色文化资源在新时代大学生爱国主义教育中的融入研究——以四川为例 [J]. 西南科技大学学报（哲学社会科学版），2020（3）.

[5] 耿俊茂，宋玉辉，张瑞. 新媒体环境下高校利用红色资源对大学生党员教育的探索和实践 [J]. 长春理工大学学报，2012（9）.

“三全育人” 视域下高校辅导员育人工作路径研究

寿刘星　何　强①

摘　要：“三全育人”是新时代改善与提高大学生思想政治教育实效性的重大举措。辅导员队伍作为高等学校教师队伍和管理队伍的重要组成部分，被赋予了新的使命。辅导员应该适应新的角色定位并开辟新的育人路径。本文以新时代“三全育人”背景下辅导员作为育人主力军、操盘手、协调员为定位，分析了各育人阶段、方位下辅导员的职责，提出了辅导员“2+3+4”原则育人矩阵法，以探索高校辅导员育人工作的新路径。

关键词：三全育人　辅导员　育人路径

一、引言

2018年，习近平总书记在全国教育大会上指出：培养德智体美劳全面发展的社会主义建设者和接班人，加快推进教育现代化，建设教育强国，办好人民满意的教育。一年后，教育部办公厅公示了第二批“三全育人”综合改革试点单位遴选结果，正式启动

---

①　寿刘星，四川大学机械工程学院辅导员，研究方向为思想政治教育、学生工作理论与实践。何强，四川大学水利水电学院研究生，研究方向为学生工作理论与实践。

“三全育人”试点工作。所谓“三全育人”，即全员育人、全程育人、全方位育人，是中共中央、国务院《关于加强和改进新形势下高校思想政治工作的意见》提出的坚持全员、全过程、全方位育人（简称“三全育人”）的具体要求，是实现立德树人的具体方式。

立德树人是高校的根本任务。高校要将立德树人的任务完成好，必须将“三全育人”工作落实好。而辅导员作为高校学生思想政治引领的排头兵，要充分发挥思想引领、行为导向作用，将“三全育人”贯彻在培养学生的各项活动中。提高站位，以知促行，切实增强做好“三全育人”综合工作的政治自觉、思想自觉和行动自觉；强化担当，以行践知，深入推动“三全育人”综合工作见常态、出实效。本文以高校辅导员育人工作为切入点，探索“三全育人”视域下高校辅导员的育人工作路径。

二、“三全育人”背景下辅导员的角色定位

“三全育人”要求高校做到全员育人、全过程育人、全方位育人。全员育人是由学校、家庭、社会、学生组成的“四位一体”的育人机制。其中，学校成员包括辅导员、班主任、党政管理干部、后勤服务人员等所有教职工。相比之前的高校思政专业人员，现在的覆盖面更为广泛。全过程育人是从时间维度而言，强调育人要贯穿学生学习、成长、成才的全部过程，包括学生在校培养的各个方面、各个环节。全方位育人是从空间维度阐述的，强调育人要体现在学生“德、智、体、美、劳”全面发展的各个方面，并且育人场所由第一课堂领域扩展至包含第二课堂在内的所有场域。在“三全育人”的背景下，辅导员作为高校教师队伍和管理队伍的重要组成部分，被赋予了新的使命。辅导员应该适应新的角色定位，明确教育职责，争做“全员育人”主力军。辅导员应充分调动主观能动性，整合校内思想政治教育资源，协同专业教师、党务管理人员等共同推进思想政治教育，促进教、管的衔接融合，充分发挥思想理论教育和价值引领的职能作用。同时，主动构建学生社团、党员干部、学长制等帮扶机制，丰富“全员育人”实施载体，及时掌握学生的思想动态。

做好“五员五导”，争做“全过程育人”操盘手。在“全过程育人”中，辅导员要成为思想政治教育引导员、专业学习指导员、日常生活督导员、心理健康疏导员和课余

活动教导员。通过"五员五导"的角色转化，帮助学生树立正确的人生观、世界观和价值观，提高专业学习素养，培养良好的生活习惯，纠正错误的观念认知，提高职业技能，丰富实践经验。

创新育人制度，争做"全方位育人"协调员。充分协调融合教书育人、管理育人、服务育人制度，推进学生全方位发展。在"全方位育人"中，辅导员要树立全局性的育人理念，创新育人制度，共同参与第一课堂、第二课堂，社会实践，职业培训等过程，以学生为本，主动建立了解学生需求和反映学生建议的有效渠道，不断提高服务水平和服务质量。

三、"三全育人"背景下辅导员的育人路径

辅导员要高度重视岗位所赋予的育人职责，充分发挥主观能动性，把握育人方向。学校要成立育人工作小组，负责"三全育人"工作的具体落实。同时与学生党支部、团支部、学生社团、班委会等联动共建，发挥价值引领作用，营造"三全育人"文化氛围。在此工作基础上，高校辅导员要基于"三全育人"背景对学生培养可遵循"2+3+4"原则育人矩阵，具体来说即是通过"专兼职辅导员+班、团干部"2支队伍，从播种出苗期、生长拔节期、孕穗灌浆期3个阶段对学生进行思想引领、学业规划、能力提升、人格塑造（见表1）。

表1　辅导员"三全育人"矩阵

阶段 方位	播种出苗期	生长拔节期	孕穗灌浆期	育人团队
思想引领	理想信念	家国情怀	创业就业	专（兼）辅导员+班、团干部
学业规划	学习能力	专业兴趣	学术追求	
能力提升	课外活动	社会实践	专业实习	
人格塑造	道德品质	心理健康	全面发展	

（一）倾力锻造"筑梦人"队伍，铸就高素质、高水平育人团队

习近平总书记指出，今天的学生就是未来实现中华民族伟大复兴中国梦的主力军，

广大教师就是打造这支中华民族“梦之队”的筑梦人。高校要加强教师道德水平建设，提高辅导员队伍的工作积极性，同时借助学生评价等制度手段，建设一支道德水平高、业务能力强、乐于奉献、爱岗敬业的育人团队。

（二）把握学生成长成才的三个“关键期”，为学生提供充足精神

聚焦人才培养的全过程，结合学生不同成长阶段的不同需求，抓住关键期，通过讲座授课、仪式教育、社会实践、座谈访谈等全方位做好价值引领工作。鼓励支持关键领域重点企业开展就业布局，引导学生与祖国同向同行。

1. 夯实播种出苗期

注重提升学生的道德品质、理想信念、学习能力和课外活动能力。在学生初入大学之时，辅导员要主动与学生交流、沟通，加强理想信念教育，引导大学生坚持正确的政治方向，塑造正确价值观，形成正确的道德评价体系。要强化学生的学习能力培养，通过专业讲座、学长学姐分享会等形式帮助学生认识专业，了解学习规律，掌握学习方法，适应学习生活。积极牵头组织社团、学生会等开展课外活动，丰富学生的课余生活。

2. 强化生长拔节期

注重培养学生的心理素质、家国情怀、专业兴趣和社会实践能力。待学生基本适应大学学习生活后，辅导员可通过专业技能比赛、专业讲座等形式提升学生的专业兴趣，并积极鼓励学生参加社会实践，引导学生科学调整心理状态、正确看待问题和挑战。

3. 聚焦孕穗灌浆期

注重培养学生的全面发展、学术追求、创业就业和专业实习能力。毕业前期，辅导员要设置、安排众多的创业、就业课程，鼓励学生参加专业实习，提高就业能力；强化科研与育人的联系，树立高尚的学术追求，并将育人贯穿德、智、体、美、劳各个方面。

（三）当好“协调员”，多层次、全方位提升学生综合能力

通过构建“大德育、大思政”的全员育人工作平台、建立“面向全体、分类引导、重点培养”的全过程育人长效机制、打造“多维度、多元化、多平台”的全方位育人模式，进一步凸显价值引领，在思想引领、学业规划、能力提升、人格塑造四大维度培育具有家国情怀和行业理想的一流拔尖创新人才。

注重大学生思想引领工作，整合各类优质教育资源，利用各种教育渠道，实现大学

生思想政治教育的整体育人效果。根据不同年级学生的特点，因材施教，有针对性地扎实开展思政实践活动。在大学生思想政治教育工作中必须真正贯彻全员育人、全过程育人、全方位育人的教育理念，引导大学生树立正确的世界观、人生观和价值观，健康成长，全面发展。

学业规划指导是系统的、长期的人才培养工作，不能一蹴而就，要建立连贯性指导体系，分阶段、分重点逐步推进，逐步培养学生的学习能力、专业兴趣、学术追求。同时要整合各类指导资源，努力形成多方面参与的大规划格局。具体而言，一是整合队伍资源形成以辅导员为中心、多点共同参与的培养队伍；二是整合各类课程资源，如入学教育、学习生涯规划等，帮助学生明确学习目的及方法。针对具体学生可实行线上线下动态指导，对个别学生采取个性化深度辅导。

学生能力提升是大学人才培养的核心工作，辅导员要主动站在学生的角度分析问题并给予建设性意见，同时要积极鼓励学生多方面发展。针对不同年级、不同阶段、不同时期的学生，有序开展适当对应的能力培养活动，如针对低年级学生开展大量的第二课堂活动，从基础出发，逐步培养其自信心；针对中年级学生开展社会实践活动，使其从中增长见识、历练本领；针对高年级学生开展专业实习，强化其专业技能，使其达到深度学习的目的。

对学生人格的塑造是高校培养人才的重要工作，而高校思想政治教育是塑造学生人格品质的主要途径之一。辅导员队伍作为高校思想政治教育的主要队伍，是与学生接触最为频繁、最为紧密的教师团体之一，应当主动从道德品质、心理健康、全面发展维度，根据学生不同时期的学习特点循序渐进地培养其健全人格。

四、结语

在“三全育人”背景下，辅导员的工作被赋予了新的使命。辅导员要争做“全员育人”主力军，做好“五员五导”，争做“全过程育人”操盘手，创新育人制度，争做“全方位育人”协调员。即要运用新“2+3+4”原则育人矩阵法，尊重学生身心发展规律，分阶段、全方位实施育人措施，助力学生成为能够担当民族复兴大任的时代新人。

参考文献

[1] 李璐璐. “三全育人”视阈下高校辅导员职能的思考［J］. 湖北经济学院学报（人文社会科学版），2022（4）.

[2] 吴挺立，刘晟旻. 非传统专职辅导员角色定位问题及对策［J］. 大理大学学报，2021（11）.

[3] 王彦庆，刘佳鑫. “三全育人”视域下高校辅导员的角色定位与实现路径［J］. 黑龙江高教研究，2021（11）.

[4] 刘素贞. “三全育人”格局下高校辅导员队伍角色定位与转型论析［J］. 上海第二工业大学学报，2021（1）.

[5] 田林. 全员育人视域下的辅导员队伍建设［J］. 遵义师范学院报，2017（4）.

[6] 张金学. 辅导员“全过程”育人中的“五员五导”［J］. 教育教学论坛，2017（15）.

[7] 王丽萍. 全过程育人视域下大学生思想政治教育问题与对策研究［D］. 青岛：山东科技大学，2020.

红色基因融入高校思想政治教育的逻辑理路、内在要求与实践路径①

刘姝雯②

摘　要：中国革命历史是最好的营养剂，是青年学生思想政治教育的重要资源和宝贵财富。红色基因作为高校思想政治教育的重要内容，需要正确认识并全面把握其融入高校思想政治教育的逻辑理路、内在要求与实践路径，进一步提升红色基因在立德树人中的功能效用，教育引导青年学生努力成长为担当民族复兴重任的时代新人。

关键词：红色基因　思想政治教育　时代新人

党的十八大以来，以习近平同志为核心的党中央高度重视红色资源的运用和红色基因的传承。习近平总书记强调："抓好青少年学习教育，让红色基因、革命薪火代代传承。"青年学生正是成长发展的重要时期和人生奋斗的黄金时期，他们是与我国2035年基本实现社会主义现代化、到本世纪中叶建成社会主义现代化强国同向同行、共同前进的一代。高校作为思想政治教育的前沿阵地，要以习近平新时代中国特色社会主义思想

① 本文系2022年四川大学党政管理服务研究项目"提升'川大红'红色文化育人品牌社会影响力研究"（项目编号：2022DZYJ－48）阶段性成果。

② 刘姝雯，四川大学党委宣传部干部，主要研究方向为红色文化、思想政治教育。

为指导，深入广大青年学生开展传承红色基因教育，把红色教育同立德树人根本任务紧密结合，引导青年学生从党的百年奋斗中汲取红色力量，赓续红色血脉。

一、红色基因融入高校思想政治教育的逻辑理路

毛泽东同志在《如何研究中共党史》中指出："如果不把党的历史搞清楚，不把党在历史上所走的路搞清楚，便不能把事情办得更好。"每一个历史事件、每一位革命英雄、每一种革命精神、每一件革命文物，都代表着我们党走过的光辉历程、取得的重大成就，展现了我们党的梦想和追求、情怀和担当、牺牲和奉献，汇聚成我们党的红色血脉。红色基因与高校思想政治教育在人才培养的目标、内容、思想等方面高度契合，为高校思想政治教育提供正确的价值导向、丰富的科学内涵和生动的育人教材。

（一）红色基因为高校思想政治教育提供正确的价值导向

思想指导上，传承红色基因必须坚持马克思主义指导地位，不断把马克思主义中国化推向前进。马克思主义是我们立党立国的根本指导思想，也是我国大学最鲜亮的底色。红色文化是在运用马克思主义基本原理解决中国革命、建设和改革等具体实际问题的过程中形成和发展起来的，是马克思主义中国化的产物。用好红色资源，抓好马克思主义理论教育，对高校培养社会主义建设者和接班人，引导青年学生培育和弘扬社会主义核心价值观，深刻理解马克思主义中国化的三次飞跃，让红色基因融入青年学生的血脉，不断把马克思主义中国化推向前进具有重要意义。

思想武装上，传承红色基因必须坚持用习近平新时代中国特色社会主义思想铸魂育人，推动这一思想进学术、进学科、进课程、进培训、进读本、进头脑。红色基因中蕴含着正确的政治立场、崇高的革命精神、坚定的理想信念，是我们党从小到大、从弱到强、不断从胜利走向新的胜利的制胜密码，是我们更加紧密团结在以习近平同志为核心的党中央周围，坚持以习近平新时代中国特色社会主义思想为指导的宝贵历史资源。高校开展红色文化育人，可以帮助青年学生通过党的红色历史映照当下、远观未来，更好地用习近平新时代中国特色社会主义思想武装头脑，更好地树立对马克思主义的信仰、对中国特色社会主义的信念、对中华民族伟大复兴中国梦的信心，把革命先烈流血牺牲打下的红色江山守护好、建设好。

（二）红色基因为高校思想政治教育提供丰富的科学内涵

一部中国共产党百年历史，就是一部党领导人民的英勇奋斗史，就是一部革命精神的传承发展史。习近平总书记在党史学习教育动员大会上指出："我们党之所以历经百年而风华正茂、饱经磨难而生生不息，就是凭着那么一股革命加拼命的强大精神。"在党的百年奋斗历程中，一代代中国共产党人的顽强拼搏、不懈奋斗，构筑起了中国共产党人的精神谱系，锻造出一系列伟大的革命精神，为新时代高校思想政治工作提供了宝贵资源和强劲动力。

一百年前，中国共产党的先驱们点燃中国革命的火种，创建了中国共产党，形成了伟大的建党精神。中国共产党坚守"革命理想高于天"的理想信念，领导人民浴血奋战、百折不挠，历经大革命、土地革命战争、抗日战争和解放战争，实现了民族独立和人民解放，形成了以井冈山精神、苏区精神、长征精神、遵义会议精神、延安精神、红岩精神等为代表的红色精神。在社会主义革命和建设时期，我们党领导人民自力更生、发愤图强，实现了迈进社会主义社会的伟大飞跃，形成了抗美援朝精神、焦裕禄精神、红旗渠精神、北大荒精神等。这些伟大精神背后，不仅仅是历史事件和历史人物，更重要的是中国共产党团结带领中国人民在应对各种风险、困难和考验中展现的勇气、智慧和力量，是他们在任何情况下都做到理想信念不动摇、革命意志不涣散、奋斗精神不懈怠的精神。这些伟大精神是青年学生铭记革命历史、继承革命传统，增强做中国人的志气、骨气、底气的宝贵精神财富，为高校思想政治教育提供了丰富的科学内涵。

（三）红色基因为高校思想政治教育提供生动的育人教材

习近平总书记在河南考察时强调："要讲好党的故事、革命的故事、根据地的故事、英雄和烈士的故事，加强革命传统教育、爱国主义教育、青少年思想道德教育，把红色基因传承好，确保红色江山永不变色。"红色基因是中国共产党领导人民在长期的革命、建设和改革的过程中形成的，凝结着老一辈革命家的艰辛探索和责任担当，沉淀着无数革命先烈的赤胆忠诚与奋斗牺牲，为高校思想政治教育提供生动的育人教材。

思想政治工作从根本上说是做人的工作。校园红色文化资源和革命文化积淀是高校红色教育的宝贵资源，是高校思想政治教育生动的育人教材。需要高校进一步整合革命博物馆、纪念馆、党史馆、烈士陵园等党和国家红色基因库的力量，把红色基因作为培养爱国和爱党、爱社会主义高度统一的时代新人的重要资源，作为培养社会主义建设者和接班人的重要内容，作为树立青年学生共产主义远大理想和中国特色社会主义共同理想的重要组成，引导青年学生从党的百年奋斗历史中汲取智慧和力量。

二、红色基因融入高校思想政治教育的内在要求

红色基因融入高校思想政治教育，既是落实立德树人根本任务的必然要求，也是培养担当民族复兴重任的时代新人的现实需要，同时是推动新时代思想政治工作守正创新发展的重要举措。

（一）落实立德树人根本任务的必然要求

党的十八大以来，以习近平同志为核心的党中央高度重视培养社会主义建设者和接班人，坚持把立德树人作为教育的根本任务。国无德不兴，人无德不立，育人之本，在于立德铸魂。红色是中国共产党、中华人民共和国最鲜亮的底色，落实立德树人根本任务，就是要在坚定理想信念、厚植爱国主义情怀、加强品德修养和增强综合素质上下功夫，促进人的全面发展；就是要用好植根于革命先烈用鲜血染红的泥土中、赓续于一代代人不懈奋斗的事业中的红色基因，讲清楚过去我们为什么能够成功、讲明白未来我们怎样才能继续成功；就是要把红色基因融入高校思想政治教育，让红色成为立德树人的鲜亮底色，教育引导青年学生把红色基因、革命薪火和红色江山世世代代传下去。

（二）培养担当民族复兴重任的时代新人的现实需要

党的十八大以来，习近平总书记着眼于抓好后继有人这个根本大计，明确提出“培养堪当民族复兴重任的时代新人”的战略任务，这一重要思想观点为新时代中国特色社会主义的人才培养指明了方向。新时代的青年学生是建设社会主义现代化国家和实现中华民族伟大复兴的亲历者、参与者和建设者，把青年学生培养成为时代新人是新时代高校重要的历史使命，也是新形势下高校思想政治教育的出发点和落脚点。培养担当民族

复兴重任的时代新人，重点要讲好无数革命先烈用鲜血和生命铸就新中国的“大思政课”，引导青年学生深刻认识和理解我们党是如何团结带领中国人民把红色基因代代相传，更好把握和运用党的百年奋斗历史经验。重点是要在知识灌输和情感培养中，使红色基因渗进血液、浸入心扉，引导青年学生沿着革命前辈的足迹继续前行，接好红色江山的班。重点是要紧密结合红色历史，引导青年学生汲取奋进力量，自觉想国家之所想、急国家之所急、应国家之所需，把实现个人理想和服务国家人民相结合，努力成长为担当民族复兴重任的时代新人。

（三）推动新时代思想政治工作守正创新发展的重要举措

中国共产党一贯重视历史的学习、历史经验的借鉴和运用，始终把在长期革命斗争实践中形成的革命精神作为加强思想政治工作的宝贵资源。在中国共产党成立100周年之际，中共中央、国务院印发《关于新时代加强和改进思想政治工作的意见》，指出要推动新时代思想政治工作守正创新发展。高校在新时代用好红色资源推动新时代思想政治工作守正创新发展，既要恪守正道，也要开拓创新，要注重历史性和时代性的统一，大力弘扬伟大建党精神、深入宣传中国共产党人精神谱系，鼓舞激励青年学生弘扬光荣革命传统、赓续红色血脉；注重以文化人以文育人，坚持传统性和创新性的统一，充分利用重要传统节日、重大节庆日纪念日开展红色教育主题活动，持续讲好革命年代英雄的故事，把榜样力量转化为青年学生的生动实践；开展党史、新中国史、改革开放史、社会主义发展史学习教育，引导青年学生从历史中映照现实、远观未来，深刻认识红色政权来之不易、新中国来之不易、中国特色社会主义来之不易，在思想上弄清楚、理解透中国共产党为什么“能”、马克思主义为什么“行”、中国特色社会主义为什么“好”，推动新时代思想政治工作守正创新发展。

三、红色基因融入高校思想政治教育的实践路径

《中共中央关于党的百年奋斗重大成就和历史经验的决议》指出，党和人民事业发展需要一代代中国共产党人接续奋斗，必须抓好后继有人这个根本大计。近年来，我国高校在红色文化育人方面开展了大量工作、取得了重要进展，但与培养担当民族复兴重任时代新人要求相比仍显不足。在高校思想政治教育中融入红色基因，关键是要紧密结

合青年学生的思想特点和时代发展的现实需要，进一步丰富和创新红色文化育人的内容和载体，形成育人合力，夯实育人成效，通过红色文化育人引导青年学生扣好人生第一粒扣子。

（一）坚持“思政课程”与“课程思政”相融合，提升红色文化育人效能

习近平总书记提出思想政治理论课的创新要坚持“八个相统一”，其中坚持显性教育和隐性教育相统一，就是要深入推进“思政课程”与“课程思政”两者紧密结合。一方面，思想政治理论课是落实立德树人根本任务的关键课程，在新的历史条件下紧密结合学习宣传贯彻党的二十大和培育时代新人的育人要求，打造红色思政金课，有效引领课程思政的政治方向；另一方面，课程思政让思政渠道实现从“单课程”向“全课程”的转变，覆盖高校各类通识教育课程、专业课程、实践课程等，有效拓宽思政课育人平台。深入挖掘专业课等其他课程中蕴含的思想政治教育资源特别是红色文化育人资源，进一步拓宽红色教育的育人渠道和教学方式。同时，注重加强对红色文化的研究阐释，重视成果向学科理论体系、教材体系和教学体系等课程育人资源转化。在“思政课程”与“课程思政”的有机结合中，形成显性教育和隐性教育协同育人的“大思政”格局，引导青年学生牢固树立马克思主义唯物史观和正确党史观，进一步提升红色文化育人效能。

（二）坚持“校园文化”与“网络文化”相促进，营造红色文化育人氛围

高校把红色基因融入高校思想政治工作，坚持“校园文化”与“网络文化”相促进是关键，通过线上线下相结合的文化建设，进一步营造红色文化育人的浓厚氛围。一方面，唱响校园文化主旋律，把红色基因融入高校物质文化建设、精神文化建设和制度文化建设，融入“一站式”学生社区综合管理模式建设、校风教风学风班风建设、主题教育活动相关制度建设的方方面面，发挥校园文化在落实立德树人根本任务中的重要作用，在潜移默化中增进青年学生的政治认同、思想认同、理论认同和情感认同；另一方面，占领网络思政主平台。青年学生以“95后”特别是“00后”为主体，他们大都是互联网的“原住民”。高校应充分挖掘网络文化的红色育人功能，突破红色文化育人的时空限制，在顶层设计、平台建设、队伍建设、内容建设上下功夫，把红色基因融入青年学生课余生活的重要空间。通过线上线下齐发力，把青年学生红色文化育人空间拓展

得越来越大，把黑色地带压缩得越来越小，争取灰色地带逐渐成为红色文化育人的坚强阵地，营造浓厚的传承红色基因、赓续红色血脉育人氛围。

（三）坚持“思政小课堂”与“社会大课堂”相结合，凝聚红色文化育人合力

习近平总书记高度重视社会实践、基层锻炼对青年学生成长成才的作用，认为“只有到社会中与群众打成一片、扭到一起后，产生了社会责任感，才能获得真知灼见”。把“思政小课堂”同“社会大课堂”结合起来，是深刻领会推动思想政治理论课改革创新的“八个相统一”，坚持理论性和实践性相统一的重要方面。红色基因融入高校思想政治教育，需要把“思政小课堂”与“社会大课堂”有机结合，打好课内与课外、老师与学生、高校与社会的“组合拳”，形成上下联动、左右协同、内外并举的育人合力。一方面，推动“学理论”和“重实践”齐头并进。重点做好资源收藏、宣传展示及应用服务于一体的红色基因库建设工作，依托数字化建设，整合校内校外红色资源，把红色文化育人的课本知识转化为红色文化育人实体场馆、线上虚拟仿真实验项目、原创红色文艺作品、红色主题实践活动，为广大青年学生提供红色基因库实践体验，在实践中发挥好朋辈辐射带动作用，推动红色文化育人走深走实见成效；另一方面，注重“走出去”和“请进来”紧密结合。整合高校和社会的红色资源和人才资源，打造红色文化育人教学科研队伍、理论宣讲队伍、管理服务队伍，鼓励青年学生走出校园、走入社会大课堂，邀请抗疫英雄、冬奥会运动员等先进个人和集体走进来，构建多主体参与、多路径实施的红色文化育人阵列。在“思政小课堂”和“社会大课堂”的有机融合中，进一步创新红色文化育人资源、机制和路径，进一步满足青年学生成长发展的需求和期待，让青年学生想学愿学乐学、真懂真信真用，增强思想政治教育的亲和力、针对性和实效性。

参考文献

［1］习近平．在党史学习教育动员大会上的讲话［M］．北京：人民出版社，2021.

［2］习近平．在十九届中央政治局第三十一次集体时的讲话［M］．北京：人民出版社，2021.

［3］闪茜菁．红色文化融入“马克思主义基本原理”课程教学的价值和路径探析［J］．思想理论教育导刊，2021（9）.

［4］习近平．在河南考察时的讲话［M］．北京：人民出版社，2019.

［5］王君松．深化课程思政与思政课程协同育人效应［N］．中国教育报，2021－06－21（006）.

［6］傅振邦．服务引领青年学生把青春奋斗融入党和人民事业［J］．中国共青团，2021（19）.

中国茶文化融入留学生思政教育的策略研究[①]

陈舒慧[②]

摘　要：在华留学生“课程思政”教育是贯彻高校落实立德树人根本任务的重要方式。中国茶文化是中国优秀传统文化之一，将其作为思政教育的内核，既能解决目前留学生课程教育中存在的问题，又能破除文化偏见，提升文化认同，从而推动中国优秀文化的国际化传播。

关键词：中国茶文化　留学生　思政教育

课程思政，简而言之，就是高校的所有课程都要发挥思想政治教育作用。将中国茶文化深入留学生思政教育当中，运用德育的学科思维，提炼课程中蕴含的文化基因和价值范式，将茶文化转化为社会主义核心价值观具体化、生动化的有效教学载体，达到“润物细无声”的传播效果，既有必要性，也有一定的意义和价值。

① 本文系2021年度成都大学“课程思政专项研究课题”资助项目（项目编号：2021KCSZ26）、2021年度四川省教育科研资助金项目一般课题（项目编号：SCJG21A117）研究成果。

② 陈舒慧，成都大学旅游与文化产业学院副教授，主要研究方向为文化研究。

一、中国茶文化融入留学生思政教育的必要性

在习近平总书记关于文化发展繁荣的系列重要讲话中，弘扬中华优秀传统文化是一个重要主题。习近平总书记指出："我们要善于把弘扬优秀传统文化和发展现实文化有机统一起来，紧密结合起来，在继承中发展，在发展中继承。""要使中华民族最基本的文化基因与当代文化相适应、与现代社会相协调。以人们喜闻乐见、具有广泛参与性的方式推广开来，把跨越时空、超越国度、富有永恒魅力、具有当代价值的文化精神弘扬起来，把继承传统优秀文化又弘扬时代精神、立足本国又面向世界的当代中国文化创新成果传播出去。"

随着社会经济持续高速发展，我国的国际影响力和国家形象大幅度提升，越来越多的外国留学生进入中国各大高等院校学习和深造。据教育部官网统计，2018 年共有来自 196 个国家和地区的 492185 名各类外国留学人员在全国 31 个省（区、市）的 1004 所高等院校学习，比 2017 年增加了 3013 人，增长比例为 0.62%。中国已成为亚洲最大留学目的国。这些在华留学生成为中国优秀传统文化对外传播的一扇窗口，对其进行课程思政教育，既能提升留学生本身的中国文化素养，又能真正实现中国文化创新成果传播出去的目标。因此，自 2017 年起，教育部、外交部、公安部国家三部委联合制定的《学校招收和培养国际学生管理办法》明确指出，高等学校要对留学生开展中华优秀传统文化和风俗习惯等方面的教育。

但目前的留学生教育还存在一定问题，如课程教学内容略显宽泛，教学材料不够优化，留学生中华优秀传统文化教育工作展开不完全、不充分，过于将中国文化教育停留在介绍历史、文化理论知识及偶尔的拓展实践基础上，没有结合来华留学生对中华文化知识储备和学习需求，缺乏对中华文化的底蕴内涵的充分挖掘，最终导致教育过于表面化，难以提升留学生对中国文化的全面认知和了解。茶文化作为中国优秀传统文化的载体之一，将其融入留学生思政教育就显得格外重要，具有一定的价值和意义。

二、中国茶文化融入留学生思政教育的意义

（一）有助于破除文化偏见，增强环境适应力

“文化的特征，比如群体性、民族性和地域性，使得不同文化背景的人们在交际时会遇到一些绊脚石，于是产生了文化冲突。而跨文化交际中的文化冲突就是指不同文化背景的人们在互相传递信息时，由于宗教、道德、价值观、社会心理、传统习惯、风俗等方面的不同，而导致对信息的错误解码的一种现象。”中国茶文化作为中国优秀传统文化的重要分支，博大精深且源远流长，其内涵包括茶艺、茶道、茶礼以及与茶相关的众多文化成果。茶文化中各种茶道精神的感悟，儒释道思想的结合，尤其是“和谐”与“中庸”理念的传播，都有助于化解中西不同文化的矛盾冲突，使留学生更加客观、理性地看待不同国家和地区之间的文化差异，及时纠正对不同文化的偏见，以包容的心态来面对各种不同文化，从而也更加积极地融入中国社会，增强他们与中国、他国学生之间人际关系的和谐性。

（二）有助于提升传统文化素养，提升文化认同

“认同就是指对共同或相同的东西进行确认。世界上许多事物之间，都存在着这样或那样共同或相同的东西，但对这种共同性进行相互确认，只有在人和人之间的关系中才可能做得到。”茶艺、茶品、茶画、茶诗、茶具等一系列与茶有关的文化、艺术和历史都能加强留学生对中华传统文化的认知，提升文化艺术和文学素养，并进一步激发他们对中华文化的兴趣。

（三）有助于展示真实中国形象，提高中国影响力

在国际舞台上，一个良好的国家形象作为软权力可以提升国家的国际地位，改善外交环境，增强国家的对外交往力量以及在国际上的发言权和影响力，促进政治目标的实现。中国近代以来，因传统文化受到西方思想的影响和冲击，加上我国对传统文化的传播意识不足、传播力度不够、传播手段滞后等原因，以致世界上很多国家及其民众对中国茶文化不甚了解，甚至对世界茶文化有诸多误解，严重影响了中国茶文化的世界地位和影响力。因此，可以将留学生视作文化使者，他们是中外文

化交流的使者，他们的言行是向世界展示中国茶文化的一面镜子，向他们进行茶文化教育和培训，有助于全方位打造中国茶文化的软实力输出，向世界广泛传播中国茶文化，扩大中国茶文化在世界文化中的影响，增强中国优秀文化在国际上的话语权，实现中华优秀文化的国际传播。

三、中国茶文化融入留学生思政教育的策略

在前期调研和对茶文化内涵梳理和外在表现形式创新的基础上，我们要借助教育教学策略的全面性和专业性，让茶文化扎根于留学生的课程学习和日常生活中，使其在良好的文化实践氛围中感悟中华优秀茶文化的魅力，从而对中国文化有更深入的认知和情感。

（一）做好茶文化外文教材的编撰与发行

茶文化推广中英文教材的编撰与发行是开展留学生茶文化教学的基础。在实际教材编写中，最大的难点在于精通中国茶文化的教师很少是外文专家，而有着丰富外文教材编写经验的教师对中国茶文化的理解又不够深入。因此，教材很容易出现偏颇的情况，要么对中国茶文化表述到位但英文翻译较为生硬，难于被留学生理解，要么表述流畅、自然却对中国茶文化的介绍较为肤浅，不能将中国茶文化的精髓完美展现，这就要求茶文化外文教材的编写者采取深度合作、互通有无的方式来编撰教材。在编写过程中，并不能一方为主、一方辅助，而是茶文化专家与外文专家一起合作，从教材内容框架开始，一起规划课程内容，一起研究课程细节，一起逐字逐句地斟酌、敲定茶文化术语的翻译方案。

从发行来看，茶文化外文教材虽然主要针对高校开设留学生茶文化课程的留学生设计，但在条件允许的情况下，最好能够适当兼顾高校和社会中对茶文化有特别兴趣的留学生及外国友人。这就要求茶文化外文教材在发行渠道上增加书店、图书馆等场所的投放量，使得外国友人能够轻松买到教材。需要说明的是，教材不建议学术性过强，应适当降低难度，具有自学特性，使外国友人即便在没有教师教授的情况下，也能够通过自学，有所收获。

（二）做好茶文化课程的设计与优化

茶文化课程的设计与优化，要突出留学生感兴趣的内容，不仅要进行知识体系的传授和讲解，更要以实战的方式提升留学生的学习热情和茶艺技巧，增强传统文化的可感性。授课方式也需与慕课、翻转课堂相结合，运用多媒体技术，打造虚实结合的茶文化课堂氛围，给予学生不同的视听享受。具体来说，在茶文化课程的设计中，首先要转变观念，从“我要教”的课程设计转变为“我要学”，以留学生为中心进行课程设计。其次，要充分考虑留学生自身的情况。留学生大多中文水平有限，且对中国文化特别是中国茶文化的了解有限，因此在课程设计时要突出内容的直观性、浅显性。再者，要充分考虑留学生的宗教信仰和文化背景。对于有宗教信仰的留学生，在设计茶文化课程时要特别注意回避宗教禁忌问题，尽量展现具有广泛认同性的文化精粹内容。最后，茶文化课程本身是一门实操性很强的课程，因此在留学生的茶文化课程设计中可以突出这一特色。坚持能够动手的不动口、能够用身体感受的不用语言表述的原则，尽量让留学生立体式、全方位地感受中国茶文化的魅力。

（三）做好茶文化社团活动的策划与实施

要努力发挥茶文化社团第二课堂的功能。通过举办各种茶艺汉服活动，促使留学生零距离接触中国茶文化，接受中国茶文化的熏陶。如开展留学生茶艺比赛，让留学生走上舞台，亲自在操练中感受中国茶文化的魅力；再如举办汉服大赛，让留学生身着中国古代服饰，一面遥想中国古人喝茶交流的场景，一面感受中国茶文化带来的那种平静与恬宜。在茶文化社团活动中，要注意把控活动难易程度，不使留学生因为实操活动难度过高而失去兴趣；反过来，难度也不应过低，以免留学生产生活动形式大于内容的想法，甚至出现活动是忽悠外国人的错误认知。

（四）做好茶文化创新创业平台的搭建

组织留学生与中国学生一起参与各类创新创业项目和竞赛，以茶文化为主题和内容，更能提升学习热情。在组织留学生参与茶文化创新创业中，首先，要明确留学生在创新创业平台中的定位。留学生不是茶文化创新创业平台中的点缀和“吉祥物”，而是能够发挥自身的独特作用。如在茶文化创新创业的销售推广环节，留学生的发挥空间巨大。他们更加了解外国茶文化爱好者对中国茶产品的需求，从而能够设计出更为精准达到目标客户的推销策略和营销路径。其次，茶文化创新创业平台的搭建一定要注意引导性。建议高校创新创业团队都配备中英文双导师，中文导师侧重从中国茶文化的角度，外文导师侧重从中国茶文化与外国文化结合的角度，对茶文化创新创业团队进行指导。这么做的好处是一方面可以规范茶文化创新创业团队的文化产品，不至于跑偏跑错，另一方面可以使茶文化创新创业团队的文化产品的本土化和国际化属性结合得更加紧密，更具市场竞争力。

（五）加强茶文化师资队伍的建设与技能提升

要想加强对来华留学生的中国传统文化教育特别是中国茶文化教育，高校应积极打造一支具有较高综合素质的教师队伍。现阶段，高校中具有中国传统文化的专业教师配备相对不足，无法充分传播中国传统文化。对于中国茶文化教师队伍而言，师资的紧缺情况更加严重。

很多高校的茶文化师资队伍都具有以下特点。一是兼职性。教师本人的专业和教学领域和中国茶文化只是有交集，并非契合，教师本人的主教学科目也不是中国茶文化。因此教师的教学重心很难放到茶文化的教学上，茶文化课程的教学水平也势必较低。二是单一性。中国茶文化表面看来是一门课程，但实际涉及哲学、社会学、历史学、物理学、化学、心理学等多个领域，中国茶文化的多学科性对教师的知识储备提出了极大的挑战。教师如果只是就中国茶文化讲中国茶文化，课程的深度和广度难免不足，教学效果也难以理想。因此，高校应不断加强教师们的茶文化教学能力，使他们能够得心应手地开展此类教学活动。

具体来说，一要高度重视中国茶文化的教学教研，将资源有意识地向中国茶文化教学倾斜，同时出台相关政策文件及激励政策，引导教师钻研中国传统文化，钻研茶文化，不断提高教学水平。二要大力提倡“走出去”“引进来”，将中国茶文化教师队伍打造成一支具有活力的教师队伍。一方面，要丰富中国茶文化教师的阅历，让他们到传统文化发源地、特色地去感受中国茶文化的博大精深；另一方面，要将社会上的中外茶文化大师请进来，或担任兼职教师，或开办专题讲座、沙龙等，帮助中国茶文化教师队伍提升自身水平。三要注重反馈。中国茶文化教师的教学效果要体现在学生的反馈上。如中国茶文化课程教学结束后，要在留学生中开展教学效果调研。通过分析、整理留学生对中国茶文化课程的各类意见，及时调整教学方案和教学内容，从而不断提升中国茶文化教师的教学水平。

综上所述，将中国优秀茶文化融入在华留学生的思政教育，除了要对中华优秀文化做出系统梳理，还应该深挖不同类型的优秀文化内涵，提炼与留学生思想政治教育相契合的文化内容，设计恰当、合理、有趣的教学理论和实践课程，既能消除不同文化带来的隔阂，又能实现中华优秀文化的内部传承与国际传播。

参考文献

[1] 邱伟光. 课程思政的价值意蕴与生成路径 [J]. 思想理论教育，2017 (7).

[2] 中华人民共和国教育部网站. 2018 年来华留学统计[EB/OL].(2019-04-12)[2019-11-28]. http://www.moe.gov.cn/jyb_xwfb/gzdt_gzdt/s5987/201904/t20190412_377692.html.

[3] 叶霜霜. 中西跨文化交际中的文化冲突与弥合 [J]. 大学教育，2014 (1).

[4] 崔新建. 文化认同及其根源 [J]. 北京师范大学学报（社会科学版），2004 (4).

[5] 韩源. 全球化背景下的中国国家形象战略框架 [J]. 当代世界与社会主义，2006 (1).

高校校园文化建设

GAOXIAO XIAOYUAN WENHUA JIANSHE

媒体融合视野下高校网络思政工作创新研究

——基于四川大学全力推进首批教育融媒体建设试点工作的实践探索[①]

王彦东[②]

摘　要：为深入贯彻落实中央关于推动媒体融合发展的部署要求，做大做强新时代教育主流舆论，教育部于2019年5月启动开展教育系统融媒体建设试点工作，确定了包括四川大学在内的首批15家试点单位。三年来，四川大学作为试点单位，认真学习贯彻习近平总书记关于推动媒体融合发展的重要论述，坚持正确政治方向，根据国家有关融媒体中心建设规范及技术平台要求，按照教育部关于融媒体建设试点工作的总体要求，坚持围绕中心、服务大局，将融媒体试点建设作为教育新闻舆论工作转型升级的突破口，着重围绕庆祝中国共产党成立100周年、党史学习教育、“共抗疫情，爱国力行”主题宣传教育、“学习革命先辈崇高精神，争做又红又专时代新人”主题教育、世界一流大学建设等重大任务，着力建好融平台、做好融内容、抓好融数据，夯实条件保障，全面推进融媒体中心试点建设各项工作，全媒体融合传播成效显著，有效提升了学校新闻舆论工作的传播力、引导力、影响力、公信力，为高等教育事业发展和学校世界一流大学建设提供了强大舆论保障。

关键词：媒体融合　网络思政　融媒体中心　创新

---

① 本文系四川省教育厅2022年网络思想政治教育研究课题（项目编号：CJWSZ22－04）研究成果。

② 王彦东，四川大学党委宣传部网络与校园文化建设科科长，主要研究方向为思想政治教育、校园文化和网络文化及精神文明建设等。

一、着力建好融平台，为融媒传播提供强大技术支撑

自启动融媒体中心建设以来，学校党委宣传部（新闻中心）牵头，按照规范化建设要求及流程，对标教育部对试点工作的要求，着力打造集统筹调度、融媒发布、舆情应对、政务服务、公众互动等功能于一体的统一平台，努力提升学校新闻舆论工作传播力、引导力、影响力、公信力，深度催化新闻舆论引导、舆情研究应对、思想阵地建设、文化育人工作、政务管理服务、信息化建设、专业学科建设及人才培养一体效能，融媒体中心技术系统及软硬件设施顺利完成验收，正式投入试运行。

一是统筹部署、整合资源，构建形成媒体融合联动管理中心、校园舆论舆情大数据分析中心两大中心。按照整体建设目标，学校党委宣传部联合相关职能部门，发挥相关学院专业优势，借助相关专业团队力量，在多次对国内高校融媒体建设情况进行调研，就建设内容、建设目标、预期效益、立项方式、条件保障、需要重点突破问题等反复进行商讨论证的基础上，完成了对中心建设的系统、顶层设计，强调融合联动为要、数据应用为核。通过近一年的落地建设，基本构建形成了学校媒体融合联动管理中心、校园舆论舆情大数据分析中心两大技术中心，完成了融媒体中心软件、融媒指挥中心设备、融媒体中心各功能用房等板块的建设，形成了媒体终端融平台、数据应用融平台、业务生产融平台、资源管理融平台等四类融平台，以及“中央厨房”及分众发布、校园媒体全网管控、融媒集成发布、融媒传播应用分析、融媒舆情监测分析、融媒体大数据集成等技术系统（包含70余项技术指标），为统筹指挥、采集汇聚、通联协作、融合发布、全网监管、舆情应对、政务服务等提供了有力的技术平台支撑。在建设过程中，学校多次召开现场推进会，对融媒体中心建设的平台定位、建设重点、资源互通互联互融、机制融合探索、工作队伍建设与培训、发挥学科优势、构建长效保障机制等方面提出要求。

二是稳妥实施，扎实推进，基于融媒中心技术系统实现了对学校六个官媒平台及团队的融合指挥，形成了较为完善的融媒运营组织架构体系。结合融媒技术系统的建设，健全完善了学校全媒体特别是网络及新媒体“一生产、一管控、两分析”的工作体系，部署完成了指挥演示大厅、成果展示大厅、舆情工作室、传播分析室、终端发布室、全

网管控室六大空间布局的建设，完善了全媒体工作设施设备，形成了包括融媒生产发布中心（中央厨房）、传播数据分析部、舆情监测分析部、校媒联盟管控部等四大工作内容的融媒运营组织架构体系，建成了对四川大学官网、《四川大学报》、四川大学教育电视台、川大官方微博、川大官方微信公众号、川大官方微视（川大视频网）、川大官方抖音等官方媒体平台，以及新媒体创新社、学生记者团、“川大映像工作室”等团队实行统筹指挥、融合运营的技术系统，并汇聚、融合原七大官方媒体平台，集中开发建设“川大融媒”App，拓展丰富了学校全媒体平台类型。

二、着力做好融内容，加大优秀网络作品供给，全方位汇聚各方力量

在推进融媒体中心技术平台建设的过程中，坚持以习近平新时代中国特色社会主义思想为指导，着重围绕庆祝中国共产党成立 100 周年、党史学习教育、“共抗疫情，爱国力行”、“学习革命先辈崇高精神，争做又红又专时代新人”、世界一流大学建设等重要任务，结合深入学习宣传贯彻新时代爱国主义教育实施纲要，加强对学校全媒体矩阵（新闻网、校报、微博、微信、微视频）统筹调度的实战实践，坚持统筹传统媒体与新媒体，统筹校内宣传与校外宣传，将资源的集成化与传播的分众化相结合，持续加强选题策划和议题设置，努力用活融媒形式，做好融媒内容，创新话语表达，加大优秀网络作品创作供给力度，积极推进全媒体融合传播，讲好川大故事，唱好爱国情怀，传播网上好声音，把舆论宣传做成了一场又一场持续深入的“思政大课”，持续营造了爱党爱国爱社会主义、众志成城奋力前行的良好氛围，为传承红色基因、赓续精神血脉、筑牢爱国奋斗初心使命汇聚了强大正能量，激励和动员全体师生员工自觉听党话、感党恩、跟党走，把爱国情、强国志、报国行充分融入实现中华民族伟大复兴的历史征程。

（一）统筹传统媒体与新媒体，校园媒体融合传播呈现新面貌

学校全媒体矩阵融合联动，近年来持续为赓续红色基因、培养又红又专时代新人营造良好舆论氛围，特别是在 2021 年全面开设庆祝中国共产党成立 100 周年暨党史学习教育专题专栏、专版专刊，持续推进庆祝中国共产党成立 100 周年暨党史学习教育宣传报道，着力凝练特色，重点宣传好“中国共产党在川大”红色品牌，形成了庆祝建党百年暨党史学习教育的强大舆论合力。其中主页“热烈庆祝中国共产党成立 100 周年暨党

史学习教育专题网站”集中宣传党史知识、党史故事、党史人物和学校红色文化传统，全面展现学校及基层各单位庆祝建党百年、开展党史学习教育的动态情况、特色举措、亮点经验，共策划、发布1000余条报道，阅读量累计达500多万。大川微博“＃党史故事大川讲述＃”“＃庆祝建党百年＃”等话题，推出党史百科、党史问答、红色川大、校园活动等丰富内容，阅读量累计800多万，转评赞达“10000＋”；在“七一”前夕特别推出的“我为建党百年献祝福”微活动，汇聚网友互动留言，表达对党的礼赞与热爱，对祖国美好未来的无限憧憬。“大川”微信公众号强化选题策划，多篇推文阅读量超过“10万＋”，甚至“30万＋”；人物故事讲述传播力影响力进一步提升，50余篇师生、校友故事引起强烈社会反响，引来不少主流媒体持续跟进报道；运用动图、动画、红包封面等学生喜闻乐见的新媒体形式，增加选题与同学的贴近性和互动，推出《四川大学.GIF》《指尖滑动，解锁川大的夏天！》《快抢！500个川大定制红包封面等你来领取！》等多篇亮色推送，收到广泛反响。

学校电视台对接中央电视台《国家记忆》栏目组拍摄制作的党史人物专题片《寻找江姐——求学川大》《寻找江姐——红岩精神》，于2020年烈士纪念日期间在央视CCTV－4频道首播，反响热烈；融合官方微视团队精心拍摄推出的《红梅花开》学校党史故事短片，于2021年年初在新华网、学习强国等平台展播，受到广泛好评；与校史馆联合策划拍摄的《烈火淬金——四川大学共产党组织的创建与发展》学校党史宣传纪录片，为学校庆祝建党百年献礼，引来好评；三年来持续推送党史故事百校讲述、锦江红梅傲雪开、来听川大革命先烈江姐的故事、光荣在党50年、向川大985名老党员致敬等大批红色主题，各类红色主题视频阅读量累计达3000多万。校报利用副刊阵地生动讲述川大革命先烈的感人故事，持续刊发专家学者马克思主义理论文章。同时，2021年，学校官网、官方微博、官方微信公众号还联动举行“党史立心 筑梦复兴”四川大学庆祝中国共产党成立100周年网络知识竞赛活动，产生巨大反响；学校融媒体中心还携手学工部、校史馆、艺术学院等多个团队力量，策划汇聚推出“传承红色基因 践行初心使命”四川大学庆祝建党百年红色主题系列音像制品，实现了对近年来学校师生陆续创作的《永远记得你》《江姐在川大》《待放》《红梅花开》《烈火淬金》等红色作品的集中推广。

在抗疫宣传中，为讲好战“疫”故事，弘扬抗疫精神，激发众志成城齐心抗疫的川大力量，学校主页及新闻网坚持战“疫”报道每日有声音、每日有故事、每日有亮点，“众志成城战疫情”专题科学设置、多层面适时推出“权威声音”“防控知识”“防控一线”“基层动态”“科学战疫”“战疫纪实”等话题，不断丰富基层一线报道内容，累计发布2100余条宣传报道，成为学校史上发布信息最多的网上宣传专栏，发挥了强大的舆论引导功能。

大川微博推送的原创音乐视频 *Heroes in white*、《加油，我们等待春日里的凯旋》《致敬最美的逆行》等单条阅读量超80万，原创图文报道《十个感动瞬间，致敬所有抗疫工作中默默奉献的川大英雄》等作品单条阅读量超30万，策划推出的话题“♯抗击疫情高校在行动♯”“♯为中国最美校园打call♯”，荣获新浪微博优秀话题奖、高校优质视频奖。大川微信公众号推出的《干得漂亮！川大学子募集9000口罩送环卫工人!》等作品阅读量达“10万+”，推出的《望江 望江》《江安 江安》《华西 华西》情怀系列多个单篇阅读量达20万。

电视台及大川微视拍摄推送了《战“疫”战到底，川大同行》《归来仍有花开》《想见你》《备战未来》《同学加油》等系列视频短片、MV，其中视频《战“疫”到底，川大同行》荣获教育部教师司微视频征集活动全国第一名，并在全国大学生网络文化节和全国高校网络教育优秀作品推选展示活动中获得短视频三等奖；录制了16集《四川大学战“疫”思政大讲堂》专题片，在学习强国、全国高校思政网等校内外平台展播，受到社会各界广泛好评；制作了《党旗飘扬 党徽闪耀——四川大学华西医院抗疫实践》专题微党课节目，创作了《新冠肺炎相关知识》《戴口罩、勤洗手》等多部防疫科普动画。校报制作了多期抗疫副刊专版，刊登了纪实文学《川大援鄂医生眼中的43个日与夜》、诗歌《先听心跳，再听心事》等大量文学作品，为抗疫提供了强有力的精神文化支持。同时，《川大学子居家学习笔记大赏》等一系列微博、微信、微视优秀作品登上微博热搜，受到央视、《人民日报》、新华网、中新网等相关新媒体平台的广泛关注转发和广大网友的好评点赞。大川微博、大川微信公众号还与武汉大学等兄弟高校的官微互动，融合推出《两地四校，联合行动！感恩，同胞手足！@武大@华科@成电》《不惧风雨、勇挑重担！川大青年彰显战“疫”青春力量@云南大学》系列特色作品道，营造出高校携手抗疫的良好氛围。

在小切口微视角、鲜活生动的故事讲述中，学校新媒体发展创出新佳绩，大川微博、微信公众号粉丝数目前分别达“70万+”“42万+”，2020年传播力位居全国高校第5、第6；《打造官方微信100万+级别招生宣传》《媒体融合讲好川大战疫故事，聚焦三“度”上好抗疫思政大课》先后被评为2019年、2020年“教育政务新媒体年度案例”；大川微信公众号荣获2019—2020年度“中国大学官微十强”；大川微博荣获新浪微博校园“2019年度十佳案例奖”，在2020年度新浪微博影响力峰会上，综合影响力指数排名前十，并荣获“2020年度最具影响力高校官方微博”称号。

（二）统筹校内宣传与校外宣传，学校融合传播引导力、影响力大幅提升

加强与各级相关宣传职能机构、中央及地方各类媒体的沟通对接，利用各类媒体讲好川大故事，中央及省市主流媒体密集报道学校创历史新高，学校舆论宣传的社会影响力大力增强。在抗疫宣传中，央视、《人民日报》、《光明日报》、新华社、中新社等主流媒体报道学校疫情防控动态、生动故事、典型人物累计600余篇（条、次），其中，央视相关频道、央视新闻客户端、央视微博等平台连续20多次聚焦学校，《人民日报》10多次、新华社30多次报道学校疫情防控工作，特别是央视“新闻联播”栏目先后9次高频报道学校抗疫医疗队风采，引发广泛好评；《人民日报》先后发布《四川大学华西医院打造抗击疫情的安全后防线》《5G会诊！川大华西专家远程讨论6个新冠肺炎重症病例》《莫名感动！这些“天团”会师武汉，机场偶遇互道加油》等10余条报道；新华社以《四川省第五批援助湖北医疗队出征》《1.5小时内一次性检测6种呼吸道病毒 四川大学牵头研制的新冠肺炎病毒检测芯片获批》《你们是英雄——记四川大学华西医院援鄂医疗队》《“把‘中国经验’带到这里 共克时艰”——中国援意大利专家战“疫”日记》为题，先后进行了14次报道。2020年以来，学校新媒体团队创作的多个图文、视频还在学习强国、微言教育、中国教育发布、今日头条、哔哩哔哩、抖音等平台进行了联合发布。学校还在学习强国、央视新闻、央视频等多平台现场直播“四川大学2020届学生毕业典礼”；与央视新闻客户端合作开展云游川大、校园防疫等专题直播活动；积极与社会媒体联手合作，拍摄制作了“今日头条”四川大学本科招生宣讲会、“川大名师话高考”系列线上招生咨询直播宣讲会等节目30余场，反响热烈。近一年来，中央电视台、《人民日报》、《光明日报》等重要媒体报道学校重大活动、重要进展合计1000余篇（条）。

教育融媒体建设试点工作启动三年来，学校还积极参与推进全国教育融媒体建设，

承担了“中国教育发布”教育号有关信息的发布，以及文化传承创新类、安全教育类作品的创作推送工作，并做好对“中国教育发布”客户端的跟进转发与持续推广。

三、着力抓好融数据，科学推进舆论舆情联动联处

在融媒体中心建设中，学校强调数据及其应用的融合是媒体融合的核心，建设舆论舆情大数据分析中心是学校融媒体中心建设的一个重要组成部分，在加强对融合传播生产的统筹部署及融合技术开发之外，还专门建设了融媒传播数据应用分析、融媒舆情数据监测分析两大板块。融媒传播数据应用分析系统及时抓取学校每天、每周、每月在全网各类各级渠道被发布的各种舆论传播信息的相关指数及趋势，发挥这些数据对指导学校做好下一步舆论宣传、网上思政的重要参考作用，以及对学校融媒团队成员工作的评估作用。融媒舆情数据监测分析系统自 2022 年年初开始试运行，并不断拓展完善，进一步增强了对学校网络舆情的技术监测力量，完善了媒体、资源、产品、受众等各类数据的抓取分析，通过融合多方舆情监控及分析系统，覆盖各级各类媒体网站、微博、微信、App 客户端、论坛、贴吧等众多媒介数据。依托融媒舆情数据监测分析系统，学校舆情工作中心进一步形成了每日不间断预警监测、每周一次集中分析研判、重大舆情每日跟进研判、每周一期《舆情周报》、网络评论及舆情引导持续推进的工作机制，有效提升了学校网络舆情的联处及应对水平，为学校决策提供了坚实的支撑。

从红色文化空间到红色文化高地

——四川大学“学习书屋”建设的创新思路与建设实效

杜小军　赵　靓　于　姝　姜　晓①

摘　要：“学习书屋”是四川大学图书馆为深入贯彻习近平新时代中国特色社会主义思想，利用红色资源，发扬红色传统，传承红色基因，联合校内外多部门、多学院、多机构打造的主题鲜明、特征明显、功能明确的红色文化教育空间。本文阐述了“学习书屋”建设的创新思路与建设实效。

关键词：红色文化教育　文化空间建设　四川大学　学习书屋

近年来，四川大学“学习书屋”为师生开展了红色文化展览、红色思政教育、红色阅读推广等丰富多彩的特色育人活动，迄今已举办 80 余项，吸引全校约 15 万人次师生参与。四川大学图书馆构建以“学习书屋”为龙头的红色文化育人体系的做法被央视《新闻联播》、《光明日报》、人民网、新华社、学习强国、中国新闻网、《成都日报》、红星新闻和《求是》杂志等 30 余家媒体宣传，四川大学“学习书屋”利用红色资源、弘扬革命传统、传承红色基因的创新思路与建设实效得到了充分肯定。

---

①　杜小军，四川大学图书馆党委副书记兼纪委书记、副馆长，副研究员，研究方向为高校图书馆管理和阅读推广。赵靓，四川大学图书馆馆员，研究方向为阅读推广。于姝，四川大学图书馆馆员，研究方向为红色文化资源宣传与推广应用研究。姜晓，四川大学图书馆研究发展中心主任，研究馆员，研究方向为图书馆事业管理和文化建设研究。

一、工作目标与思路

（一）工作目标

近年来，四川大学图书馆以建设打造“学习书屋”为契机和阵地，深入贯彻习近平总书记关于“要把红色资源利用好、把红色传统发扬好、把红色基因传承好”的重要指示，全面落实立德树人根本任务，全面服务人才培养首要任务，加强红色文献资源建设和开发，打造“学习书屋——红色文化教育”体系。

“学习书屋”是以党史学习教育、红色文化教育、红色资源服务、红色展览服务、学习阅览研讨为核心的品牌活动，旨在建设习近平新时代中国特色社会主义思想主题学习空间，为广大师生开展思政教育学习提供丰富的主题资源、学习教育和研讨的专业场所。四川大学图书馆致力于将“学习书屋”打造成面向学校提供红色文化教育和党团组织活动场地使用的综合服务空间，进一步优化校风学风，繁荣校园文化。

（二）工作思路

“学习书屋”是四川大学以打造面向学校提供红色文化教育和党团组织活动场地使用的综合服务空间为目标的文化教育项目，是国内最早建立的习近平新时代中国特色社会主义思想文献服务专区。构建一个主题鲜明、特征明显、功能明确的“学习书屋”红色文化空间，其基本思路体现在四个方面。（见图 1）

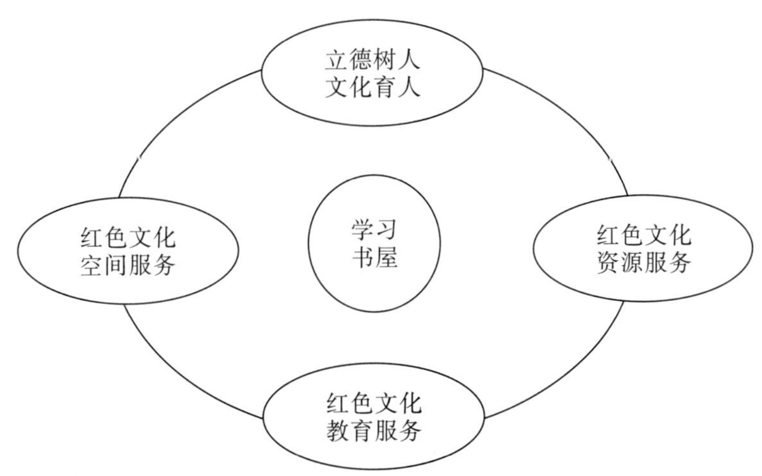

图 1　建构“学习书屋”红色文化空间工作思路图

1. 立德树人，文化育人

四川大学图书馆认真贯彻落实习近平新时代中国特色社会主义思想，坚持立德树人根本任务，服务学校“两个伟大”，以“师生至上、服务至上、发展至上”为宗旨，以“学习书屋”红色文化空间建设为基础，以红色文化资源建设为内涵，以红色文化教育服务为动力，将“学习书屋”努力打造为学校人才培养的“第二课堂”和文化建设的“第三空间”。

2. 扎根资源，开拓创新

“学习书屋”利用四川大学图书馆丰富的红色文化资源，结合党史学习教育等专题文献，打造特色文献服务专区，集红色文化教育、红色资源服务、红色展览服务、学习阅览研讨为一体，创新性为全校开展党史学习教育、红色教育提供丰富的文献资源和富有特色的红色文化示范空间。

3. 部门联动，协同发展

四川大学图书馆通过和四川大学党委学生工作部（处）、共青团四川大学委员会、四川大学出版社、中国红色文化研究会等校内外多部门协同服务、群策群力，以及校地合作等多种方式，共同打造“学习书屋”红色文化空间，从多个方面做好思政文化育人工作。

4. 创新内容，丰富形式

“学习书屋”采用线上线下结合，实体空间和主题网站相辅相成的运作模式来进行打造，创新性地将党史学习教育主题文献、“不忘初心、牢记使命”主题教育相关文献、四川大学革命文化主题文献、四川大学出版社出版的红色文献等在“学习书屋”的实体空间和网上空间加以集成。同时，将党史学习教育、红色文化教育、红色资源服务、红色展览服务、学习阅览研讨等多功能相融合。

二、实施方法与过程

（一）“学习书屋”红色空间基础建设

为深入推进习近平新时代中国特色社会主义思想的学习和红色文化传播，四川大学图书馆于2017年11月在校内四个图书馆设立“学习”书架，用于陈列习近平总书记相关著作及其推荐图书。

2018 年 3 月，四川大学图书馆在江安馆增设固定式学习书架，长期为师生提供服务，部分书籍还提供电子书阅读。

2019 年 9 月，四川大学图书馆、四川大学出版社、中国红色文化研究会共同建设“学习书屋”红色文化专属阅读空间，打造线上线下版“学习书屋”，与“学习书架”“明远展厅”“明远文库”“马克思主义理论研究和建设工程重点教材专区”“华西红色文化主题活动室”“志炜厅：纪念校友江竹筠烈士主题学习空间”等共同组成红色文化教育系列实体空间，成为四川大学进行“不忘初心、牢记使命”主题教育、党史学习教育、“四史”学习教育以及其他红色文化教育的重要基地。

2020 年 7 月 1 日，四川大学图书馆第一次升级扩大“学习书屋”空间。同年 8 月，四川大学图书馆开展纪念校友江竹筠烈士 100 周年诞辰系列活动，推出纪念江姐 100 周年诞辰主题文献展览和四川大学江姐专题文献数据库。展览分“江姐家书”“江姐在川大”“影视戏剧中的江姐”三大板块，陈列了有关江姐的图书资料、影视制品、海报剧照、木刻版画等多种形式的文献资源。四川大学“江姐专题文献数据库”收录了江姐的相关文献资源，包括图书、学位论文、期刊论文、报纸、视频、音频、曲谱、光盘等。

2021 年 7 月 1 日，四川大学图书馆“学习书屋”特色服务空间全面改造升级，集党史学习教育、红色文化教育、红色资源服务、学习阅览研讨等多种功能于一体，同时新增阅览座位 160 个，新增设《习近平谈治国理政》主题书架、马克思主义理论研究和建设工程重点教材专区、“书说历史”展览等专题文献资源。

（二）“学习书屋”红色文化资源建设

四川大学“学习书屋”以红色文献资源建设为基础，以学校、学人、学脉、学科等丰富资源填充红色文化之内涵，构建整合化红色文化资源体系，体现为线下、线上资源的不断丰富：

“学习书屋”线下空间集中收藏和展示习近平总书记相关著作及其推荐图书，“不忘初心、牢记使命”主题教育专题文献，四川大学革命文化主题文献，“四史教育”专题书架，纪念江姐 100 周年诞辰主题文献展览以及四川大学出版社出版的红色文献 2000 册。专题书目主要包括《习近平谈治国理政》《之江新语》等习近平总书记的著作，《共产党宣言》《资本论》等习近平总书记的推荐图书，《“实践导向”及其双重意义：

1935—1942年的马克思主义中国化》《“不忘初心、牢记使命”主题教育50例》等“不忘初心、牢记使命”主题教育专题图书，“党史”“新中国史”“改革开放史”“社会主义发展史”四史书单；《红岩》《江姐传记》《江姐故事》等纪念江姐100周年诞辰专题图书。

“学习书屋”线上空间以主题网站形式呈现，提供习近平总书记相关著作、主题教育专题、“学习书架”专题、“四史教育”专题、红色川大专题及“四川大学江姐精神文献数据库”等相关的纸质图书目录1350种、电子图书700种、视频讲座250个。专题书目主要包括《习近平谈治国理政》《之江新语》等习近平总书记的著作，《习近平主席在出席亚太经合组织第二十六次领导人非正式会议时的讲话》《习近平新闻思想讲义（2018年版）》等“不忘初心、牢记使命”主题教育专题文献，《李尔王》《战争论》等学习书架专题书目，“党史”“新中国史”“改革开放史”“社会主义发展史”四史书单，《什么是资本主义》《吴玉章诗选》等红色川大专题文献。

（三）“学习书屋”红色文化体系建设

依托四川大学阅读推广体系，以“学习书屋”为龙头的系列红色文化活动已经成为四川大学图书馆“四季书香”的重点主题，让红色文化和革命文化资源真正“活”起来，以学生喜闻乐见的新媒介、新形式、新题材，实现了全方位的红色文化推广。

2017年以来，以“学习书屋”空间为基石，四川大学图书馆举办的特色活动包括：“马克思诞辰200周年”“纪念江姐诞辰100周年”“中国共产党在四川大学”等主题文献展和“历史的交汇点——朱德与史沫特莱”专题展。在四个图书馆联合建设“马克思主义理论研究和建设工程重点教材专区”，建设“习近平论治学修身”等红色主题文化墙，策划举办庆祝新中国成立70周年、庆祝中国共产党成立100周年系列活动等，浓郁的红色文化氛围让置身其中学习的师生在潜移默化中受到深刻的红色文化教育。

基于不断的积累和经验，“学习书屋”等系列红色文化活动逐渐体系化、结构化、立体化。主要推出以红色文化空间服务、红色文献书目服务、红色文献专题展览、红色文化阅读推广、红色文献专题编研为主要内容的“五环联动”红色文化教育阵列，旨在构建以红色文化空间“培”人、红色阅读推广“悦”人、红色专题文库“启”人、融合媒体技术“新”人的高校图书馆“四维一体”红色文化教育模式。

三、工作经验及成效

（一）工作经验

四川大学图书馆基于“学习书屋”，延伸开展红色文化推广服务，积极构建高校图书馆红色文化育人体系，积累了以下工作经验。

1. 夯实红色文化教育发展基础

以“学习书屋”文化打造为契机，带动校园文化建设、红色文化教育驱动“三全育人”为发展方向，打造突出青春底色与青年志趣有责任感、坚持文化传承与创新发展有厚重感、遵循党的要求与人民希望有时代感的“三有”红色文化教育。

2. 优化红色文化教育服务体系

以“学习书屋”建设为红色文化空间样板，以资源建设为基础，以资源开发为关键，以技术创新为保障，以文化活动为载体，打破红色文化的概念化和扁平化，开发多载体形态、多空间分布、多信息来源成果，搭建联动红色文化资源和红色文化品牌的融合媒体新平台，落地在大学生喜闻乐见的各个方面。

3. 强化红色文化教育保障机制

以“学习书屋”活动开展为契机，强化馆内联动，联合三校区、四分馆、六中心实现红色文化教育一体化开展；强化校内合作，与教务处和各学院等实现红色文化教育紧密型合作；强化校外协作，联合四川大学出版社、中国红色文化研究会等实现红色文化教育多资源聚合。

（二）突出成效

“学习书屋”以科学的理论研究为先导，坚持与时俱进和求真务实的工作作风，针对红色文化推广的重点和难点开展工作，大力推进高校图书馆红色文化育人新体系构建，为落实立德树人根本任务和服务人才培养做出了积极的贡献。

1. 红色文化教育创新成果显著

以“学习书屋”线上、线下空间为阵地，四川大学图书馆近年来承担了“四川大学习近平新时代中国特色社会主义思想研究中心2019年度思政课题重点项目”“四川大学图书馆打造新时代文化育人新体系的探索与实践”等课题研究，取得了一系列具有一定推广价值和借鉴作用的研究成果。此外，《把握立德树人根本任务，打造红色文化教育阵列》在教育部高等学校图书情报工作指导委员会组织的“全国高等学校服务教学案例优秀案例大赛”中获得最佳案例；《“红动校园”四川大学构建新时代高校图书馆红色文化育人新体系的探索与实践》在全国图书情报专业学位研究生教育指导委员会秘书处举办的“2021年全国图书情报创新案例大赛”中获得“优秀案例奖”；《“红动校园”四川大学构建新时代高校图书馆红色文化育人新体系的探索与实践》获得四川大学教学成果一等奖。

2. 红色文化教育育人实效显著

四川大学图书馆把“学习书屋”红色文化教育贯穿“四季书香”阅读推广系列活动中，取得广泛影响。

2019年12月19日，江安图书馆党支部与西南财经大学图书馆党支部在“学习书屋”开展红色文化主题文献集体阅读和研讨的主题党日活动，西南财经大学图书馆党支部同志对四川大学图书馆打造的“学习书屋”给予了高度评价，肯定了图书馆人在实现中华民族伟大复兴的历程中的赤诚初心和崇高使命。

2020年，四川大学图书馆推出纪念江姐100周年诞辰主题文献展览和四川大学江姐专题文献数据库，为全校师生学习江姐英雄事迹、研究江姐人生经历和弘扬江姐革命精神提供了丰富的文献资料。

2021年“七一”当天，图书馆志愿者队组织学生集中收看庆祝中国共产党成立100周年大会，认真聆听习近平总书记在庆祝大会上的重要讲话。“学习书屋”是图书馆志愿者队组织、开展红色文化教育活动和队伍建设的主要场地，有利于激励学生把青春融入党和人民的事业，提升其社会责任感和爱国爱党情怀。

据不完全统计，四川大学图书馆红色文献资源专门数据库近三年访问量超过50万人次，网上红色主题展览近两年访问量超过5万人次，江姐专题网站阅读量达116085人次，学习书屋网站阅读量达42121人次。2021年“学习书屋”使用时长达853小时45分钟（截至2021年10月31日）。

3. 红色文化教育推广价值显著

四川大学图书馆构建以“学习书屋”为龙头的新时代红色文化育人体系的做法被馆

外媒体报道达 135 篇。其中，由四川大学新闻网发布相关新闻 64 篇，被《光明日报》、人民网、新华社、学习强国、中国新闻网、《成都日报》、红星新闻和《求是》杂志等 30 余家校外媒体宣传报道达 71 篇。

2021 年 5 月 3 日，央视新闻联播以《赓续红色血脉 为群众办好实事》为题，报道四川大学图书馆充分利用好红色资源，弘扬革命传统，传承红色基因，赓续红色血脉，用好江姐红色文化，打造“学习书屋”志炜厅（纪念校友江竹筠烈士主题学习空间），扎实开展党史学习教育情况。

“学习书屋”等红色文化空间先后接待了国内 200 余所高校图书馆及其他机构、单位 8800 余人次参观交流，他们对四川大学图书馆打造高校图书馆红色文化教育新体系的实践给予了充分的肯定。国内同行专家对以“学习书屋”为龙头构建新时代高校图书馆红色文化育人新体系的探索与实践进行了充分肯定和高度评价。

传承红色基因，赓续红色血脉，落实立德树人，服务人才培养。四川大学图书馆将在已初步形成的高校图书馆红色文化育人新体系的基础上，进一步发挥“学习书屋”的功能，进一步发挥图书馆的特色优势，在新时代新征程上创造性地继续探索和完善利用红色文化资源，培育又红又专时代新人的长效机制，为党和国家培养更多社会主义建设者和接班人而努力奋斗！

参考文献

[1] 杨东铭. 论主题馆建设与图书馆文化育人功能的拓展 [J]. 深圳职业技术学院学报，2018（6）.

[2] 杨国富. 文化育人视域下高校图书馆的文化传承与创新 [J]. 大学图书馆学报，2018（3）.

[3] 党跃武，韩夏，张盛强，等. 打造新时代高校图书馆红色文化育人新体系的川大实践 [M] //吴肇庆. 新时代高校学生优秀传统教育探析. 成都，四川大学出版社，2020：180 185.

[4] 李晓东. 早谋划 细举措 取实效：四川大学推动主题教育落实落地 [N]. 光明日报，2019－12－02（005）.

[5] 央视网. 赓续红色血脉 为群众办好实事[EB/OL].[2021－12－25]. https://tv.cctv.com/2021/05/03/VIDEyuX3wBRiCc8rZklagleM210503.shtml?spm=031267.PFsKSaKh6QQC.S71105.18.

[6] 四川观察. 赓续红色基因，勇担时代使命[EB/OL].[2021－12－25]. https://kscgc.sctv.com/sctv/redian/2021/05/04/1122857_shared.html.

高校红色文化资源育人路径研究

——以四川大学校友、红岩烈士“江姐”革命精神传承弘扬为例

应厚非①

摘　要：习近平总书记指出，“要把红色资源利用好、把红色传统发扬好、把红色基因传承好”。对于拥有较长校史的高等院校而言，如何深入挖掘自身红色资源，不断探索符合自身实际的红色文化育人之路，使之更好地为培养中国特色社会主义事业可靠接班人和合格建设者这一重大历史使命服务，具有重要的现实意义。本文结合四川大学校友、红岩烈士“江姐”革命精神传承弘扬实践，尝试探析高校红色文化资源育人的可行路径。

关键词：红色文化　高校　江姐

2021年5月25日，习近平总书记带领中央政治局同志到北京大学红楼参观“光辉伟业　红色序章——北大红楼与中国共产党早期北京革命活动主题展”时指出，“要加强红色资源保护和利用，尊重历史事实，准确评价历史，正确学史用史”。对于高校而言，深入挖掘自身红色文化资源，不断探索自身红色文化资源育人路径具有重要意义。

红色文化具有鲜明的时代特色，是特定历史背景下的产物，并在特定的时间和范围

①　应厚非，四川大学党委宣传部宣传科科长，主要研究方向为新闻史。

内广为流行，但是经过时间的沉淀和检验，其中具有普遍意义的真理，如同熠熠发光的金子，融入民族的血液当中，形成了具有宝贵特色的“红色基因”，代代流传。

高校自身所蕴含的红色文化资源，不仅可以丰富学校开展党史学习教育的素材，提高红色文化育人的针对性和实效性，还可以通过树立起来的可学可敬典型形象，激发师生的学习主动性和积极性，达到培育师生社会主义核心价值观，树立坚定理想信念，增强为学校改革发展建功立业决心的良好效果。

党的十九大以来，四川大学深入学习贯彻习近平总书记关于“要把红色资源利用好、把红色传统发扬好、把红色基因传承好”的重要指示精神，坚持以立德树人为根本任务，深入挖掘红色档案文化资源，以对四川大学校友、红岩英烈江姐（江竹筠）革命精神的宣传弘扬为主要切入口，初步形成了红色基因传承教育新格局。

一、系统梳理挖掘“江姐”英雄事迹

江竹筠（1920 年 8 月 20 日—1949 年 11 月 14 日），四川省自贡市大山铺镇江家湾人，中国共产党地下时期重庆地区组织的重要人物。1948 年 6 月 14 日，江竹筠在万县被捕，被关押于国民政府军统渣滓洞集中营，遭酷刑仍拒屈、拒不交出军统所要的中共地下党情报；1949 年 11 月 14 日，在重庆被中国人民解放军重重包围之际，江竹筠不幸被国民政府军统杀害于渣滓洞监狱。2009 年 9 月，江竹筠入选 100 位为新中国成立作出突出贡献的英雄模范人物名单。

1944 年，江姐经组织安排进入四川大学农学院学习并秘密从事党的工作。四川大学对江姐英雄事迹，特别是其在川大期间的英雄事迹进行了深入系统的梳理。2018 年金秋，在全党即将开展“不忘初心、牢记使命”主题教育活动之际，学校在其当年住宿的女生院原址上打造了“锦江红梅傲雪开”为主题的展览。该展览由“苦难的童年”“江姐在川大”“百炼成钢，英勇就义”三部分组成，对江姐短暂而伟大的一生做了介绍，重点展示了江姐在川大的学习生活，其中有不少江姐在川大读书期间的珍贵档案，如：江竹筠亲自填写的入学登记表、江竹筠申请困难补助登记名册、江竹筠转系登记名册、江竹筠在华西协和大学附属医院做剖宫产的手术记录，以及江竹筠休学登记名册等，这些档案生动还原了一个思想进步、青春热情的江竹筠的校园生活。2019 年 11

月，经中央批准，正式定名为“江姐纪念馆”，并加挂“四川大学革命英烈事迹陈列馆”。纪念馆占地面积700多平方米（含院落），建筑面积230余平方米，纪念馆通过档案图片、档案文献、实物、视频、雕塑等形式，全面呈现了江姐的成长历程，在川大求学期间的学习生活经历，以及最后百炼成钢、英勇就义的光辉事迹。

二、使“江姐”英雄事迹“活起来”

为使“江姐”的英雄事迹以师生更加喜闻乐见的形式展现出来，四川大学在新中国成立70周年之际，历时30个月，着力打造了校园原创红色教育精品剧目——《江姐在川大》。自2017年筹备之初起，在专业老师和主创团队的指导下，来自全校文、理、工、医、艺各专业的数百名学生参与了剧目的创作、排演、统筹和制作。2019年7月至11月，该剧曾在校内进行多场次公演，中央电视台等媒体纷纷报道，反响热烈。2020年，《江姐在川大》开启新一轮复排。在延续师生共创的基础上，川大校友积极加入，同时在剧本、排演、制作等方面优化升级，在江姐100周年诞辰之际，复排后的《江姐在川大》在成都城市音乐厅与广大观众见面。该剧以1944—1946年江姐在川大这段鲜为人知的史实为基础，用多元的艺术形式活化江姐精神，讲述了江姐在四川大学求学期间的学习、生活、革命经历为主线，以今天川大“江姐班”学生对江姐精神的追寻为辅线，展现了江姐的学习、生活、战斗、牺牲等不同人生侧面，着力呈现一个始终不忘初心使命，青春鲜活、刚强坚毅，饱受川大红色文化传统熏陶，更深深感召着今日川大人的江姐形象。

在江姐100周年诞辰之际，学校深入挖掘杰出校友、红岩英烈江竹筠等红色文化育人资源，精心组织创作并排演了反映江姐在川大学习、生活、战斗和成长的红色诗意话剧《待放》。历时两年精心创作，疫情期间反复打磨。2019年年初，《待放》开始筹备，四川大学艺术学院调集表演、编导、舞蹈和音乐等多学科骨干教师，下基层、赴川南、奔重庆、深入校史馆，在充分调研的基础上多方汲取意见，反复打磨剧本。尤其是在疫情期间，主创团队积极应对困难，共同努力，继续与校史馆、档案馆展开深度交流、汲取养分，进一步精加工剧本。2020年6月以来，学生演员心系话剧，主动向学校申请返校排练，克服疫情影响，同学们陆续返校、重回舞台，认真完成每一天的排练任务。

经多次试演，《待放》在有关部门的指导下和专家们的建议中反复修改、打磨、排练，其间开展了十余次剧本创作研讨会，先后共写作了 4 版剧本，最终形成公演剧目。

该剧立足于江姐在川大学习、生活、战斗和成长经历，以新颖的艺术视点、灵动的表现手法，通过贯穿全剧的成年江姐和学生江姐不断跨越时空、直面交流的表现方式，饱含深情地展现了江姐来川大、在川大、别川大的三个过程。通过同学之间、师生之间、姐弟之间的矛盾冲突，突出表现了作为学子的江姐在大学校园中理想的坚定、信仰的成长和青春的风采，并借此呼唤今天的青年人应具备的正确的价值观念和坚定的理想信念。在“风雨暗涌来川大”篇章中，讲述了 1944 年看似平和的重庆街头巷尾中却暗涌着紧迫的危机，地下党员江竹筠在执行组织任务时被国民党特务盯梢，不得不进行转移，前往抗战大后方的成都，前往人才济济的川大。感情服从于革命，怀揣着不舍，她离开熟悉的故乡、亲密的家人和心爱的恋人。带着局促和期待，带着坚定的革命信念，新生江志炜（江姐在四川大学学习时的化名）踏上了在川大的新征程。在“厚积薄发在川大”篇章中，江志炜在川大这片自由的土地上孜孜不怠，在现实危机与信仰理想之间毅然选择坚守初心，在隐蔽中斗争，在妥协中坚持，在学习中成长。市中事件爆发，她同视死如归的川大师生一起站在最前线，用生命铸造不屈的斗争精神。经历数载的积累与沉淀，江志炜愈发蜕变为一名成熟的革命战士，在凛冬中以待绽放。在“绽似红梅别川大”篇章中，面临人生分岔路口的江志炜选择告别室友、告别弟弟、告别川大，重赴前线。她和众多川大烈士一样，选择像锦江河畔、望江楼下那如火的排排红梅一般傲然绽放，带着必胜的信念，向民族的未来奔去。

学校还组织学生高水平艺术团，历时 3 个多月，通过对档案资源的深入研究，在对江姐精神及其时代意义深度挖掘的基础上，创作了大型主题文艺晚会《江姐颂》。该晚会将江姐精神、川大精神、青年的使命与担当浓缩于每个精心编排的节目中，取得了很好的宣传效果。

三、搭建历史与现实的桥梁，进一步放大传承效果

搭建历史与现实的桥梁，将红色文化资源与个人现实生活相关联，才能在价值判断、兴趣爱好、思维方式、情感交流等方面产生共鸣，形成文化认同，提高认识。为了

进一步放大“江姐”精神的传承效果，四川大学在江姐曾经学习过的生命科学学院设立了“江姐班”，引导广大青年学子继承和弘扬江竹筠烈士追求真理、引领社会的进取精神，不辱使命、勇立潮头的担当精神，坚守信仰、忠于理想的革命精神，心怀天下、舍生取义的牺牲精神。为进一步引导广大学子学习学习革命先辈崇高精神，争做又红又专时代新人，学校还在文学与新闻学院、空天科学与工程学院、华西口腔医学院（华西口腔医院）等学院设立了“江姐班”。“江姐班”通过参观江姐纪念馆故居、瞻仰江姐幼时居处，并在江姐烈士的塑像前举行祭奠仪式，敬献花篮，重温入党誓词，齐唱《没有共产党就没有新中国》；参观江姐就读过的中学，聆听江姐中学老校长讲授的微党课，重温《在烈火中永生》回忆录和《红岩》小说中的江姐故事等形式，搭建了历史与现实紧密联系的桥梁，进一步加强了传承效果。

参考文献

［1］朱连芳，李华云，邓建萍．传承红色基因　促进高校校园文化建设——以四川大学为例［J］．办公室业务，2019（23）．

［2］田苗，宋土顺，黄晓丽，王燕敏，田壮．红色文化资源育人功能的实现路径研究［J］．华北理工大学学报（社会科学版），2022（1）．

新时代大学生创业文化培育：价值、困境与进路

陈　伟[①]

摘　要：大学生创业文化是高校校园文化的一种亚文化，在培养大学生的创业精神和创业能力过程中发挥着“以文化人”的独特作用。新时代背景下，深化高校创业教育改革，提升高校校园文化品质，促进大学生自由全面发展，都迫切需要培育大学生创业文化。当前，大学生创业文化培育还面临着培育理念存在偏差、创业教育效果一般、培育平台作用欠佳和培育机制尚不完善等困境。探索大学生创业文化培育的针对性、时效性路径，需要从把准价值导向、优化创业课程、注重创业训练和落实创业保障等方面着力。

关键词：创业文化　文化培育　创新创业

21世纪是创业的时代，创新能力与创业水平已经成为衡量国家综合实力的重要标准之一。2019年3月10日，习近平总书记在参加十三届全国人大二次会议福建代表团审议时强调，“要营造有利于创新创业创造的良好发展环境。要向改革开放要动力，最大限度释放全社会创新创业创造动能，不断增强我国在世界大变局中的影响力、竞争力”。在“大众创业，万众创新”的时代际遇下，以改革创新为核心的创业文化精神得

---

① 陈伟，西南石油大学土木工程与测绘学院辅导员，讲师，主要研究方向为大学生思想政治教育。

以凝聚，对中国创新创业事业的大发展起到了积极促进作用。大学生是继承、发扬和引领社会风气的时代“弄潮儿”，积极培育大学生创业文化，不仅有利于在日趋严峻的大学生就业环境中缓解就业压力，还可以促进高校深化改革发展，培养创新创业人才，适应世界创新创业发展的大趋势，服务于创新型国家建设的国家战略。由此，把握大学生创业文化培育的价值意蕴，客观分析当前培育大学生创业文化的现实困境并积极探索有效指向路径具有深刻的现实意义。

一、新时代大学生创业文化培育的价值意蕴

大学生创业文化是高校校园文化的重要组成部分，深刻影响着大学生的创业价值观念和创业行为选择。培育大学生创业文化，对于深化高校创业教育改革、提升高校校园文化品质和促进大学生自由全面发展具有重要的价值意义。

（一）深化高校创业教育改革，实现高校内涵式发展的应有之义

《关于深化高等学校创新创业教育改革的实施意见》明确指出，“深化高等学校创新创业教育改革，是实施国家创新驱动发展战略，促进经济提质增效升级的迫切需要，是推进高等教育综合改革，促进高校毕业生更高质量创业就业的重要举措”。创业文化培育和创业教育密切联系，又有一定的区别。创业教育具有明显的计划性、组织性和目的性特点，教育过程中有着教师和学生教育主客体的明确区分，主要通过“看得见、摸得着”的创业理论课程和创业实践活动的方式进行。创业文化本身不仅涵盖了创业教育的全部内容，而且主要通过“看不见、摸不着”的方式熏染着大学生群体，使创业教育的内容在潜移默化中真正“入脑”“入心”，实现创业教育效果最大化。文化能够给予人深远持久的影响，通过培育大学生创业文化，能够将创业教育的精髓全部吸纳，让大学生在潜移默化中接受创业精神和创业价值观的熏染，并在长期的浸染下培养创业意识，提高创业能力，从而达到以文化人、以文育人的教育效果。这不仅是大学生创业文化培育的根本价值所在，也是高校深化创业教育改革，实效内涵式发展的应有之义。面对新时代的新形势，高校要树立“以生为本”的创业教育改革理念，以培育大学生创业文化为着力点，有针对性地开展创业教育，培养出能够适应社会发展需要、引领时代发展的创新创业型人才。

（二）拓展丰富校园文化内涵，提升高校校园文化品质的内在诉求

中共中央、国务院《关于进一步加强和改进大学生思想政治教育的意见》指出，“校园文化具有重要的育人功能，要建设体现社会主义特点、时代特征和学校特色的校园文化，形成优良的校风、教风和学风”。

大学生创业文化植根并产生于高校校园文化，虽然作为一种“亚文化”独特存在，但因受到校园文化的影响和制约，具备高校校园文化的一般属性。同时，大学生创业文化也有着自身独特的发展轨迹和发展特点，其具有不同于校园学术文化的特质，是对高校校园文化内涵的丰富和深化。新时代背景下，党和国家积极鼓励和倡导高等教育内涵式发展，高校校园文化将会实现“品质化”转型发展。培育大学生创业文化能够拓展高校校园文化内涵，是提升高校校园文化品质的重要举措。一方面，大学生创业文化拓展了高校校园文化的外延。大学生创业文化在我国高校中产生较晚，因其比较特殊的校园文化样态，在产生和发展的过程中均受到了不少的阻碍。但它的出现也打破了高校“象牙塔”式的文化形态，推翻了校园文化不应涉足商业文化的传统落后观念，实现了经济社会中的多种文化形态与校园文化的有机连接。另一方面，大学生创业文化丰富了高校校园文化的内涵。创业文化崇尚自主创新、勇于承担风险、敢于挑战权威的精神，不同于其他校园文化类型的特质。从某种程度上讲，大学生创业文化正成为大学生组织内部文化的重要势力，使得高校校园文化内部的碰撞愈发频繁和激烈，并在与各种校园文化的碰撞中实现二者的交流与融合，实现了提升高校校园文化品质的良好效果。

（三）引导大学生创业实践发展，促进大学生全面发展的必由之路

大学生是当今社会最具创业能力和创业潜力的群体之一，是非常宝贵的人才资源。培育大学生创业文化，引导大学生创业实践发展，事关大学生的全面发展，是实现建设创新型国家战略的重要举措。2015 年 5 月 16 日，李克强总理在全国科技活动周的批示中强调要激发亿万群众尤其是青年人的创新创业热情，对青年大学生从事创业实践活动提出了新的要求。提高创业意识，锤炼创业品质，积极投身创业实践成为大学生新的时代使命，而培育大学生创业文化也成为肩负这一使命的重要途径和举措。但当前我国高校大学生创业情况并不理想，非理性创业等现象屡见不鲜，急功近利、自满、畏难的心

态问题在大学生创业过程中比较突出，致使创业实践活动难获成功。除了高校中缺乏有效引导大学生创业的师资团队和创业实践平台等原因，尚未形成浓厚的创业文化氛围也是致使大学生创业能力不足、创业实践活动难获成功的重要原因。而通过在校园内不断营造良好创业氛围，利用创业文化的熏陶引导功能，培育大学生创业文化，培养大学生的创新精神和创业意识，锤炼顽强拼搏、积极进取、乐观自信、百折不挠的意志品质，塑造健全的人格。同时，通过了解大学生创业热情，并对其进行积极的创业引导，可进一步增强其创业信心与勇气，吸引更多的大学生学习创新创业知识并积极投身实践之中，实现个人职业生涯健康发展和人生自由而全面发展。

二、新时代大学生创业文化培育的现实困境

辩证唯物主义认为，事物的发展总有一个从不成熟到成熟、从不完善到完善的过程。我国大学生创业文化培育尚处于“摸石头过河”的阶段，在先进理念树立、创业教育教学、培育平台打造和运行机制建设等方面仍有不成熟和不完善之处，一定程度上制约着大学生创业文化的有效培育。

（一）创业文化培育理念存在偏差

培育理念是指导大学生创业文化培育的最基本、最核心的思想认识，它既包括高校在开展创业教育中所遵循的指导理念，也包括学生个体对创业相关理念的认知认同状况等。目前，部分高校对大学生创业文化培育理念的认识还存在着偏差，主要表现在以下方面。

一是部分高校对大学生创业文化培育的价值和意义认识不足。个别高校片面地将大学生自主创业剥离于毕业生就业创业率之外，错误地将大学生自主创业视为有损学校人才培养质量和水平的行为，甚至将大学生自主创业视为大学生逃避学业、不务正业的行为，无法开展有效的创业文化培育。二是部分高校对推进大学生创业文化培育的工作被动消极。尽管部分高校在培育大学生创业文化过程中也开展了一些工作，例如发布支持大学生创业的政策文件、开设创新创业教育课程等，但缺乏结合学校和学生实际进行的本土化探索，所开展的工作也仅仅是对上级要求和命令的被动应付，致使创业文化培育效果不佳。三是部分高校对创业文化培养目标的认识

简单化、狭隘化。当前，个别高校狭隘地认为开展创业教育、培育创业文化就是快速地培养顶级企业家，将创业文化培育视为仅仅为少数精英人员培训专门开展的工作，忽略了更大部分的岗位创业者。此外，部分大学生也对创业存在认知偏差，主要表现为对创业的态度疑虑，因了解不足而持续观望不前；对创业的认知模糊不清，对创业的内涵和基本特性等缺乏清晰的认识；对创业的困难预估太高，容易产生心理上的畏难情绪；对创业的理解狭隘化、功利化等。

（二）高校创业教育教学效果一般

创业教育是高校开展创业文化培育的主要载体，创业教育开展的效果直接影响创业文化培育的实效。当前，各高校主要依托教学平台开展创业文化培育，通过开设创业课程和开展创业实践活动向大学生灌输创业价值观，锻炼创业能力，但在实际执行的过程中仍存在一些问题。

一是创业教育课程同质化严重，缺乏结合校情和学情的本土化探索。由于对创业相关的理论研究较少，结合本国国情开发的具有针对性的本土化教材较少，创业教育内容多直接借鉴美、英等创业发达国家。二是高校创业文化理论教育和实践环节相脱节。部分高校将创业课程的实施方式等同于一般的专业课程，重理论、轻实践，仅仅通过教师教授一些大学生创业的政策和创业成败的案例。但创业实践是创业教育的重要内容，能够有效提高大学生的创业能力，创业理论学习和创业实践活动有机结合才是提高创业教育实效的根本途径。三是创业教育师资队伍薄弱。教师的教学水平是影响创业文化培育效果的关键因素，不少高校创业课程教师由专业课教师或辅导员担任，他们大多自身既没参与过创业理论研究，又没有实际创业的经历，教学过程中很难将创业理论和创业实践活动有效结合，也无从直接指导学生创业实践活动。四是创业教学方式僵化陈旧。创业教育特别强调学生的主动性发挥，但教师“一言堂”的情况在部分高校创业教学中仍然存在着，学生的批判创新性思维难以得到发展，学习兴趣和积极性难以得到调动，创业教育效果不言而喻。

（三）创业文化培育平台作用欠佳

创业文化培育平台承载着创业文化培育的目标、内容、方式方法等基本要素，是培育大学生创业文化必不可少的硬件条件。当前，高校创业教育已经摆脱传统的单一教学的状态，创业实践平台的作用逐渐得到重视。高校陆续建立起创业指导服务中心、创业科技园、创业孵化器、校地校企合作基地等创业实践平台，部分高校还专门组建创业学院统筹开展全校的创业文化培育工作，以便对大学生自主创业进行长期有效的教育指导。尽管很多高校已经建立起众多创业平台，但很多并没有真正发挥出效用，主要体现在两个方面。

一是缺少对创业平台的舆论宣传。不少大学生对高校已经建立的创业硬件设施并不知晓，对创业平台比较陌生，对高校给予大学生开展创业活动提供的帮助评价一般。部分学生尽管知晓一些校内的创业平台，但对参与途径和咨询求助渠道却不了解。表明高校在大学生创业文化培育过程中还存在着舆论宣传不到位的问题，导致已经建立的创业文化培育平台难以发挥其实际价值。二是创业文化培育平台的建立和使用形式主义。部分高校建立创业文化培育平台仅仅是为了获得上级的资金支持，或者简单应付上级的命令和要求，因形式主义严重，以及疏于管理，并未利用平台开展有效的创业文化培育活动，不仅让创业文化培育平台的作用难以发挥，也是社会资源的极大浪费。实际上，大学生非常需要高校提供众多稳定、有效的创业平台，高校创业文化培育平台的价值就在于对大学生创业实践活动进行有效的引导和规范，让创业理论学习充分运用于创业实践。

（四）创业文化培育机制尚不完善

运行机制是高校培育大学生创业文化过程中形成的以创业制度为核心的组织运作系统。协调有效的运行机制不仅能为大学生有效开展创业实践活动保驾护航，也是确保大学生创业文化培育有效性的重要保证。当前，大学生创业文化培育的运行机制仍然存在尚不完善的地方，主要表现在以下方面。

一是顶层设计不够合理。部分高校由于未能摆脱根深蒂固的传统观念影响，对大学生创业文化培育认识不足，将开展创业教育、培育大学生创业文化视为培养大学生专业课学习之外的兴趣爱好而已，未能在学校培养制度的顶层设计上将大学生创业文化培育纳入学校的整体人才培养规划中，致使学校的人才培养体系不够完善，难以发挥对大学生创业文化培育的支持作用。二是舆论宣传机制尚未充分建立。舆论宣传造势对于营造创业氛围、推进创业政策的落地实施具有重要作用，当前不少高校在创业文化培育宣传方面的工作是缺位的，致使不少大学生难以了解最新的创业政策，无从把握创业的主流趋势，从而错失良好的创业际遇。三是创业文化培育职能部门间的协同机制尚未形成。不少高校在创业政策的制定和执行上缺少一个有效完整的决策管理系统，因创业文化培育涉及的管理和执行部门众多，缺少系统性和协调性的管理，就极易形成各职能部门间职责重叠、职权交叉、推诿责任的乱象，导致很多大学生创业相关工作流于形式。尽管部分高校已经意识到上述困难和问题，也正在尝试着进行改革优化，但是受制于现阶段高校的组织机构和软硬件设施，以及落后的传统思想观念，大学生创业文化培育的有效开展仍然任重道远。

三、新时代大学生创业文化培育的实践进路

针对新时代大学生创业文化培育存在的现实困境，要从把准价值导向、优化创业课程、注重创业训练和落实创业保障等方面同时发力、同向发力。

（一）把准价值导向，树立创业文化培育先进理念

思想是行为的先导，正确的思想观念能够引导人们做出正确的决策，进而产生正确的行为。有效开展大学生创业文化培育需要树立先进的创业文化培育理念，包括“以文化人”理念、“知行合一”理念和“三全育人”理念。

以文化人，是以大众喜闻乐见的方式，长久地在无形中影响人，让人们在潜移默化中接近和接受正确的价值观。在大学生创业文化培育过程中，就是要将社会主流文化，尤其是中国特色社会主义先进文化与大学生创业文化有机结合，用中国特色社会主义先进文化引导大学生创业文化培育的方向，并找到他们之间的契合点和生长点，充分吸收社会主义先进文化中与大学生创业文化密切相关的优秀文化因子，既保证大学生创业文化培育的方向，又激发大学生创业文化培育的活力。知行合一，就是“知”与“行”的相互融合、转化和促进。在大学生创业文化培育过程中，树立知行合一理念，就不能仅停留在思想意识层面，关键是在实践中落地落实。这就需要摒弃传统的以理论灌输为主要方式的创业教育，推动大学生在实践中将个体思想、激情和创造力等内在要素与市场规律有机结合，形成物质生产力。三全育人，从狭义上讲，强调在开展大学生思想政治教育的过程中，协调全员、全方位和全过程的作用，齐抓共管，构建起强大的思想政治教育合力。在大学生创业文化培育过程中，要确保大学生创业文化培育的全员性、全方

位性和全过程性。高校所有人员要共同承担起大学生创业文化培育责任；要在国家的统一部署下，努力形成学校、家庭、社会三位一体的教育合力；要确保大学生创业文化培育贯穿大学生成长全过程，不仅贯穿学习生涯，还要向后延伸至他们创业实践的职业发展生涯。

（二）优化创业课程，加强创业课程内容体系建构

创业课程是创业思想观念和创业价值取向的凝练和整合，通过创业课程传授创业知识的过程，就是创业文化生成、传播和重塑的过程。创业课程可以说是大学生创业文化培育的认知路径。基于创业课程在创业文化培育中的基础性作用，高校要加强创业课程内容体系建构。根据创业课程内容针对对象的不同，高校可以将创业课程从内容上分为三个层次，即基础性创业课程、融入性创业课程和专业性创业课程。

一是基础性创业课程，高校通过公选课的方式针对全体大学生开设，主要向学生传授基础性的创业知识，对学生进行创业启蒙，为大学生职业生涯发展奠定基础。二是融入性创业课程，该课程主要针对不同专业的大学生分别开设，强调教育对象的学科属性，将创业教育的先进理念有机融入专业课程内容体系中，其直接目的在于培养某个专业或行业领域内的潜在创业者。融入性课程能够让大学生获得与本专业密切相关的创业素质，为他们依托专业开展创业活动提供了有力支撑。三是专业性创业课程，该课程的作用对象是已经有创业意向且创业潜力突出的大学生，这就要求更为专业性的创业课程，以实现将潜在的创业者转变为实际创业者，因此专业性创业课程的目的在于培养创业人才。同时，在创业课程建设过程中，高校还要根据教育教学规律和学生的成长成才规律不断进行创业课程体系的优化调整，将创业理论知识传授和创业实践训练有机结合，尊重学生的个体差异，因材施教，确保每一位学生都能自由全面的发展。

（三）注重创业训练，扎实推进学生创业实践活动

创业成功需要广博的知识素养、敢为人先的探索精神、百折不挠的坚韧意志和不惧挫败的心理素质等，这些素质并不会与生俱来，而是在创业训练和创业实践活动中不断磨炼而获得的。高校在培育大学生创业文化的过程中，要特别注重创业训练，扎实推进大学生创业实践活动，引导大学生将创业理论知识充分运用于创业实践中，知行合一。

一是通过开展丰富多样的创业社团活动让创业活动“活起来”。社团是大学生创业文化培育的重要阵地，高校应重视创业学生社团的建设，如通过选拔方式将具有创业意向、创业潜力的大学生组织起来，对他们开展的以创业为主题的社团活动大力支持，并安排专业指导教师，提供充足的经费支持，让他们在社团活动中接受创业训练，不断提高创业实践能力。二是通过创新创业大赛将大学生创业文化培育的项目成果“亮出来”。鼓励大学生积极参加创新创业大赛，主动申报创业实践项目，在参与的过程中亲身体验项目开发、资本运作的过程，通过跟创业前辈沟通，在此过程锻炼他们在创业实践活动中独立思考问题，以及发现问题、勇于解决问题的能力。同时，形成正确的创业价值观，提高自身的创业素质和能力。三是通过积极开展“校地”“校企”合作等活动让大学生创业实践活动“走出去”。高校在推进大学生创业实践活动的过程中不能闭门造车，还应积极与兄弟院校、地方政府、企业和社会创业组织等交流合作，取长补短，不断丰富创业实践活动，构建起大学生创业实践的长效机制。

（四）落实创业保障，健全创业文化培育服务体系

外部环境的支持和保障是大学生创业文化培育的重要前提，高校要健全完善大学生创业文化培育服务体系，确保培育过程协调高效。

首先，要设立大学生创业文化培育政策制定和实施的专门组织机构。在高校层面，要设立由创业工作主管领导牵头负责的大学生创业工作专职机构，全方位统筹协调大学生创业文化培育工作，组织大学生有序开展大学生创业教育系列活动，使大学生创业文化培育有机融入国家创新创业事业中。其次，要系统协调创业职能部门的管理。一是强化组织目标管理。选择适当部门具体负责大学生不同阶段创业教育的目标设计，将创业文化培育贯穿大学生培养的各个阶段。二是加强组织人员的配置管理。各部门职能人员的配置要根据岗位性质和职责分工的不同，设置不同的选聘标准，以大学生的实际需求为导向配置工作人员。例如在配置创业实践等机构人员时，应重点考量是否具备较高的创业知识水平和创业实践经验等。三是加强职能部门间沟通协调。遵循大学生创业文化培育的科学性、高效性和可持续性原则，对各职能部门间的责任分工进行统筹规划，避免权责交叉，出现工作缺位。最后，要加强大学生创业文化培育舆论宣传机制建设。高校要充分利用线上和线下的舆论宣传渠道，对大学生开展全方位的创业文化宣传。一方面利用校级宣传渠道，如校报、宣传栏、学校官网、官方微博和微信公众号等，对大学

生进行创业政策、创业活动宣传；另一方面邀请知名创业校友和创业典型代表来学校举办创业讲座，鼓励其结合自身经历为大学生讲解“干货”“硬货”，引导大学生关注创业、投身创业。

参考文献

[1] 习近平. 营造有利于创新创业创造的良好发展环境［J］. 党的建设，2019（4）.

[2] 国务院办公厅. 国务院办公厅关于深化高等学校创新创业教育改革的实施意见［J］. 中国大学生就业，2015（18）.

[3] 陈定樑. 加强校园文化建设　推进高职思想政治工作［J］中国高等教育，2011（10）.

[4] 王华敏，等. 大学生创业文化培育研究［M］. 北京：人民教育出版社，2019.

[5] 卓高生，曲小远. 高校大学生创业文化培育：内涵、问题及对策［J］. 继续教育研究，2017（6）.

红色家风文化增强大学生党史学习教育的实效性研究[①]

周禄江[②]

摘　要：红色家风文化植根于中国红色革命文化，熔铸于社会主义先进文化，承载着中国共产党人永葆先进性的基因密码，是大学生党史学习教育的宝贵资源。红色家风所蕴含的丰富内容、深厚价值和高尚情怀，能在润物无声中激励大学生明志、增信、崇德、力行。要发挥红色家风文化在大学生党史学习教育中的实效性，需挖掘红色家风文化的价值内涵，探索红色家风文化作用于大学生党史学习教育的机制，构建红色家风文化融入党史学习教育的路径。

关键词：红色家风　党史学习教育　价值内涵　作用机制　实践路径

红色家风是以中国红色革命文化为底色、老一辈共产党人革命家庭为现实载体而形成的，是中国共产党人的精神面貌、价值追求、道德观念和行为准则在家庭生活中的集中体现，是社会主义核心价值观日常化和生活化的具体体现，承载着厚重的党史文化和革命精神。红色家风既是中华民族独特的精神财富，也是大学生学习党史的宝贵资源，其内容丰富、价值深厚、功能独特，能在潜移默化中浸润心灵、塑

---

①　本文系西南石油大学 2022 年基层党建工作书记项目“新材院党员‘红细胞’工程助力学生成长发展”（项目编号：DJSJ－202216）研究成果。

②　周禄江，西南石油大学新能源与材料学院辅导员，讲师，研究方向大学生思想政治教育。

造品格、培育信仰。作为中国特色社会主义事业建设的先锋力量，新时代大学生的党史修养直接关系到国家的前途和民族的命运。因此，要增强红色家风在党史学习教育中的实效性，关键在于挖掘红色家风文化的价值内涵，探索红色家风在大学生党史学习教育中的实践路径，从而提升大学生对红色家风的了解和认同，激发大学生对党史学习教育的热情。

一、红色家风文化的价值内涵

（一）红色家风文化植根于中国红色革命文化，是坚定理想信念的精神之钙

近年来，网络上存在推崇物质主义、追求感官享受、弱化政治信仰等“泛娱乐化”思想倾向，受这些思想的影响，鼓吹历史虚无主义、否定党的历史、诋毁革命英雄的错误言论时有发生，对大学生思想政治工作产生严重的消极影响。党史学习教育是大学生深入了解中国革命、建设和改革历史的过程，能够解答大学生的思想困惑和学习疑惑，可以帮助大学生识别错误思想的危害，从而筑牢思想之基，补足精神之钙，自觉在学习和生活中抵制“泛娱乐化”“历史虚无主义”等错误思想。红色家风翔实、生动地记载了革命先辈的思想活动细节、革命家庭真实的生活情况以及革命历史的社会状态等历史元素，展现了中国红色革命“大历史”与革命家庭生活“小细节”的深度联系，为大学生党史学习教育学习注入了真实的力量。

“革命到底”四个字是朱德红色家风的真实写照，也是其深厚家国情怀的真挚体现。1937 年，朱德在山西抗日前线给亲人的家书中写道：“那些望升官发财之人决不宜来我处，如欲爱国牺牲一切能吃劳苦之人无妨多来”，“除了能作战报国的人外均不宜来”。“决不宜来”“无妨多来”“均不宜来”深刻体现了革命伟人坚定的革命信念。红色家风承载的鲜活红色记忆蕴藏着强大的信仰之力，生动书写了革命先辈们拳拳的爱国心、浓浓的民族情，为大学生坚定初心、接续奋斗，勇担使命、砥砺前行提供了思想成长的原动力。新时代大学生传承和发扬红色家风，既是增强大学生党史学习教育实效性的现实所需，也是对共产主义理想信念的自觉践行。

（二）红色家风文化熔铸于社会主义先进文化，是践行核心价值观的思想动力

习近平总书记指出："青年的价值取向决定了未来整个社会的价值取向，而青年又处在价值观形成和确立的时期，抓好这一时期的价值观养成十分重要。"而当前网络上存在的"消费主义""拜金主义""个人主义"等现象对主流价值观念产生冲击，"想出名""博出位""蹭热度"等道德失范问题已成为社会关注的焦点，这些有害信息对价值观还未成型的大学生产生了严重侵蚀。在大学生思想观念深刻变化的关键时期，进一步推进社会主义核心价值观的培育是大学生党史学习教育的重要任务。红色家风文化涵盖一心为公、全心为民、淡泊名利、廉洁自律、艰苦奋斗等优良革命精神，是社会主义先进文化的集中体现。焦裕禄、杨善洲、谷文昌等党员干部的家风故事源于日常生活，具体而生动、鲜活而深刻，展现了中国共产党人崇德向善的道德意识和积极向上的价值追求，能在无形之中融于大学生的学习和生活，影响他们价值观的形成。

焦裕禄经常给自己的孩子说："书记的女儿不能高人一等，只能带头艰苦，不能有任何特殊。"杨善洲鼓励家人"要学会自己养活自己，不要把我当作一棵遮阴的大树"，"想要的东西要靠双手劳动去得到，坚持下去，做到最好"。谷文昌对子女们在工作、生活上的要求几乎"不近人情"。谷文昌担任福建省东山县委书记期间，大女儿高考落榜，准备参加工作时，谷文昌却安排她做临时工，并对自己的女儿说："总不能自己安排自己吧！年轻人应该多锻炼锻炼。"这种艰苦奋斗、正直清明、无私奉献、一心为公的红色家风精神，同社会主义核心价值观倡导的价值内涵高度契合，为大学生认同和践行社会主义核心价值观注入了思想动力。

（三）红色家风文化承载着中国共产党人永葆先进性的基因密码，是增强"四个自信"的力量源泉

红色家风文化蕴含"天下之本在国，国之本在家"的家国情怀，"先天下之忧而忧，后天下之乐而乐"的政治情操，"修身齐家治国平天下"的人生理想，"爱民尚公、清正廉洁、无私奉献"的崇高品德。"坚持革命继吾志，誓将真理传人寰！"革命烈士夏明翰在给妻子的最后一封家书中展现了追求真理、无惧牺牲的大无畏精神。"为求主义实现而奋斗，为谋民众利益而牺牲。"革命烈士王器民临刑前给妻子的家书饱含着中国共产

党人的为民情怀。“一息尚存，终当努力奋斗。现时所受之苦难，早在预计之中，为工作过程所难免，绝不值什么伤痛也。”无产阶级革命家王若飞在给亲人的家书中表达了不怕困难、勇往直前的奋斗精神。

“把红色资源利用好、把红色传统发扬好、把红色基因传承好，讲好中国故事，讲好中国共产党故事。”红色家风文化作为重要的红色文化资源，呈现了厚重的历史底蕴和深沉的红色记忆，承载着中国共产党人永葆先进性的基因密码，具有民族性、先进性、时代性等特征，是大学生党史学习教育的精神载体和内容源泉，能够为大学生党史学习教育提供宝贵的历史资源、文化资源和精神资源，激发大学生对党史的历史认同、价值认同和文化认同。

二、红色家风文化在大学生党史学习教育中的作用机制

（一）红色家风文化的引领机制

大学生正处于人生成长、全面发展的关键时期，对提升能力本领、完善思想品质和丰富文化生活等具有迫切的需求。红色家风文化展现了中国共产党人胸怀国家、心系人民、对党忠诚、敢于争先、勇于创新、拼搏奉献的精神品质，是大学生党史学习教育的无言之教、心灵之书。大学生党史学习教育要充分发挥红色家风文化的铸魂育人功能，引领大学生从红色家风文化中汲取无穷智慧和强大力量，自觉摒弃“泛娱乐化”“历史虚无主义”“消费主义”“拜金主义”“个人主义”等多重因素对理想信念的不良影响，努力在学思践悟中践行初心使命。正是由于红色家风文化满足了大学生的内在需要，红色家风文化的理想信念导向功能才得以实现，进而满足大学生党史学习教育的精神需要。

（二）红色家风文化的感染机制

大学生党史学习教育既要把握理论知识学习，也要注重红色资源文化的运用，实现“以理服人”“以文润心”。红色家风文化呈现出的鲜活人物、动人故事、感人情境，展现了革命先辈深厚的家国情怀、坚定的马克思主义信仰等，感染着大学生的心灵，震撼着大学生的思想，浸润着大学生的灵魂。通过红色家风文化，不仅可以了解革命家庭日

常生活中体现的价值理念，更能感受到革命先辈的思想伟力。正如赵一曼给自己儿子留下的遗言："母亲不用千言万语来教育你，就用实行来教育你。在你长大成人之后，希望不要忘记你的母亲是为国而牺牲的！"无数革命先辈舍"小家"为"大家"的感人情景，生动述说着中国共产党人从未动摇的革命信仰，强大的感染力、感召力和说服力，能在大学生心中产生积极的引领效用，增进大学生对党史的价值认同和情感认同。

（三）红色家风文化的激励机制

开展大学生党史学习教育，要发挥革命先辈的榜样示范作用，激励大学生在日常生活中学习效仿革命先辈的高尚品德和优良作风。承载于红色家风文化中的鲜明形象、感人事迹，为大学生提供了最真实的榜样和最有行动力的标杆，进而产生见贤思齐、模仿学习的积极心理，表现为青年大学生对英雄榜样的心理趋同、情感认同，并由此形成榜样激励的强大内驱力。正如张太雷在给妻子的家信中写道："惟有求得高深的学问，既可以自己独立谋生，不要依靠他人，心境自然也就安定，又可以保持我清洁的身体、高尚的道德。"信的字里行间无不彰显了年轻革命家的精神气节和价值追求，是激励大学生在学习、生活和工作实践中坚定理想信念、担当历史使命的力量源泉。红色家风呈现的榜样人物和先进事迹不是抽象的，而是具体的、直观的、形象的。革命先辈的价值取向和思想理念通过具体的言行载体传导，能在润物无声中激励大学生践行初心和使命。

三、红色家风文化融入大学生党史学习教育的实践路径

构建红色家风融入大学生党史学习教育的实践路径，要结合红色家风文化的呈现形式，融合理论教育和实践教育，拓宽育人内容和场域，讲好红色家风故事，打造多层次、多维度的大学生党史学习教育网络，深入探索大学生党史学习教育全员、全方位、全过程育人的有效路径。

（一）理论教育与实践教育互融共进

大学生党史学习教育要发挥思想政治理论课的主渠道作用和主阵地功能，深入挖掘红色家风故事的现实力量，将红色家风转化为优质的教学资源，使大学生充分汲取红色

家风思想的精神力量，探索利用多种方式和手段，将红色家风故事和思想进行形象化阐释、具体化演绎、时代化解读。一是要丰富教学内容，创新教学方法。思想政治教育工作者要结合教学重点、理论难点、社会热点、思想疑点等问题，利用大学生思想政治教育理论和方法，搜集、分类、归纳红色家风所包含的故事、蕴含的思想，通过如故事教学、情景教学、研究教学等方法，把家训、家教和家风故事进行阐释和解读，实现学生的兴趣激发、心灵触动、思想提升，达到"入耳、入脑、入心"的效果。二是要坚持党史育人目标，突出红色家风的育人价值。红色家风作为思想政治理论课的教学资源，不是简单的内容嵌入，而是要以党史的思想引领为目标，既要呈现红色革命家庭生动的精神风貌，也要把红色家风所涵养的"家国情怀""政治情操""人生理想""高尚品德"贯穿于教育教学全过程，把红色家风作为生动的教材，从而增强大学生党史学习教育的感染力。

社会实践是思想政治理论课的延伸，也是党史教育的第二课堂，是增强大学生党史学习教育实效性的有效路径。开展红色家风党史教育实践活动，让大学生在可触可感的历史遗迹中追寻红色记忆，在感知红色家风精神、感悟红色家风思想力量的过程中增进对红色家风内涵的理解和认同。通过有效整合红色家风教育资源，充分利用红色教育基地的情境资源，借助大学生社会实践活动，把党史理论学习与社会实践活动相结合，开展以红色家风为主题的现场教学活动和实践学习研究，将红色家风党史教育变成"行走的课堂"，达到"融景于情、由情入理、以理促学"的效果，实现理论教育与实践教育融合共进。

（二）线上教育与线下教育互融共促

目前，大学生党史学习教育主要通过思想政治教育理论课、专家主题讲座、党团组织生活、社会实践活动等线下方式进行。易班、微信、微博、抖音等移动新媒体平台与大学生日常学习和生活深度融合，扩展了大学生党史学习教育的场域。首先，要构建立体多维的学习网络，建立多层次、多方位、多形式的教育模式，弥补线下教育时空限制的劣势，实现线上教育与线下教育互融共促。其次，要充分发挥新媒体的育人功能，将红色家风的研究贴近大学生的生活实际，围绕大学生的现实需要，创新党史教育的内容、方法和手段，不断创造营养丰富、配方精良的网络文化作品，推动党史教育走深入实。运用图文、视频、动画等多媒体表现形式和 VR、AR、大数据等现代信息技术手段，创新话语表达方式和内容展示形式，如红色家风主题“云展览”和“云学习”、“VR/AR红色家风”沉浸式学习等，生动、形象地讲好红色家风故事，达到通过眼球直抵心灵的效果，推动红色家风党史学习教育走实入心。最后，要线上线下共同营造浓厚的红色家风党史学习氛围，提升党史学习的参与性、时效性和广泛性，让学生在耳濡目染中获得红色家风的滋养和熏陶。开展“讲述红色家风故事”“接力诵读红色家书”“红色家风影视展播”等校园主题活动，丰富大学生的学习体验；建设“红色家风文化宣传栏”“红色家风主题文化墙”“红色家风文化学习广场”等校园文化景观，以直观的、具体的、生动的形象增强红色家风文化的感染力；利用关键时间节点和重大历史事件，组织学生宣讲团，线上线下开展红色家风宣讲活动，增进学生对红色家风的情感认同。

（三）群体教育与自我教育互融共生

大学生因组织形式、兴趣爱好等因素在实际生活和线上网络中形成了不同的群体形式，如班级、宿舍、社团、朋友圈、网络论坛等，群体生活是大学生校园生活的主要活动形式。高校开展的教育教学活动也主要是通过群体教育的方式进行的，要保证大学生红色家风党史教育的实效性，避免群体教育的“大锅饭效应”，必须发挥群体的自我教育功能，使群体教育与自我教育有机结合、互融共生。一是要有力发挥组织的教育引导机制。通过学生公寓党员工作站、学生党员教育中心、红色家风研学社团等学生组织，开展以红色家风为主题的党史教育读书会、党史知识竞赛、趣味挑战游戏等形式多样的自我教育活动，注重以群体促进个体，使党史学习氛围融入大学生的课堂学习、寝室生活和社团活动，形成互助共进、携手成长的良好学习氛围。二是要充分发挥朋辈的先锋引领作用。通过思想政治理论课、第二课堂实践活动、红色家风宣讲团等教育模式构筑良好的朋辈交流平台，发挥朋辈教育优势，形成示范引领效应。

参考文献

[1] 蒋国栋，吴学凡. 朱德家风二三事［J］. 党史博采（上），2019（2）.

[2] 习近平. 在北京大学师生座谈会上的讲话［N］. 人民日报，2014-05-04.

[3] 胡劼. 焦裕禄的家风［J］. 中国档案，2018（12）.

[4] 王林园，林碧锋，张紫赟. 杨善洲的家风［J］. 人民周刊，2018（10）.

［5］郑良．谷文昌的家风［N］．人民日报，2015－05－20．

［6］沈鹤，夏明翰．“杀了夏明翰，还有后来人！”［J］．党建，2020（8）．

［7］中国井冈山干部学院．红色家书——革命烈士书信选编［M］．北京：党建读物出版社，2018．

［8］革命烈士书信［M］．北京：中国青年出版社，2015．

［9］中宣部．关于在重大活动中进一步发挥全国爱国主义教育示范基地作用的通知［N］．新华社，2019－08－22．

［10］中共中央文献研究室，中央档案馆《党的文献》杂志社．红书简［M］．太原：山西人民出版社，2001．

［11］叶孟魁，赵晓春．一位无产阶级革命家的幸福观——张太雷家书解析［J］．常州工学院学报（社会科学版），2008（3）．

理论与实践

LILUN YU SHIJIAN

生态文明建设引领下成都公园城市的生态价值转换路径和机制研究[①]

刘安凤[②]

摘　要：生态产品价值转换是公园城市可持续发展的核心机制，本文在分析生态产品价值转换的相关概念和理论基础上，按生态产品的性质进行分类，从全国性生态产品、区域性生态产品、私人生态产品层面分析了成都公园城市生态价值转换的路径和机制。

关键词：生态文明　公园城市　生态价值转换

习近平总书记2018年2月视察四川天府新区时，提出要“突出公园城市特点，把生态价值考虑进去，努力打造新的增长极”。2020年7月《中共四川省委关于深入贯彻习近平总书记重要讲话精神　加快推动成渝地区双城经济圈建设的决定》提出，成渝地区双城经济圈要“协同探索生态产品价值实现路径和转化模式，创建全国绿色发展示范区”。2021年2月《成都市国民经济和社会发展第十四个五年规划和二〇三五年远景目标纲要》指出，加快提升生态价值创造性转化能力，持续推进生态价值转化的理论研究

① 本文系2021年成都市社科规划项目“成都公园城市的生态价值转换路径与模式研究”（项目编号：2021CS09）成果。

② 刘安凤，四川大学马克思主义学院讲师，主要研究方向为生态文明建设、绿色发展。

和实践探索。2022 年 3 月《成都建设践行新发展理念的公园城市示范区总体方案》经国务院批复同意，要求到 2035 年生态产品价值实现机制全面建立。从首提“公园城市”理念，到建设“践行新发展理念的公园城市示范区”，贯穿公园城市建设的核心是通过生态价值创造性转化，开辟城市高质量发展的新路径。因此，剖析成都公园城市生态价值转换路径及其机制，对于推动公园城市可持续发展、探索城市发展的新模式，具有重要的理论意义和现实意义。

一、公园城市及生态产品价值的界定

（一）公园城市的内涵

公园城市由“山水城市”“花园城市”“生态城市”等思想发展而来，“生态城市”强调城市生态环境、生活环境、基础设施等建设，核心目标是建设生态良好的宜居城市。生态文明建设背景下的公园城市建设，其核心是加强生态保护和环境治理，打造宜居宜业的城市面貌和营商环境，推动生产生活方式绿色转型，培育城市新的竞争优势。因此，生态文明背景下的公园城市建设，由外到内包括四个方面的内涵：一是公园、绿地等生态环境建设和环境污染治理，二是经济发展方式的转型，三是生态文明制度改革，四是发展理念的转变，四个方面中最核心的是城市发展理念的转变。公园城市建设的内在逻辑包含了两条主线：一是以生态环境建设为起点，推动产业生态化和生态产业化，发展新业态，形成新的经济增长点，创造更多的经济价值；二是打造以城市公园为主体的公共活动空间，满足人民对良好生态环境的需求，提升城市的吸引力、竞争力和影响力。二者的共同目标都是满足人民对良好生态环境的共同需要，提升城市的竞争力，推动城市的绿色转型发展。

（二）生态产品的内涵

生态产品还没有形成统一的定义和分类。2010 年国务院发布的《全国主体功能区规划》，第一次对生态产品概念做出了定义，包括空气、水、土壤、森林等自然要素，主要从自然资源角度，认为生态产品主要是要素型生态资源产品。随着生态产品内涵的拓展，除包括上述的要素型生态资源产品外，还包括生态系统为人类所提供的赖以生存的自然环境服务产品，如一个生态系统内山、水、林、田、湖等生态要素共同形成的空气净化、干扰调节、旅游休憩等生态系统服务产品。而生态农产品、生态工业品等属于生态友好型产品。因此，广义的生态产品包括生态资源要素产品、生态环境系统服务产品、生态友好型产品等。本文所要重点探讨的公园城市建设的生态产品，不是单个的生态要素产品，而是一个生态系统提供的生态环境系统服务产品，如空气净化、气候调节、休闲游憩等。这类生态产品具有公共性、整体性等特征。

（三）生态产品的价值理论

生态产品的价值理论基础主要有劳动价值论和效用价值论。马克思的科学劳动价值论认为劳动具有具体劳动和抽象劳动二重性，人的具体劳动和自然资源本身是使用价值的来源，而抽象劳动是价值的唯一源泉。根据马克思的劳动价值论，生态产品的价值包括使用价值和交换价值。效用价值论认为生态产品价值来源于对使用者的效用和稀缺性。在人们的某种需要得到满足的过程中，当生态产品越充裕，人们获取的成本较低时，效用价值论认为生态产品价值较低。当生态产品变得稀缺，则认为生态产品的价值较高。从生态产品价值的构成来看，包括经济价值、生态价值和社会价值等多个层面。因此，根据马克思的科学劳动价值论，生态产品价值实现包含两层含义：一是生态产品使用价值的实现，主要通过政府的公共供给，以满足自然和人类可持续发展的某种基本需要；二是生态产品价值的实现，通过市场交易机制，实现生态产品使用价值的等价交换，推动生态资源向生态资本的转化。

二、成都公园城市生态产品分类和价值转化路径

（一）公园城市生态产品分类

习近平总书记指出，良好的生态环境是最公平的公共产品和最普惠的民生福祉。根据马克思的公共产品理论，公共产品是社会总产品中满足社会的公共利益需要的部分；公共产品供给的主体取决于生产力发展水平和社会共同利益需要的性质。成都公园城市建设的生态产品，按满足的社会公共利益需要的范围，可分为全国性生态产品、区域性生态产品、私人生态产品等。全国性生态产品包括大熊猫国家公园、龙泉山城市森林公

园等，这类生态产品在保护生物多样性、改善生态环境质量和维护国家生态安全等方面发挥重要作用。区域性生态产品包括天府绿道、环城生态公园、锦江公园等。私人生态产品是在公共生态产品的基础上，以特许经营、合作、租赁等方式，由个人或企业参与经营和生产的生态产品，例如由四川大熊猫国家公园授权特许经营的原生态产品“平武中华蜂蜜”、龙泉山森林康养产业等。

（二）不同类型生态产品的价值转化路径

全国性和区域性生态产品在生产和供给两个过程中，实现了生态产品“私人生态产品使用价值——公共生态产品使用价值”“公共生态产品使用价值——私人生态产品使用价值”的价值转移过程。在重要生态系统的生态保护和建设过程中，如大熊猫国家公园、龙泉山城市森林公园等，国家通过生态效益补偿、停伐补助、退耕还林补助、生态搬迁补偿等形式，国家与市场主体、集体、个人进行生态产品价值的等价交换，原来个人所有的生态产品征收为国家所有，国家在核心生态产品的所有权和使用权上实现了统一，原重要生态系统内部和周边生态保护者得到价值补偿。因此，在公园城市全国性生态产品生产过程中，为增强生态系统的整体性、稳定性、全民性，部分个人占有的生态产品使用价值，转化为社会共同占有的生态产品使用价值。同时在区域生态产品的建设过程中，如天府绿道、环城生态公园、锦江公园等，通过“公园+消费业态”“绿道+场景”等形式，划定部分区域由市场主体经营使用，将部分公共生态产品使用价值转化为私人生态产品使用价值，既满足了人民对良好生态环境的基本需要，也进一步满足了人民多元化的消费需求，促进了城市的创新创业发展。（见表 1）

表 1　成都公园城市生态产品分类和价值转化形式

生态产品分类	生态产品目录	生态产品的内容	生态产品价值转化
全国性生态产品	大熊猫国家公园	生物多样性及栖息地保护；科研、教育、文化、生态旅游等环境友好型服务产品；生态农林产品等	生态效益补偿、停伐补助、退耕还林补助；原生态产品特许经营授权、生态旅游等
	龙泉山城市森林公园	涵养水源、保育土壤、固碳释氧、净化空气等环境系统服务	土地经营权流转、林木所有权流转、合作经营等

续表1

生态产品分类	生态产品目录	生态产品的内容	生态产品价值转化
区域性生态产品	天府绿道	生态保障、文化创意、慢行交通、体育运动、休闲游览、景观农业、城乡统筹、应急避难等	“绿道+”“公园+”消费场景经营权转让、租赁等
	环城生态公园		
	锦江公园		
私人生态产品	新都区沸腾小镇、龙泉山城市森林公园房车度假露营地等	公园中的创新创业空间的使用价值	使用价值的等价交换

注：笔者根据相关资料整理

三、成都公园城市生态价值转换的机制

（一）政府主导的全国性生态产品的价值转换

成都是国内唯一拥有国家公园的超大型城市，也是全球唯一具有野生大熊猫和圈养大熊猫资源的超大型城市。成都生态本底良好，生物资源丰富多样，岷江及沱江穿越而过，大熊猫国家公园成都片区、龙泉山森林公园等重点公园城市项目建设，对提升龙门山生态屏障功能，筑牢长江上游生态屏障具有重要意义。其中，大熊猫国家公园成都片区位于成都平原西北部，是邛崃山、岷山两大山系大熊猫种群基因交流的关键性走廊带枢纽，大熊猫国家公园等自然保护地等生态产品具有天然、绿色的特质，以自然休养生息为主。这类生态产品具有基础性、全国性等特点，在保护为主、全民公益性优先的目标前提下，其价值体现国家重点生态功能区转移支付、均衡性转移支付等形式的生态补偿，绿色信贷、股权、债券等金融产品等，以及碳排放权交易等，形成了以财政投入为主，金融、碳汇等为辅的资金保障机制。这类生态产品通过国家、社会购买的方式，形成了类型更多、数量更多、质量更优的公共生态产品使用价值。

（二）市场机制下的区域生态产品的价值转化

全国性生态产品、区域性生态产品等公共生态产品具有公共使用价值，能满足人民对良好生态环境的共同需要。人们在获取这类公共使用价值时，并没有进行等价交换，公共生态产品的交换价值没有得到体现。因此是作为一个整体的环境服务产品，无偿提供给每一位民众的。在不影响生态系统整体的环境服务功能和“公园”性质的前提下，

通过将生态系统内的非核心区的部分生态系统，以租赁、合作、授权经营等方式，引导国有企业、社会资本以及市场主体参与经营和生产，来增加环境友好型生态产品的供给，再通过等价交换的方式，实现生态系统价值的转化。例如将公园的部分配套作为开放式的街区，创新公园城市的商业模式，引进餐饮、文创、运动等特色产业，实现了生态与商业的有机融合，构建消费场景营造平衡管护费用的平衡机制。

（三）绿色创新价值融合发展机制

公园城市建设的价值提升，主要包括绿色价值和创新价值两个方面。绿色价值是指生态环境本身所蕴含的生态价值，主要由自然力形成。创新价值是指人的创造力、改造能力等人类劳动的价值。绿色价值的价值总量是有限的，而人类的创新价值是无限的。一方面通过生态环境保护和建设，不断提升绿色价值；另一方面通过创新性劳动，实现绿色价值的跃升。因此，成都以绿色价值创造为主线建设公园城市，既是城市形态、人居环境的提升过程，也是一个绿色价值创造和创新价值提升的经济活动。通过公园城市建设，不仅改变城市面貌和营商环境，同时发展市场导向的绿色技术创新体系，推进知识、技术、信息、大数据等创新性生产要素与传统生产要素的有机融合，以培育新动能实现公园城市经济价值提升，探索一条绿色价值与创新价值有机融合的发展机制。

（四）发展理念转变与劳动生产率协同增长机制

习近平总书记指出："要正确处理好经济发展同生态环境保护的关系，牢固树立保护生态环境就是保护生产力、改善生态环境就是发展生产力的理念。"公共生态产品既要满足人的基本需要，又会受人的发展理念影响。而公园城市建设最艰巨的任务，是从根本上变革人关于自然、关于发展的理念，将生态环境作为生产力的重要组成部分，在全社会开展绿色生产和绿色生活，实现城市发展模式的全面转型。短期来看，公园城市建设会增加发展成本；长期来看，公园城市建设正吸引更多人才留在成都，继而推动劳动者、劳动资料、科学技术等生产性要素的优化配置，提升城市整体劳动生产率和城市竞争能力。

四、总结

生态价值转化是公园城市发展的核心机制，生态补偿、绿色创新融合、劳动生产率提升等是公园城市生态价值转换的主要机制。当前成都正处于公园城市建设和超大型城市转型发展的关键期，肩负着创建全国绿色发展示范区、践行新发展理念的公园城市示范区等重任。生态文明背景下如何推进具有中国特色的公园城市建设，关键在于推动公园城市生态价值高效转换，实现城市的高质量发展、人民的高品质生活、政府的高水平治理。成都公园城市建设走在全国前列，取得了丰硕的成果，同时面临很多挑战。一是公园城市建设前期以政府投入为主，投入了大量的人力物力，后期运营管理不足，尚未形成价值转化长效机制。二是公园城市的发展不平衡，部分区域生态环境使用价值和价值较低，亟待提升。三是公园城市建设存在使用价值同质化发展倾向，主要打造风景园林等形式，农业、科普、生物多样性等主题的绿地系统建设不足。

参考文献

［1］李后强．公园城市示范区建设的“成都探索”［N］．企业家日报，2020－12－27（001）．

［2］邓玲，等．我国生态文明发展战略及其区域实现研究［M］．北京：人民出版社，2014．

［3］刘江宜，牟德刚．生态产品价值及实现机制研究进展［J］．生态经济，2020（10）．

［4］曾贤刚，虞慧怡，谢芳．生态产品的概念、分类及其市场化供给机制［J］．中国人口·资源与环境，2014（7）．

［5］中共成都市委关于制定成都市国民经济和社会发展第十四个五年规划和二〇三五年远景目标的建议［N］．成都日报，2020－12－31．

［6］邓玲．以绿色价值创造为主线建设公园城市［N］．成都日报，2019－03－14．

高校挂职干部人才在脱贫攻坚与乡村振兴衔接式发展中的作用发挥

——以四川大学为例①

张云华　范　瑾　吴先国②

摘　要：脱贫攻坚与乡村振兴，是新时代经济社会发展“补短板”“稳民生”的具体表现。高校作为其中的重要力量，充分发挥自身优势，积极选派挂职干部人才参与脱贫攻坚与乡村振兴帮扶工作。通过实证调研得知，选派挂职干部人才对推动脱贫攻坚与乡村振兴衔接式发展起到了积极作用，但也在角色转变与心理调适、工作环境、支持保障等方面存在一些困难和问题。为此，建议：树立正确导向，选优配强队伍；加强过程指导，提供全方位支持；健全管理机制，助推提质升效。

关键词：高校　脱贫攻坚　乡村振兴　衔接式发展

① 本文系四川大学党政管理服务研究项目“高校援派挂职干部人才在脱贫攻坚与乡村振兴衔接式发展中的作用发挥”研究成果。

② 张云华，四川大学党委组织部干部，研究方向为党的建设、干部人才队伍建设。范瑾，四川大学华西药学院党委书记，研究方向为基层党建、干部人才队伍建设。吴先国，四川大学党委组织部干部，研究方向为干部队伍建设。

一、研究背景

党中央对脱贫攻坚和乡村振兴战略作出重大的决策部署，为农村地区尤其是贫困地区的进步发展指明了方向。作为最吻合特定历史时期推进农村渐进式发展的模式，从脱贫攻坚到乡村振兴的衔接式发展以其连贯性、稳定性、长久性等特征在加快推动农村经济社会高质量发展方面发挥着无可比拟的重要优势。

学界对脱贫攻坚与乡村振兴的衔接式发展模式研究范围较宽广，涉及扶贫成就、重要意义、逻辑关系、困境与治理、实现策略等。高校作为知识和创新高地，在推动脱贫攻坚与乡村振兴衔接式发展过程中发挥着重要作用，但目前仅有少数学者如严瑾、黄绍华等从高校实践的角度关注脱贫攻坚与乡村振兴的衔接式发展模式。四川大学作为教育部布局在中国西部重点建设的高水平综合型研究大学，充分发挥自身优势，尤其是积极选派挂职干部人才参与脱贫攻坚和乡村振兴的实践，为探索脱贫攻坚和乡村振兴衔接式发展积累了一定的经验。以四川大学为例开展高校挂职干部人才在脱贫攻坚与乡村振兴衔接式发展中的作用发挥的实证研究是有益的。

二、研究方法

鉴于实证访谈具有“既能达到深度又能随时修正研究设计”的优势，个案研究法具有“研究过程的深入性和研究成果的可操作性”的特点，本研究主要采用半结构式的质性访谈方法和个案研究方法相结合，综合目的性抽样、方便性抽样和连锁式抽样方式，对四川大学60名挂职干部人才进行开放式的深度访谈。

受访对象包括五种类型：A类，定点帮扶干部人才；B类，援疆干部人才；C类，援藏干部人才；D类，对口支援干部人才；E类，校地合作等其他帮扶干部人才。五类受访对象占样本总比分别为36%（21人）、20%（12人）、8%（5人）、17%（10人）和18%（12人），见表1。

表1　受访对象情况统计

类别	A（定点扶贫干部人才）	B+C（援疆、援藏干部人才）	D（对口支援干部人才）	E（其他帮扶干部人才）
人数	21	17	10	12
总计	60人			

选取上述五类群体作为访谈对象基于以下考量：首先，四川大学选派的挂职干部人才学历层次较高、职务职级涵盖范围较广、总体思维层次较高，能为研究带来多领域的观点与深层次的思考，在对脱贫攻坚与乡村振兴衔接式发展中存在的问题和可供借鉴的经验方面具有独特的参考价值；其次，将援疆、援藏干部人才代表纳入研究范畴，主要是基于大扶贫、大振兴的视域，拓展研究的视野，增强研究的广泛性和延展性；最后，取样部分以对口支援干部人才和其他帮扶干部人才作为访谈对象，进一步拓宽对民族地区帮扶、省市校合作帮扶的关注维度，以增强该研究的多样性。

在个别访谈中，主要以“一对一”面对面访谈为主，以社交软件持续跟进访谈为辅，并开展了访前准备、样本选取、现场访谈、记录、编码、分析等环节工作。出于研究伦理和受访者的意愿，隐去个人信息，访谈编号体例为“所属受访对象类型+受访顺序”，例如“A01”中“A”代表受访对象为A类扶贫干部人才，“01”代表访谈者顺序编号。经过对访谈资料进行梳理与分类，我们将与本文无关的内容剔除，结合四川大学关于挂职干部人才的相关政策规定，以及他们的挂职亲身经历和工作情况，系统呈现相关情况。个案法的研究则围绕研究主题，基于便利与典型相结合的原则，对其中10名挂职干部人才开展持续跟进式研究，辅之以问卷法对他们进行不定期的现状考察。

三、研究发现

通过调研访谈，对高校挂职干部人才参与脱贫攻坚与乡村振兴工作中的作用发挥、积累的有益经验、发现有待改进的问题等方面进行了梳理汇总，形成以下研究发现。

（一）高校挂职干部人才在参与脱贫攻坚与乡村振兴工作中发挥的作用

人才资源是综合型大学的突出优势，也是贫困地区较为缺乏的重要资源之一，高校挂职干部人才队伍“组团式”参与脱贫攻坚与乡村振兴工作，坚持问题导向、实现资源有效对接，为推动实现校地双赢的局面，做出了重要贡献。

一是充分发挥专业优势，为地方经济社会发展提供智力支持。四川大学根据帮扶县的重点领域和急需紧缺专业人才，积极选派农业、水利、城市规划、计算机、大数据、生物医药等学科领域方面的专家学者赴农业、水务、经信、发改、住建、城乡规划等部门挂职锻炼，有效缓解了地方在这些领域专业人才不足的问题，为帮扶地编制了“十三五”“十四五”规划纲要、水利建设、村容村貌改造、数据互联等各类规划，制定创新驱动发展战略等制度文件，组织开展建设现代化经济体系、区域发展研究等课题，完成扶贫数据开发平台项目、研发“以购代捐”App等，为地方重点领域的经济社会发展贡献了智慧和力量。

二是“组团式”精准帮扶，形成高效协同联动机制。表现最为突出的是，在中央和四川省定点帮扶县，四川大学以1名县级副职为团长，在县级部门、乡镇、村挂职的N名干部人才为团员，以“组团式”的精准扶贫方式形成了县、乡（镇）、村三级联动机制。尤其是以贫困村为重点，形成县、乡（镇）、村的“同心圆”组织架构，为推动贫困村的脱贫攻坚工作做出了重要贡献。贫困村驻村干部发起召开农特产品推介会、“以购代捐”和“暖心行动”等活动，“1+N”干部人才帮扶队伍立即响应，充分发挥专业优势、单位优势、平台优势等，共同出谋划策、形成合力。比如，在凉山州甘洛县格布村出现水源问题时，该县水务局帮扶干部积极通过水利渠道多方争取，县级其他部门帮扶干部通过争取政策支持、多方筹措资金等方式，共同为解决水源问题贡献力量，确保“一竿子插到底”，助力贫困村的脱贫攻坚工作。

三是以挂职干部人才推动帮扶项目落地生根。挂职干部人才作为学校和帮扶县之间的重要纽带，在推动学校帮扶项目落地生根、开花结果方面起到了重要的作用。挂职干部人才背靠学校的“大后方”，通过整合、联动在校师生、毕业校友、学生支教团、社会企业家等各方面力量，构建多方联动的大帮扶格局，并通过逐家逐户走访调研深入了解当地干部群众的需求，积极将当地的需求同学校的资源进行有效对接，精准施策，确保“帮到点子上，扶到关键处”，推动学校的智力扶贫、教育扶贫、人才扶贫、科技扶贫、医疗扶贫等各类项目取得实效。

（二）高校挂职干部人才参与脱贫攻坚与乡村振兴中的经验总结

四川大学全面贯彻落实党中央、国务院和教育部的决策部署，聚焦脱贫攻坚与乡村振兴的目标，坚持“百姓所需、政府所急、川大所能”，以挂职干部人才为支点，通过他们架起学校和帮扶地的“连心桥”，积极将帮扶县干部群众最迫切、最关切的需求同学校的资源优势进行有效对接，精准施策，整合、联动在校师生、海内外校友、学生支教团、社会企业家等各方面力量，创新构建教育、人才、智力、科技、医疗等精准帮扶模式，真正“帮到点子上，扶到关键处”，全力支持干部人才打好脱贫攻坚战、乡村振兴战，构建了多方联动的大帮扶格局，有效推动学校帮扶工作取得重要成效。

一是坚持实事求是的工作方法。一切从实际出发是我们党的根本工作方法，也是挂职干部人才开展脱贫攻坚与乡村振兴帮扶工作的根本工作方法。四川大学挂职干部人才坚持一切从实际出发，在广泛实地调研的基础上，尽快熟悉和掌握当地的经济发展、人口环境、风土人情等基本状况，理清优势和短板，切实了解当地的实际需求和存在的实际困难，因地制宜、因户施策，对接需求、科学决策、抓好落实、谋求发展，采取更加集中的支持、更加有效的举措，开展更加有力的工作，坚持帮当地之需、扶当地之困、促当地发展。

二是激发内生动力是关键重点。“授人以鱼，不如授人以渔。”四川大学挂职干部人才在推进脱贫攻坚与乡村振兴衔接式发展过程中，始终坚持以调动群众的积极性和主动性为着力点，坚持外部“送力”和内部“发力”相结合的工作方法。以前期股份捐助吸引、中期奖补激发积极性、后期形成利益共同体的方式，大力发展农村庭院经济，结成联股、联利的共同体，实现股份到户、利益到户，用群众看得见、摸得到、做得来的直接利益杠杆来撬动贫困群众干事创业的积极性和主动性，真正意义上改变群众“等、靠、要”的思想，推动群众从消极等待变为积极作为，让主动“劳动”成为一种生活习惯和兴趣爱好。

三是久久为功发挥突出优势。“治贫先治愚，扶贫必扶智”。教育扶贫、文化扶贫是脱贫攻坚与乡村振兴衔接式发展的重要内容，也是阻断贫困代际传递的重要途径。四川大学挂职干部人才在推进脱贫攻坚与乡村振兴衔接式发展过程中，高度重视教育扶贫、文化扶贫，通过专业教师队伍建设，为当地培育了一批业务精、能力强、素质高的专业教师队伍，连续选派大学生开展扶贫支教工作，为贫困地区文化扶贫工作提供了坚实可靠的人才资源；积极做好教育宣传引导，深入农户家庭稳妥开展“控辍保学”工作；选派幼儿教师到乡镇幼儿园开展支教工作，并组织当地幼儿教师到四川大学附属幼儿园跟班学习；通过改造村容村貌，挖掘农村文化资源，培育良好的文化环境，并充分发挥群众在文化建设中的主体作用，将“送文化”的理念转变为培育帮扶地区形成“文化生长点”。

（三）挂职干部人才参与脱贫攻坚与乡村振兴中遇到的困难和问题

通过对访谈材料的梳理总结发现，挂职干部人才在参与脱贫攻坚与乡村振兴实践中遇到的困难和问题，主要集中在角色转变与心理调适、工作环境、支持保障三个方面。

一是角色转变与心理调适方面，普遍反映的是：在家庭方面，由于援派挂职地相对较远，因无法照顾家人会产生一定的愧疚感；在工作方面，由于所处环境、任职岗位等因素的不同，不同类别的挂职干部人才对脱贫攻坚工作中存在困难点的认识也不尽相同，特别是由于高校和地方在思维方式、工作方法、服务对象、思想观念等方面都存在差异，个别干部人才在角色转变方面还不够顺畅，在工作中会产生挫败感，从而导致心理压力较大，角色调适还不到位。

二是工作环境方面，有35%的受访者表示，因援派挂职地多为偏远地区、民族地区，由于生活习惯、民俗习惯的差异，导致生活上有一定的不适应。比如，开展援疆援藏、扶贫与乡村振兴工作的干部人才到援派挂职地后，由于存在文化差异、语言差异、民族差异、习俗差异等，融入当地生活相对要缓慢一些，从而导致在深入了解当地群众的需求、主动对接开展工作方面存在一定的困难。有20%的受访者表示，因受援地机构设置、权限设置、管理方式、人员素质等方面与学校存在较大差异，导致在前期工作中把握不住工作重点和难点，需要一段较长的适应时间。有15%的受访者表示，因环境较为艰苦、交通不便、饮食差异等原因，导致身体健康出现一些问题，有的受访者甚至在工作途中发生过交通意外。有30%的受访者反馈，存在工作安排不合理现象，有的受访者反映因挂职单位任务重，身兼数职，工作强度大，经常加班熬夜；有的受访者则反映挂职期间主要参与日常性工作，有的甚至与自身专业相关性不强，没有机会参与重要工作，不能很好地发挥发挥专业优势或所学所长，同时对自身的学术研究和专业发展有一定的影响。

三是支持保障方面，受访者均认为派出单位在脱贫攻坚中的支持保障作用非常重要，学校以制度规范的形式明确了对挂职干部人才的正向激励、待遇保障、关心关爱、考核评价等方面的内容，为挂职干部人才解除了诸多后顾之忧。有受访者表示，希望派出单位能组织任职培训以帮助他们尽快适应环境、加强交流学习、提高业务能力，定期组织现场考察，在帮扶过程中给予持续关心指导。虽然高校人才济济、学科门类齐全，但是在具体的帮扶工作中，如何有效将贫困地区需求和高校突出优势资源进行对接、整合、运用，还存在一定的困难。

四、对策建议

习近平总书记强调，“乡村振兴，关键在人、关键在干。必须建设一支政治过硬、本领过硬、作风过硬的乡村振兴干部队伍”。四川大学在参与脱贫攻坚与乡村振兴帮扶工作中积累了一定的工作经验，为高校在推动脱贫攻坚和乡村振兴衔接式发展提供了宝贵借鉴和现实思考。

（一）树立正确导向，选优配强队伍

一是严格人选标准，严格选任程序。坚持“好干部”标准，充分发挥基层党组织的把关作用，严把推荐人选政治关、品行关、能力关、廉洁关，并充分考虑年龄、专业、经历等因素，参照党政领导干部选拔任用相关程序，坚持个人自主报名、基层党委推荐和组织选拔相结合，反复酝酿、逐级遴选，确保人岗相适、选优配强。

二是建立激励机制，树立实干导向。对参与脱贫攻坚和乡村振兴帮扶工作中表现优秀、干群认可度高、作风优良、实绩突出的挂职干部人才，在干部选拔任用、专业技术职务和职员职级晋升、评先评优等方面优先考虑、适当倾斜；积极宣传正面典型，旗帜鲜明地树立良好的选人用人导向，激发干部人才干事创业激情和动能；在具体工作中放手、放权、放胆，全力支持并助推他们把特长、优势发挥出来。

三是建立后备人才库，加强动态管理。根据乡村振兴工作的实际需要，提前物色、发现、储备一支熟悉基层党务、产业经济、社会服务等方面工作的优秀年轻干部人才队伍，并及时根据地方需求，动态更新干部人才数据库，确保“源头活水”，做到按需对接、分类帮扶，提高选派干部人才的精准性、适配性。

（二）加强过程指导，提供全方位支持

一是重视培训指导，助推角色转变。坚持以问题和需求为导向，按需施教，加强行前教育、行中培训学习，坚持理论学习和实践锻炼相结合，突出培训内容的实效性、实用性，强化党性教育和群众工作方法指导，提升挂职干部人才服务基层、联系群众的能力。结合当地总体情况，紧扣改革发展重点、制约工作难点、群众关心热点，适时组织挂职干部人才到特色产业基地、项目建设现场、党建示范点进行观摩学习，帮助他们接地气、长见识、增才干。坚持传帮带工作机制，做好新老帮扶干部的有效衔接，通过带思想、带作风，学理论、学经验，让挂职干部人才迅速融入新集体、新环境中，找准挂职工作的切入点和突破点，有针对性地制订挂职工作计划，增强工作实效。

二是整合多方资源，形成帮扶合力。挂职干部人才要结合个人优势，积极发挥主观能动作用，充分依托和深度挖掘高校在人才、智力、科技、医疗、校友资源等方面的综合优势和作用，统筹用好各类帮扶政策，有力整合各方资源，加大帮扶力度，创新帮扶方式，丰富帮扶内容，形成帮扶合力，提升帮扶成效。同时，高校作为挂职干部人才的“大后方”，可组建一支乡村振兴智囊团队伍，从党的建设、教育扶持、产业提升、文化引领、生态保护等多方面为挂职干部人才提供服务。

三是搭建交流平台，加强传承分享。高校要积极构建交流平台，采取举办挂职干部人才培训班、工作座谈会、分享交流会等方式，通过交流和碰撞，让挂职干部人才切实把积累的好经验、好方法，成功转化为下阶段乡村振兴工作开展的思路、路径和借鉴。同时，鼓励挂职干部人才将挂职期间所得、所思转化为理论学习和调查研究成果，通过他们讲好中国脱贫振兴故事，并纳入高校立德树人的课堂，作为国情教育的重要内容。

（三）健全管理机制，助推提质增效

一是加强制度规范，增强责任落实。研究制定挂职干部人才管理制度，确保挂职工作制度化、规范化，在推荐选派、管理考核、待遇保障等方面做出明确规定，既从严管理，又关心厚爱。结合挂职管理工作实际，加强与挂职地的对接交流，厘清派出单位和接收单位的职责权限，各司其职、各尽其责，并充分结合挂职干部人才的专业所长、优势特点合理安排工作任务。

二是完善考核体系，强化过程管理。派出高校与接收单位共同参与考核指标的设

置，结合任务目标、岗位职责、现实基础等情况，突出挂职干部人才的现实表现和工作实绩。加强日常了解、过程管理，综合运用实地走访调研、个别访谈、组织测评等方式，强化年度考核、中期考核和期满考核，把考核工作做在经常、融入日常，切实考准考实，引导挂职干部人才主动作为、认真履责、真挂实干。

三是加大关心关爱力度，落实各方面保障。认真落实挂职期间的生活补贴、交通费报销、体检保险、探亲休假等各项待遇保障，充分利用春节、中秋节等重要时间节点，组织校领导和组织部领导看望慰问挂职干部人才及其家属，切实关心爱护挂职干部人才，并尽可能帮助解决实际问题和困难，免除干部人才的后顾之忧，让其全身心地投入挂职工作。建立校院两级工作联系人制度，开展经常性联系与管理服务工作，及时了解他们的思想、工作、生活等情况，听取意见建议，对存在的困惑予以疏导，对存在的困难及时帮助解决。关心重视挂职干部人才的心理健康，通过提供日常心理咨询、心理辅导等方式帮助他们减负减压。

参考文献

[1] 严瑾，黄绍华. 脱贫攻坚与乡村振兴有机衔接的高校实践理路［J］. 湖北民族大学学报（哲学社会科学版），2020（5）.

[2] 陈明星. 脱贫攻坚与乡村振兴有效衔接的基本逻辑与实现路径［J］. 贵州社会科学，2020（5）.

[3] 张云华，范瑾. 精准扶贫中高校挂职干部人才的作用发挥［M］//陈森. 发挥高校优势　助力脱贫攻坚——四川大学语言文字工作优秀成果汇编. 成都：四川大学出版社，2020：142－149.

[4] 陈文胜. 脱贫攻坚与乡村振兴有效衔接的实现途径［J］. 贵州社会科学，2020（1）.

[5] 黄承伟. 习近平扶贫思想体系及其丰富内涵［J］. 中南民族大学学报（人文社会科学版），2016（6）.

[6] 范瑾，张云华. 以扶贫干部人才为支点，创新探索高校“1＋N”干部人才精准扶贫新模式［M］//王智猛. 脱贫攻坚与乡村振兴的理论与实践. 成都：四川大学出版社，2021：327－331.

[7] 汪三贵，冯紫曦. 脱贫攻坚与乡村振兴有机衔接：逻辑关系、内涵与重点内容［J］. 南京农业大学学报（社会科学版），2019（5）.

[8] 师晓娟，蔡秀清，杨啸宇. 援藏干部助力西藏脱贫攻坚：成就、经验与启示［J］. 西藏民族大学学报（哲学社会科学版），2019（6）.

校院两级关工委工作模式创新探索与实践

——以四川大学化学工程学院为例

高　敏　李天友　杨谨瑗[①]

摘　要：高校关工委是高校思政力量的重要补充，做好高校基层关工委工作，不断探索“五老”育人的新模式，对于培养社会主义建设者和接班人具有重要意义。本文结合四川大学化学工程学院关工委工作实践，归纳总结校院两级关工委创新管理模式，以期为高校基层关工委提供好的经验做法。

关键词：关工委　五老　创新模式　实践

习近平总书记在纪念中国关心下一代工作委员会成立30周年暨全国关心下一代工作表彰大会上强调：广大“五老”是党和国家的宝贵财富，是加强青少年思想政治工作的重要力量。各级党委和政府要加强对关心下一代工作的领导，支持更多老同志参加关心下一代工作，使广大“五老”在关心下一代的广阔舞台上老有所为、发光发热，为培养社会主义建设者和接班人作出新的更大贡献。高校集中了一批政治素质高、专业能力强、奉献精神足的“五老”队伍，在开展关心下一代工作方面具有独特的优势。四川大

① 高敏，四川大学化学工程学院党建管理科科长，助理研究员，研究方向为高校党建和思政工作。李天友，四川大学化学工程学院党委书记，副教授，研究方向为高校党建。杨谨瑗，四川大学化学工程学院综合管理科科长，讲师，研究方向为高校离退休工作。

学关工委成立于1991年，1998年开始成立了院级关工委组织。近年来，化学工程学院关工委在学校关工委的领导下，以习近平新时代中国特色社会主义思想为统领，牢牢把握立德树人根本任务，创新驱动、干在实处，积极探索校院两级关工委管理新模式，在长期的探索实践中形成了“一核心、两结合、三保障”的工作实践，做到了“有政治引领，有过硬队伍，有独特品牌”，取得了可喜成绩。

一、校院两级关工委管理模式的特点

高校关工委成立较早，校院两级关工委管理模式推行较早，较其他行业有自己的管理模式和特点。

（一）组织机构健全

高校关工委主要组成人员为离退休老教师和老干部等。和其他单位的关工委相比，高校关工委的组成人员多为老专家、老教授、老领导等，在青年教师和学生群体中具有一定的威望，加之高校离退休处和二级学院有专职离退休工作秘书，使得高校关工委组织机构健全，成员相对固定。就四川大学而言，四川大学关工委依托四川大学离退休处开展工作，现有关工委成员52人，学院（单位）二级关工委39个。

（二）服务保障完善

为更好地服务青年教师和年轻学子，高校关工委不断增强服务保障意识，发挥二级关工委的主体作用，保障工作经费，稳定“五老”队伍。除常规的秘书处和办公室，负责工作协调和处理关工委工作的日常事务外，依托离退休处和学院负责离退休工作的副书记，联合学生工作部，为老同志和新同学搭建沟通平台，不断加强队伍建设，积极开展思政教育、班风学风建设、生涯指导和校园文化建设等。

（三）以基层为抓手

高校关工委的工作重心在学生，抓手在基层。与青年教师和学子的交流座谈，必须依托二级学院搭建平台开展工作。因此，我们在探索构建校院两级关工委模式的实践中，非常重视校院两级关工委的交流沟通，依托校级关工委六个工作指导部作为工作骨干团队，分阶段、分重点地组织开展老教师与青年学子的交流活动，打造特色品牌，提升育人成效。

二、当前校院两级关工委管理模式存在的问题

（一）组成人员复杂且多，造成管理有难度

从目前的管理模式看，高校关工委有自己独特的优势，但在实际运行中，也产生了管理问题。就四川大学而言，校院两级关工委组成人员达500多人，怎样协调老教师资源，怎样及时的沟通和交流是目前的管理难题。以化学工程学院关工委为例，目前有成员19人。但是，这些老师或兼任了教学督导组成员，或继续承担科研工作，或担任本科生教导员等，时间协调和队伍管理就成了问题。

（二）专职工作人员较少，造成服务有折扣

校级关工委多依托离退休处建立，更有利于团结带领广大退休教师。但是这种管理模式也给离退休处造成了管理压力。因为管理人员身兼数职，就造成了服务有折扣。院级关工委的主要工作人员多为离退休工作秘书，但多数情况下，离退休工作秘书也同时承担党务、宣传、外联等工作，这就使得调动老同志的积极性，精准关爱学生有时分身乏术。

（三）基层关工委配合不够，造成活动有困难

高校关工委的职责就是紧紧围绕立德树人根本任务，充分发挥“五老”的优势和作用，加强对广大青年学生的理想信念和爱国主义教育，引导和帮助青年学生成长成才。因此，高校关工委的工作落脚点应该在基层，重点应该在高校青年学子。但是从实际工作中发现，院级关工委的职责和作用还是发挥得不够。

三、创新校院两级关工委管理模式的探索与实践

关心下一代的工作主要在基层，服务对象是一线的学生和青年教师。要加强和改进校级关工委的管理模式，提升关工委工作实效，就必须紧密结合基层实际，探索实践校院两级关工委管理的新模式。经过10余年的探索和实践，化学工程学院积极配合四川

大学关工委，在长期探索实践中建立完善了“一核心、两结合、三保障”的工作模式，取得了显著的工作成效。

（一）一核心：党政高度重视

高校关心下一代工作以关心、关爱学生成长成才为主要责任，以离退休老教师为主体，是高校思想政治教育的重要补充和支持。做好高校关工委工作，党政必须高度重视，以习近平新时代中国特色社会主义思想为指导，把关工委和广大“五老”的思想和行动统一到党中央的重大决策部署上，统一到立德树人的根本任务上，着力加强学院关工委自身建设。要做到党政高度重视，就必须持续加强学院关工委领导班子建设、关工委“五老”队伍建设和工作制度建设。围绕立德树人的中心任务，学院党委用“主体责任”牵动关工委“配合补充”，用“尽力而为”带动关工委“量力而行”。

在加强关工委“五老”队伍建设方面，我们依靠学院党的领导，坚持“围绕中心、配合补充、立足基层、注重实效”的工作方针，通过积极动员，及时补充、调整关工委组成成员。通过广泛宣传、党政领导亲自动员、召开聘任会等形式，把有责任感、有使命感、有热情的老同志吸收到关工委，确保队伍薪火相传、源源不断。2011 年以来，学院每一届关工委均有近 20 位老同志参加。

在长期的工作实践中，学院关工委不断强化自身建设，构建形成了完善的工作制度。定期学习制度，工作会议制度，活动策划制度和总结归纳制度。通过持续的学习，提升老同志们的理论修养和水平。每年年初组织召开工作布置会，在探索推行特色活动中，随时组织召开工作会议，统筹推进各方工作，提升活动成效。学期末组织召开工作总结会议，对年度工作开展情况进行及时回顾总结，推广好的经验做法，推动关工委发挥主体作用。

（二）两结合：校院两级结合，离退休与教学、学工结合

在校院两级结合方面，如何充分调动基层关工委的积极性，是目前高校关工委面临的难题。我们在做好关工委工作过程中，重视校院两级关工委的工作结合。以化学工程学院为例，学院关工委副主任为老领导梁明征老师。梁老师在学院工作 40 余年，曾任学院党委书记，其间参与学院筹备创建工作，积极推动化工机械学科发展，对学院人才培养、教育教学、科学研究情况非常了解，在师生中拥有较高威望。为了更好地推动校

院两级关工委工作的实效，梁老师同时担任了四川大学关工委素质教育活动指导部副部长，对校院两级关工委工作非常了解，并且倾注了很多心血，很好地发挥了桥梁纽带作用。2011 年以来，在梁明征老师的积极推动下，学校关工委有 40 余位成员参与了学院的相关活动，形成了育人的强大合力。

在离退休与教学、学工结合方面，“想青少年所需”，是关心下一代工作实现科学发展的目标和根本任务。目前高校的思想政治工作主要依靠辅导员开展。但是多数辅导员留校时间并不长，本身也是刚毕业的学生，对于学生思想政治工作缺乏经验。关工委老同志自身的思想优势和亲切感，更能拉近与学生的距离。学生也能将学习和生活中的困难及时反馈给老同志。通过离退休老同志、青年教师和辅导员的科学联动，凝聚了工作动力，形成了育人合力，提升了思想政治的成效。近年来，学院努力在科学联动、精准帮扶上下功夫，联合学生工作科打造“跟班关爱学生成长”品牌活动，获得“全国教育系统关心下一代工作创新案例奖”（全国仅 20 项）。

（三）三保障：组织保障、经费保障、服务保障

学院在推进关工委工作中，努力做到关工委工作“党委负责有人管，协调服务有人做，活动经费有着落”，实现了思想认识、组织领导、统筹协调、关心支持和落实措施“五个到位”。

在组织保障方面，为更好地做好学院关工委工作，化学工程学院关工委在配合学校关工委做好相关工作的同时，不断建立健全学院关工委机构，为开展好关心下一代工作提供组织保障。学院党委统一思想，深刻认识“五老”的重要作用和做好新时代关工委工作的重要性和必要性。成立了以学院主管离退休工作的党委副书记任主任，主管学生工作的党委副书记、主管教学工作的副院长、离退休老同志任副主任，以及团委书记、学生科科长、党政办主任、综合科科长和多名离退休老同志任委员组成的学院二级关工委，确保关工委工作有人管、关工委活动有人做。

在经费保障方面，化学工程学院在年度预算中设置了关工委专项经费，确保关工委活动的顺利开展。2018 年以来，在学院党委和相关经费的支持下，学院离退休老师和辅导员老师积极参与，学院关工委高度重视积极参与“读懂中国”活动。2018 年以来学院“读懂中国”获得教育部最佳征文奖 2 次、优秀微视频奖 1 次，获得四川大学微视频一等奖 1 次、征文一等奖 1 次，学院关工委获得四川大学“优秀组织奖”1 次。

在服务保障方面，化学工程学院关工委在做好关工委工作过程中，不断完善关工委服务体系。一位党委副书记分管关工委工作，一位行政老师负责具体工作。以提升学院关工委工作为标准，进一步精准服务、强化沟通、组织协调。充分利用现代通信手段，构建完善微信群组、QQ群组，组织开展重要活动前做到了工作布置先行、学生参与先行和组织领导先行，确保每一次活动的参与人数和活动效果。十年来，参加本科生活动的校院两级关工委老同志接近140人次，受益学生近4000人。

关心下一代工作是一项系统工程，对于加强和改进大学生思想政治教育具有重大作用，也是关系党和国家命运的希望工程。高校关工委作为国家建立较早的关工委组织，在做好关工委参与思想政治工作的同时，更应该善于发现问题和不足，及时总结经验做法，不断探索“五老”育人的新模式。为此，我们要进一步提高思想认识，切实提升关工委工作的使命感和责任感，始终把习近平新时代中国特色社会主义思想作为强大的思想武器，认真贯彻落实习近平总书记关于关工委工作的重要讲话精神，不断探讨校院两级关工委管理的新模式，切实提升工作实效，支持更多老同志参加关心下一代工作，为培养社会主义建设者和接班人作出新的更大贡献。

参考文献

［1］习近平．就做好关心下一代工作作出重要指示　强调支持更多老同志参加关心下一代工作　为培养社会主义建设者和接班人作出新的更大贡献［EB/OL］．新华网客户端，2020-11-18．

［2］王剑敏．高校基层关工委工作着力点及路径选择［J］．前沿，2010（10）．

［3］张虹．如何推进关工委工作常态化建设——以南京邮电大学管理学院为例［J］．科教导刊，2015（9）．

构建新时代高校总体国家安全观宣传教育的路径探究①

吕　顺②

摘　要：国家安全是国家生存发展的前提，是人民幸福安康的基础。在国内外安全因素面临前所未有之大变局的历史背景下，开展国家安全宣传教育尤为重要。高校作为人才高地、创新高地、科研高地，承担着为社会和国家培养人才、开展科研攻关的重大使命。目前，高校在开展国家安全宣传教育方面仍需要进一步加强，本文对新时代高校开展国家安全宣传教育的路径进行探索，提出了做好新时代高校国家安全观教育的基本思路。

关键词：总体国家安全观　宣传教育　路径探究

引　言

当前，国际形势错综复杂，国内社会治安存在一些问题，影响高校安全稳定的因素呈现多样化、复杂化、深层次的趋势。国家安全宣传教育是党和国家的一项重要工作，

① 本课题受四川大学国家安全保密重点项目（skbm202102）资助。

② 吕顺，四川大学党政办机要室副主任，主要研究方向为保密管理和保密技术研究。

做好总体国家安全观宣传教育关乎社会稳定、人民利益。高校国家安全宣传教育作为师生总体学习国家安全观的先导性、基础性工作，必须始终把对“人”的总体国家安全观的教育摆在优先、突出位置。这就要求高校不断突出增强国家安全意识，充分利用教师和学生相互作用，在宣传教育方式上抓创新、在成效上求突破、在推进上重日常，才能够有效推动高校总体国家安全观的宣传教育工作的有序开展、创新发展，切实筑牢总体国家安全观的思想防线。

一、高校要在灵活开展总体国家安全观宣传教育形式上下功夫

要保证高校总体国家安全观宣传教育卓有成效，就要通过灵活多样、切实管用的宣教形式，确保党和国家关于总体国家安全观的有关方针政策、相关工作要求落地落实。

一要召开会议“传”。要利用各类工作会时机，及时开展对校院各级各部门分管领导、保密干部的国家安全宣传教育，全面宣传国家关于总体国家观的思想和方针，切实增强广大干部职工维护国家安全的责任意识。要充分利用党内主题教育、基层调研、指导检查等时机，积极利用高校干部培训会、学生军训动员会等宣讲国家安全宣传教育方针政策、常识和形势，打牢总体国家安全观的基层基础。

二要组织办班“训”。高校要联合地方相关师资培训部门建立总体国家安全观教育的师资库，充分发挥党校、干部教育培训基地、国家保密学院等阵地作用，主动开展总体国家安全观综合培训，从实践中锻炼培育一批师资库成员。要针对要害部位相关人员、涉密人员等开展人员岗前和在岗培训，定期对涉密、涉外、出境等相关人员开展国家安全专题培训。要依托纪念馆、纪念地、革命旧址等，将总体国家安全观宣传教育融入革命传统教育、理想信念教育。

三要多方借鉴“学”。积极组织人员参加省市有关单位、保密行政管理部门开展的学习培训，及时接受当前国内外形势教育。要加强院系间的现场交流，学习借鉴总体国家安全观宣传教育的先进经验，取长补短，学以致用。要积极组织学校从事保卫、保密、涉外等相关人员参观国家安全主题教育展览，参加各类会议，开阔眼界，拓宽视野，不断提升高校要害部位、关键岗位相关人员维护国家安全的能力和水平。

四要现场练兵“促”。高校有关部门要定期到院系、课题组等举办加强总体国家安

全观的技能培训班，促进基层对贯彻总体国家安全观精神的队伍建设。要对一些涉内部事项多的人员开展全员总体国家安全教育，学校党政部门要及时督促各单位向学校报送现场培训图片、音像等资料，实现“全覆盖”。

二、高校要在丰富总体国家安全观宣传教育内容上出实招

高校要坚持分类施教，着力构建全方位、多层次、立体化的总体国家安全观宣传教育格局，立足“国之大者”，不断深化内容内涵。

一要讲清国家安全形势强担当。要利用每一次宣传教育机会，反复重申维护国家安全工作的重要地位、尖锐复杂形势以及存在的突出问题，深化对国家安全重要性认识。充分挖掘利用高校所在地区的红色故事、厚重的历史文化资源，把国家安全教育同爱国主义教育、国防教育、时事政治教育结合起来，强化高校师生员工维护国家安全和利益的担当、担责意识。

二要讲透国家安全有关法规知敬畏。要做好党中央关于总体国家安全工作决策部署和习近平总书记重要指示批示精神的宣传解读，准确把握总体国家安全观的政治属性，提高政治判断力、政治领悟力和政治执行力。要全面推进总体国家安全观宣传教育全覆盖，着重讲深讲透国家安全法律法规和规章制度，做好有关法规的解读释义，促使学校领导干部、涉密人员、涉外人员等守纪律、明底线，增强做好维护国家安全的法治意识、纪律意识和规矩意识。

三要讲明制度重细节。开展总体国家安全观宣传教育，不仅要把维护国家安全不能做什么、能做什么讲明白，还要把具体怎么做讲实教会。要在讲解过程中把重大典型案件的有关情况讲清楚，深刻剖析各类危害国家安全案件的根源，引导教育对象举一反三、防微杜渐，清晰认识到关于维护国家安全相关制度的规范约束作用，从落小落细入手，多角度、立体式开展国家安全宣传教育，确保取得实实在在的效果。

四要讲授技术早防范。要在维护国家安全教育中充分整合保密宣传教育资源，从网络、办公自动化、移动通信和窃听窃视等方面，演示、讲解信息化条件下常见的危害国家安全的手段，技术窃密手段、原理和泄密途径，帮助全体师生员工，特别是涉密人员了解和掌握保密防范知识和技能，筑牢维护国家安全的意识。

三、高校要在落实维护总体国家安全观宣传教育责任上再突出

一要认真履行校院两级维护总体国家安全观宣传教育的责任。充分发挥院系保卫、保密主力军作用，及时打通校院上下贯通、左右连通的国家安全宣传教育工作机制，执本末从、纲举目张；鼓励各学院、各涉密课题组根据实际开展有特色的维护总体国家安全观宣传教育工作，因地制宜、量体裁衣；畅通信息交流渠道、拓展工作展示平台，促进高校、院系之间互学互鉴、共同提高。要引导、激励学院保卫、保密等干部做宣传员、教导员，现身说法、以干促教。

二要积极整合借助外力外脑。维护总体国家安全观宣传教育是一项基础性、综合性很强的工作，仅靠学校保卫、保密等部门的单打独斗是做不好的。要建立健全与学校宣传、学生、人事等有关职能的协作机制，充分发挥其在宣传教育工作方面的渠道资源，学习借鉴好的做法经验。充分发挥高校网络空间安全学院、国际关系学院、保密学院等相关方面专家学者的作用，协助在维护总体国家安全观宣传教育内容上把关明定向、出谋划策，积极营造全校维护国家安全的良好氛围。

三要深入师生开展国家安全教育。国家安全为了人民，国家安全依靠人民。充分发挥“新媒体时代人人都是传播者”的特点优势，广泛宣传和发动师生积极参加国家安全宣传教育活动，让师生在参与过程中受教育、在参与中长知识。同时，积极鼓励和引导学校党群组织、社团参与创作国家安全宣传教育作品，让师生自我教育、相互教育，激发维护国家安全的责任感和主动性。

四、高校要在夯实总体国家安全观宣传教育载体上求实效

高校要及时采取订购、制作国家安全宣传教育图书、挂图、手册、音像制品、展板，悬挂横幅、气球标语，发布新媒体资讯等方式，不断拓展宣传教育渠道，将维护国家安全的知识推送至各级党组织、各学院、各项目课题组。

一要编发资料广泛宣传。要针对国家最新的法律法规印发宣传册，针对容易发生的事件制作印发安全防范提醒等折页；要针对教职工、学生分别刻制宣教光碟，让宣教媒

介知识触手可及、如影随形、入脑入心。

二要播放影片专门警示。要专门组织场次播放国家安全警示教育片，警示启迪学校各单位、涉密课题组、要害部位加强管理措施。要及时关注国家有关部门的宣教微信公众号、网页，了解最新的国家安全警示教育片，及时开展放映工作。

三要征订刊物学以致用。高校要及时征订有关国内外动态、开展国家安全相关的报纸杂志和专业图书、影像资料，不断提高学刊、用刊效率。要运用网络深入传播维护国家安全的各类知识，针对“4·15 全民国家安全教育日”及时通过手机发送维护国家安全宣传教育的提醒短信，广泛宣传保守国家秘密，维护国家安全的重要意义，不断丰富高校信息化网络化宣传手段，让师生员工及时学习到最新的总体国家安全观知识。

结　语

高校的总体国家安全观宣传教育是“大合唱”，需要每个部门深入参与。做好高校总体国家安全观宣传教育，要充分调动和发挥好高校各级组织，做到博采众长、兼收并蓄，要科学安排好各方力量，才能让师生通过总体国家安全观宣传教育，进一步增强维护国家安全的观念，普及国家安全法律法规，确实提高维护国家安全的能力。

参考文献

［1］刘震，盛佳伟．总体国家安全观视域下高校学生安全稳定工作的潜在风险及其应对［J］．学校党建与思想教育，2023（1）．

［2］孟玉桂．新时代大学生国家安全教育研究［D］．成都：四川师范大学，2021．

［3］杨清，李狄颖．新时代高校加强习近平总体国家安全观教育若干思考［J］．伊犁师范大学学报，2022（4）．

“转作风　提效能”

——高校教职工岗位变动与工资待遇“就高原则”联动关系研究①

周　娓②

摘　要：高校作为国家教育事业单位，工资待遇严格按照国家相关文件规定执行。工资待遇事关每一位教职人员的切身利益，受关注度极高，但因工资待遇的政策性极强，不同经历的工作人员岗位变动情况复杂，真正能准确了解工资待遇政策的人并不多。专门从事工资福利相关岗位工作的人员虽然了解工资政策，但因业务的特殊性，面向全校教职工宣传的机会并不多，故大多数高校教职工对工资政策只是一知半解；且随着高校的不断发展和收入分配制度的不断改革，部分教职工的工资待遇实际核算需要分阶段、据实情而定，容易造成对岗位变动后工资待遇无法达到预期而产生落差的情况。为此，要促进新时代高校发展、强化一线意识、树立优良作风，重视“转作风、提效能”，系统梳理岗位变动后的工资待遇相关政策，针对个案进行分析研究对于普及国家工资待遇政策及加强教职工正确理解岗位变动与工资待遇之间的关系极为重要。

关键词：岗位变动　工资待遇　就高原则　联动关系

---

①　本文系四川大学校级管理项目“高校教职工岗位变动与工资待遇‘就高原则’联动关系研究”（项目编号：2022DZYJ－10）成果。

②　周娓，四川大学人事处工资福利科副科长、助理研究员（管理研究），研究方向为工资福利、离退休待遇等社会历史、经济、文化发展研究。

当前，中国特色社会主义进入新时代，中国高等教育发展也步入“双一流”建设的新时代。为了加强国家对收入分配的宏观调控，建立工资分级管理体制，完善收入分配调控政策，加强工资收入支付管理，严肃收入分配纪律等，我国事业单位收入分配制度改革从2006年开始实施岗位绩效工资制度。岗位工资主要分为专业技术人员、管理人员、工人三类。高校作为事业单位，薪级工资按照教职工的套改年限、任职年限和所聘岗位，并结合工作表现，套改成相应的薪级工资，最终执行相应的薪级工资标准。国家对高校的绩效工资分配实行总量调控和政策指导。在国家相关部门核定的绩效工资总量内，依据规范的分配程序和要求，采取灵活多样的分配形式和办法，各高校可自主决定本单位内的绩效工资分配。高校绩效工资的具体分配应以教职工的实绩和贡献为依据，合理拉开差距。高校教职工岗位变动后，工资调整也有相关的调整办法，调整岗位工资的变动时间、执行标准都有严格规定。高校教职工基本工资标准的调整由国家统一部署，需密切参考经济发展、财政状况、企业相当人员工资水平和物价变动等相关因素。

要促进新时代高校发展，重视“转作风、提效能”极为重要。本文拟从梳理高校教职工的工资待遇基本政策入手，主要探讨高校教职工岗位变动后基本工资及绩效工资的待遇兑现情况，同时就普遍性问题举例分析，着重对目前存在的矛盾点进行总结论述，并提出可行的解决办法。

一、高校等事业单位的收入分配政策

从2006年7月1日起，我国经各级党委、政府及机构编制部门批准设立的教育、卫生、科学研究等事业单位工作人员收入分配制度改革，开始实施岗位绩效工资制度。①

（一）高校等事业单位岗位绩效工资制度

高校等事业单位实行岗位绩效工资制度主要“贯彻按劳分配与按生产要素分配相结合的原则，建立与岗位职责、工作业绩、实际贡献紧密联系和鼓励创新创造的分配激励机制。适应事业单位聘用制改革和岗位管理的要求，以岗定薪，岗变薪变。岗位绩效工

① 《关于印发事业单位工作人员收入分配制度改革方案的通知》（国人部发〔2006〕56号）。

资体系由岗位工资、薪级工资、绩效工资和津贴补贴四部分组成”①。高校作为国家事业单位，其设置的岗位工资与薪级工资为基本工资，由国家制定等级和标准，须严格按国家标准执行。绩效工资主要体现高校教职工的实绩和贡献，教育部或地方政府分别对相应级别的高校的绩效工资分配实施总量调控和政策指导。高校在上级主管部门核定的绩效工资总量内，按照规范的程序和要求，进行自主分配。高校的津贴补贴与其他事业单位一样，分为艰苦边远地区津贴和特殊岗位津贴补贴，也严格按照国家相关规定执行。

（二）高校的基本工资情况概述

根据国家统一规定，高校教职工基本工资包括岗位工资与薪级工资。岗位工资待遇主要体现教职工所聘岗位的职责和要求，按所聘岗位兑现相应待遇。高校与其他事业单位一样，教职工岗位分为专业技术岗位、管理岗位和工勤技能岗位。高校教职工专业技术岗设置13个等级，管理岗设置10个等级，工勤技能岗分为技术工岗位和普通工岗位，技术工岗位设置5个等级，普通工岗位不分等级。不同等级的岗位对应不同的岗位工资标准，教职工按所聘用岗位执行相应的岗位工资标准兑现待遇。薪级工资主要体现教职工的工作表现和资历。高校按国家规定对专业技术人员和管理人员设置65个薪级，对工人设置40个薪级，每个薪级对应不同的工资标准。根据所聘教职工的具体工作表现、资历和所聘岗位等因素确定薪级，执行相应的薪级工资标准。并与其他事业单位一样，根据国家规定，对不同岗位设定不同的起点薪级。② 高校对教职工进行年度考核，考核结果为合格及以上等次的教职工每年可正常晋升一级薪级工资。教职工岗位变动后，按其新聘岗位执行相应的工资标准。基本工资标准由国家根据相关因素统一调整，高校严格按国家标准执行教职工基本工资标准。

（三）高校的绩效工资情况概述

高校的绩效工资分配由教育部或地方政府分别对相应级别的高校执行总量调控和政策指导。各级高校在上级主管部门核定的绩效工资总量内，按照规范的程序和要求进行自主分配。高校为实现自身发展目标而制定符合自身发展的校内收入分配制度，完善分

① 《关于印发事业单位工作人员收入分配制度改革方案的通知》（国人部发〔2006〕56号）。
② 《关于印发事业单位工作人员收入分配制度改革方案的通知》（国人部发〔2006〕56号）。

配激励机制。绩效工资分配原则上向关键岗位、高层次人才、业务骨干和做出突出成绩的教职工倾斜。同时要统筹、平衡专业技术人员、管理人员、工勤人员之间，以及同一岗位序列不同等级人员之间的工资关系。各单位在制定考核分配办法时，要按照多劳多得、优绩优酬的原则确定针对具体岗位的考核分配办法，充分发挥绩效工资的激励导向作用。绩效工资可分为基础性绩效工资和奖励性绩效工资两部分。高校在上级部门核定的绩效工资总量内，按照一定的比例划分基础性绩效工资总量和奖励性绩效工资总量。基础性绩效工资主要体现地区经济发展、物价水平和我校不同系列不同岗位的职责、任务等因素，一般按月发放。奖励性绩效工资主要体现工作业绩和实际贡献等因素，根据考核结果发放，可根据实际情况采取灵活多样的分配方式和办法。

二、岗位变动与工资待遇“就高原则”联动关系

（一）基本工资的“就高原则”

从 2006 年实施岗位绩效工资制度开始，高校根据教职工所聘岗位、任职年限及套改年限来确定其岗位工资与薪级工资等级。若同一教职工在专业技术岗位、管理岗位、工勤岗位之间有选择机会的，则按“就高原则”确定其岗位工资与薪级工资等级。高校教职工岗位变动后对应的基本工资待遇变化按教职工新聘岗位兑现相应的岗位工资标准。薪级工资按以下办法确定：相同岗位（等级）序列中，由较低等级岗位聘用到较高等级岗位，原岗位的薪级工资低于新聘岗位起点薪级工资的，执行新聘岗位起点薪级工资，但第二年不再正常增加薪级工资；原岗位的薪级工资达到或高于新聘岗位起点薪级工资的，薪级工资不变。由较高等级的岗位聘用到较低等级的岗位，则薪级工资不变。①

按照相关文件规定，高校等事业单位首次实行人员聘用制度后，按人事管理权限由工勤岗位聘用到管理岗位的教职工，其薪级工资需按所聘岗位比照同等条件人员重新确定。在专业技术岗位与管理岗位之间变动的、由工勤岗位聘用到专业技术岗位的，以及在技术工岗位与普通工岗位之间变动的，薪级工资按新聘岗位比照同等条件人员重新确

① 《关于印发事业单位工作人员收入分配制度改革方案的通知》（国人部发〔2006〕56 号）。

定。既聘任了专业技术岗位，又聘任了行政领导岗位的人员，如所聘岗位发生变动，且继续兼任专业技术岗位和行政领导岗位的，由批准的人事管理权限部门或单位重新明确其主要任职岗位，并按其主要任职岗位确定工资待遇。如该人员原主要任职岗位属于专业技术职务，其所聘的行政职务晋升后，主要任职岗位重新明确为行政领导职务的，岗位工资待遇按晋升后的行政领导职务对应的工资标准兑现。薪级工资在按原任行政职务比照同等条件人员确定薪级工资的基础上，由较低等级岗位聘用到较高等级岗位人员的薪级工资处理办法确定。同样，如原主要任职岗位是行政领导职务，其所聘的专业技术职务晋升后，主要任职岗位重新明确为专业技术职务的，岗位工资按晋升后的专业技术职务对应的工资标准执行，薪级工资在按原任专业技术职务比照同等条件人员确定薪级工资的基础上，由较低等级岗位聘用到较高等级岗位人员的薪级工资处理办法确定。

（二）绩效工资的“就高原则”

绩效工资原则上根据教职工所聘用的岗位及其职务、职级、职称晋升的岗位变化等情况来兑现相应的绩效工资，一般来讲不能同时受聘于两个不同系列的岗位。但既聘任了专业技术岗位从事教学科研工作、又聘任了行政领导岗位从事管理的“双肩挑”领导除外。“双肩挑”领导如所聘岗位等级发生变动，且继续兼任专业技术岗位和行政领导岗位的，按人事管理权限，由批准任职的职能部门或单位重新明确其主要任职岗位，并按主要任职岗位确定其绩效工资待遇。其所聘的行政职务或专业技术职务晋升后，在专业技术职务绩效工资标准与行政领导职务绩效工资标准中按“就高原则”兑现最终的绩效工资待遇。在同一岗位系列中，如果有不同的晋升途径，则同样依据就高原则，按绩效工资标准额度更高的绩效档次兑现待遇。

三、岗位变动后联动工资待遇变化中存在的代表性问题分析

随着时代不断发展，高校收入分配制度也在不断改革，且每个教职工的具体情况不尽相同，使得部分教职工的工资待遇实际核算需要分阶段、据实情而定，无法一概而论。故而在个人岗位变动后联动工资待遇变化也存在差异。工资待遇是教职工关注的重点，当个人岗位变动后，由于对工资待遇相关政策了解不准确，而使得其工资待遇变化无法达到预期时，就容易出现落差并产生矛盾，让相关解释工作难度增大。下面将进行

举例分析，清晰展示不同岗位系列之间的岗位变动、同系列的岗位变动、同一工作人员同时满足不同系列的岗位条件如何使用"就高原则"。

案例1：徐某与其同事魏某同时晋升了六级职员，魏某兑现了六级职员的岗位工资2600元/月，但他的岗位工资并未变动，依旧按2370元/月执行。徐某进校工作时间比魏某早，工龄长，却不能兑现岗位工资，遂产生负面情绪，认为其工资待遇兑现不合理，情况有误。

经查：徐某因在岗位绩效工资改革之前工作，在2006年工资套改时，对比其管理岗位级别与专业技术岗位级别的岗位工资+薪级工资之和，按"就高原则"确定为专业技术岗。现行工资等级为专业技术岗八级，岗位工资2370元/月，薪级工资为44级3704元/月；如果按六级职员为其兑现，须重新倒回至2006年，确定其管理岗位的岗位工资+薪级工资等级，重新按套改级别逐年计算至今确定薪级工资，最终其薪级工资会下调5级，管理岗薪级工资39级标准为3099元/月，其六级职员的岗位工资+薪级工资之和（2600+3099=5699）为5699元/月，低于其现行专业技术岗位基本工资（岗位工资与薪级工资之和2370+3704=6074）6074元/月，故按"就高原则"，仍执行专业技术职务八级工资标准。而魏某因工作时间晚于2006年，所聘岗位为管理岗，直接执行管理岗的岗位工资+薪级工资，其薪级工资按国家规定正常晋升，本次其晋升六级职员为本系列内正常晋升，现按管理六级标准执行岗位工资2600元/月，薪级工资按管理岗37级标准2875元/月，其基本工资（岗位工资与薪级工资之和2600+2875=5475）为5475元。

总而言之，徐某与魏某的具体情况不一样，按"就高原则"执行了不同系列的岗位工资与薪级工资，不能单独比岗位工资一项，而应综合考虑不同系列的岗位工资+薪级工资之和。

案例2：王某在2006年工资套改时按"就高原则"岗位工资定为专业技术岗中级12级，薪级工资定为专业技术岗11级；2009年党政职务发生变动，任正科级职务，岗位工资调整成管理岗7级，薪级工资调成管理岗14级；2016年岗位变动后重新调回专业技术岗9级，薪级工资20级；2022年党政职务再次发生变动，按就高原则岗位工资兑现了管理岗6级待遇，薪级工资26级，但其发现管理岗岗位工资7级标准略高于专业技术岗9级岗位工资标准，遂对其历史岗位工资待遇提出异议。

经查：2019年国家调整了工资标准，调整后的管理岗七级岗位工资确实比专业技术岗九级岗位工资标准略高，但因其在2016年岗位发生变动时，按“就高原则”调整成专业技术岗9级，在2016年至2022年党政职务变动的这段时间内，其专业技术职务及党政职务均未发生变化，其所聘的岗位为专业技术岗，故在2019年国家工资标准调整时无法转系列。直至2022年党政职务发生变动后即可按“就高原则”调整成管理岗6级，薪级工资26级。

根据以上案例分析，可以看出高校教职工岗位变动与工资待遇之间的联动关系极为复杂。国家不断优化收入分配制度，多次调整工资待遇标准，如教职工对相关政策规定了解不透彻，容易对岗位变动后工资待遇联动情况造成误解，不利于全身心投入工作。

四、解决矛盾的可行性对策建议

岗位变动是高校教职工各种晋升途径的具体表现，岗位变动后工资待遇的兑现关系到教职工的切身利益。随着国家收入分配制度改革，高校收入分配制度与各项配套改革密切相关。高校的收入分配问题涉及面广，政策性强，情况复杂。在同一批次的岗位变动中，不同经历的教职工因具体岗位变动情况不一样，会让工资待遇兑现情况显得更为复杂。要解决岗位变动与工资待遇兑现联动关系所造成的矛盾还有很长的路要走。

（一）加强岗位变动与工资待遇联动关系的政策宣传

根据新时代新形势的要求，加强岗位变动与工资待遇兑现联动关系的有关政策宣传。利用科技的力量，有效地通过互联网、微信公众号等平台对国家公开的政策进行科普宣传，在高校范围内可通过宣传册、座谈会等形式让广大教职工了解基本的政策。对复杂的、不便于科普的政策知识进行个别解释宣传，避免误会，消化矛盾。

（二）提升技能转作风，进一步优化服务意识

注重高校管理人员的素质提升培训，强化服务意识，优化服务细节，升华服务理

念。因工资待遇相关工作的特殊性，人事劳资管理人员除提升专业素养外，还应注重沟通交流技巧的培训。可在一定范围内，通过多种形式发现问题解决问题，如通过召开工作交流会，深入讨论提出问题并总结出可行性措施。在适当扩大的范围内进行人事工资待遇等方面的业务培训，让更多的教职工深入了解岗位变动与工资待遇联动关系的业务政策，扩大人事劳资管理服务储备团队，进一步推动宣传解释服务水平发展，有助于形成准确的知识影响，建立良好的管理服务模式。

高校发展要顺应新时代、新要求，必须强化一线意识、树立优良作风，重视“转作风、提效能”。高校内部建立工资分级管理体制，完善收入分配调控政策，严肃收入分配纪律，推进工作作风转变，提高服务效能等极为重要。系统地梳理岗位变动后的工资待遇相关政策，针对典型案例进行分析研究，有利于广泛普及国家工资待遇政策，促进干部职工正确理解岗位变动与工资待遇之间的辩证关系，不断提升教职工的幸福感、获得感，进而提振干事创业的精气神，让高校教职工能够同心协力，为构建具有中国特色的高等教育思想体系和话语体系，办好中国特色的世界一流大学而努力奋斗。

参考文献

[1] 王梅. 事业单位工资制度建构与实践探索［M］. 北京：中国社会科学出版社，2020.

[2] 何宪. 事业单位工资管理体制研究［J］. 中国行政管理，2020（4）.

[3] 王玉娟. 事业单位绩效工资改革中的问题及对策研究［J］. 行政事业资产与财务，2013（3）.

[4] 马晓红. 加强机关事业单位工资管理的思考［J］. 办公室业务，2018（14）.

[5] 郑彩梅. 机关事业单位工资收入分配制度改革研究［J］. 经济视野，2017（15）.